管理・間接部門の
新まるごと大改革
見える管理と
マネジメント
の強化書
VM

中部産業連盟 編著

Visual Management

日刊工業新聞社

はじめに

　世界経済は、急速かつ劇的に変化している。世界の潮流は脱炭素へ向かう中で、地域間紛争に伴うエネルギーを中心とした原燃料高と地政学リスクに対する経済安全保障の課題など、企業を取り巻く環境は不確実性の時代に入り、ビジネスモデルが一変した。一方、企業の未来を形づくる環境変化として、国内では少子高齢化に伴う生産年齢人口の減少と、デジタル技術の進展が挙げられる。このような大変革期だからこそ今、持っている競争力を高め、新たな活路を見出す好機でもある。

　そんな不確実性の時代に企業が存続し、成長していくにはどうしたらよいか。戦後は主にモノづくりに磨きをかけ、わが国のGDP世界上位を堅持してきた。特にモノづくり企業の製造部門では、従前から「乾いた雑巾をさらに絞る」ような現場のカイゼンが日夜行われているのに対し、管理・間接部門（本著では管理・間接部門には営業や設計・開発を含む）の生産性は相変わらず低いままであるのが多くのモノづくり企業の現状と言える。

　不確実性の時代は答えのない時代であり、その中で企業は生産性を向上させ、利益を確保して次なる投資を図り、永続することが求められる。モノづくり企業では先述のとおり管理・間接部門の生産性の低さが30年前から指摘され、日本の失われた30年と重なる。全社で生産性向上が求められる一方で、品質や認証に対する不正は増加し、「第三者委員会ドットコム」によると、不祥事を起こした株式上場企業が有識者を入れて設置する「第三者委員会」や「特別調査委員会」の数は2023年に79件と、2018年に並び過去最高となった。

　なぜ不正が発生し、さらにはそれを見逃し、謝罪と再発防止策にとらわれ、結果として生産性が長年上がらないのか。事案ごとにさまざまな要素や要因が考えられるが、共通項としては「見えない管理」と「見えないマネジメント」があるだろう。

　管理とは、「正常／異常を把握して、異常に対する処置を取り、正常状態にする」ことである。生産現場で5Sや目で見る管理の実践経験がある方は、管理とは「正常か異常かをひと目でわかるようにし、異常に対して処置を取り、正常な状態にする」といった考え方と行動が定着しているだろう。管理・間接部門も同様に、重要な役割・使命を果たすべき機能分野において正常／異常がひと目でわかり、異常に対して処置と対策を取る、いわゆるPDCAすべてにおいて見える管理を管理・間接部門に導入することが不可欠になっている。

　同様にマネジメントにおいても、見えるマネジメントを導入してマネジメントのやり方を根底から変えていく。こうしたマネジメント・イノベーションを実現することが、企業の生産性を向上させ、競争力を高めることが必須とされている。

　本書は、管理・間接部門の生産性向上に関心があるすべての読者を対象としている。特にこれから管理・間接部門において、見える管理とマネジメントを導入・強化を実現しようとしているか、または現在推進しつつある企業の経営者、管理者、推進担当者に読んでいただければ真に幸いである。

　最後に本書の企画と出版について尽力いただいた日刊工業新聞社出版局の矢島俊克氏をはじめとする関係者に対し、紙面を借りて心からお礼を申し上げる次第である。

2025年2月

編著者代表　小坂 信之

管理・間接部門の新まるごと大改革
見える管理とマネジメントの強化書 | 目　次

はじめに　　・1

第1章　見える管理とマネジメントによる管理・間接部門大改革の必要性

1 企業を取り巻く環境変化と目指す方向性……………………………………………4
2 管理・間接部門の抱える問題点と要因………………………………………………8
3 管理・間接部門の果たすべき役割と使命……………………………………………12
4 見える管理とマネジメント（VMとは）……………………………………………16
5 VM活動による管理・間接部門革新の推進ステップと成果………………………20

第2章　仕事で必要なモノ・書類・データの5Sの進め方

1 全部門全員参画で進める5Sの重要性………………………………………………24
2 管理・間接部門の5Sの効果的な進め方……………………………………………28
3 管理・間接部門のモノ・書類・データの整理の進め方……………………………32
4 管理・間接部門のモノ・書類・データの整頓の進め方……………………………38
5 個人デスクの整理・整頓で能率意識を高める………………………………………44
6 仕掛りの整理・整頓で納期意識を高める……………………………………………46
7 消耗品の整理・整頓で在庫意識を高める……………………………………………48
8 管理・間接部門の清掃・清潔・躾の進め方…………………………………………50

第3章　仕事のビジュアル化を実現するフォルダリング

1 フォルダリングシステム確立の基本手順……………………………………………52
2 フォルダリングシステム確立の準備…………………………………………………56
3 機能分類の設計…………………………………………………………………………60
4 機能分類表と主要プロセスフロー……………………………………………………66
5 フォルダー体系の設計…………………………………………………………………70
6 フォルダー基準の設定…………………………………………………………………72
7 フォルダリング（ファイル名の付与、データ移行）………………………………76
8 評価と改善・標準化……………………………………………………………………78
9 フォルダリングシステム確立のポイント……………………………………………80

第4章 マネジメントのビジュアル化を実現するVM
(Visual Management)

1 見える管理とマネジメントを実現するVMとは ……………………………… 84
2 VMの基本導入手順とポイント ……………………………………………… 88
3 VMの進め方1：サスティナブルな収益向上ができるVMによる収益管理編 …… 92
4 VMの進め方2：迅速かつ確実化する中期経営計画・人事戦略編 ………… 96
5 VMによる管理とマネジメントの要点 ……………………………………… 100

第5章 見える方針・目標管理

1 VMによる見える方針・目標管理とは ……………………………………… 104
2 管理・間接部門における方針・目標管理の失敗のケースから学ぶ ……… 110

第6章 見える日常業務管理

1 見える日常業務管理の進め方とは …………………………………………… 116
2 担当別業務日程管理の効果的な進め方 ……………………………………… 122
3 VMによる日常業務管理の要点 ……………………………………………… 128

第7章 VMによる管理・間接部門の 生産性向上の効果的な進め方

1 管理・間接部門の生産性向上手順 …………………………………………… 132
2 機能分類を軸とした現状把握と活動計画 …………………………………… 136
3 全体最適で進める業務プロセス分析 ………………………………………… 140
4 工数を小さくする工数低減活動の進め方 …………………………………… 144
5 業務手順書（マニュアル）の作成・活用方法 ……………………………… 148
6 分子を大きくする価値創造活動の進め方 …………………………………… 152

第8章 VMによる目的別業務革新の着眼点

1 VMによる目的別業務革新の具体的着眼点（見方と活用方法） ………… 156
2 リードタイム短縮 …………………………………………………………… 160
3 工数低減 ……………………………………………………………………… 166
4 費用削減 ……………………………………………………………………… 172
5 一人ひとりが活躍する職場づくり ………………………………………… 178
6 全部門の生産性向上 ………………………………………………………… 184

索引　　・190

第**1**章 見える管理とマネジメントによる管理・間接部門大改革の必要性

1 企業を取り巻く環境変化と目指す方向性

POINT

● 企業は、不確実性の時代に将来を形づくる要素とその方向性を見極め、常に全部門の生産性の向上を目指した改革を図る

■ 不確実性の時代＝答えのない時代

　世界経済は急速に劇的に変化し、世界の潮流は脱炭素へ向かう中、パンデミック、地域間紛争に伴うエネルギーを中心とした原燃料高、継続的な賃上げ、地政学リスクに対応する経済安全保障の課題など、企業を取り巻く環境はまさに不確実性の時代である。

　日本や先進国では少子高齢化が深刻な問題として取り上げられている。モノづくりの盛んな中部圏の働き方も、従来の日本の企業では当たり前だった終身雇用や年功序列といった制度もなくなりつつあり、人材の流動性も高まっている。

　日本の基幹産業である自動車産業では、内燃機関（化石）から電動への流れは100年に一度の大変革期の最中にある。企業の3年、5年、10年先を完全に見通すのは難しいが、予測不可能であるからこそ、将来を考えて方向性を決めて備えることが重要である。

■ 将来を形づくる要素と方向性

　企業の進むべき道を考える上で、将来の方向性を決める要素として確実なことは次の3点である。

（1）国内では生産年齢人口（働き手）の減少

　15歳から64歳の人口（生産年齢人口）は日本は確実に減少し、老年人口の構成が高まることが予想される。そして、人口統計は確度が高いことで知られている。

　生産性（付加価値／投入工数）向上は、企業の普遍的な使命である。生産年齢人口が減少する中、企業が存続し発展していくためには、分母（投入工数）を小さくすることを継続するだけで十分だろうか。

　分母である投入工数の削減は多くの企業で過去から取り組んでいるため、企業によっては大幅な工数低減が難しくなる中、国内だけ見れば人口減、消費減の付加価値額の減少は簡単に予測がつく。輸出に活路を見出すことで国内市場の縮小を補うことができる。しかし、もともと輸出産業ではグローバル競争の下で生産拠点を海外に移転する傾向が続いているので、付加価値自体が海外に移動する可能性が高い。したがって、企業は今持っている競争力を徹底的に磨くとともに、新たな付加価値をつくることが求められている。

（2）テクノロジーの進展

　テクノロジーの進展に対し、それらデジタル技術を活用して効率化と付加価値をいかに高めていくかが肝要であり、デジタルトランスフォーメーション（DX）の本質は、簡単にとらえるとデータを活用し利益を最大化することである。企業として直面している課題はデジタル化が最終目的ではないため、デジタル技術だけに目をとらわれる

1 見える管理とマネジメントによる管理・間接部門大改革の必要性

図表1　経営環境変化6項目と目指す方向性

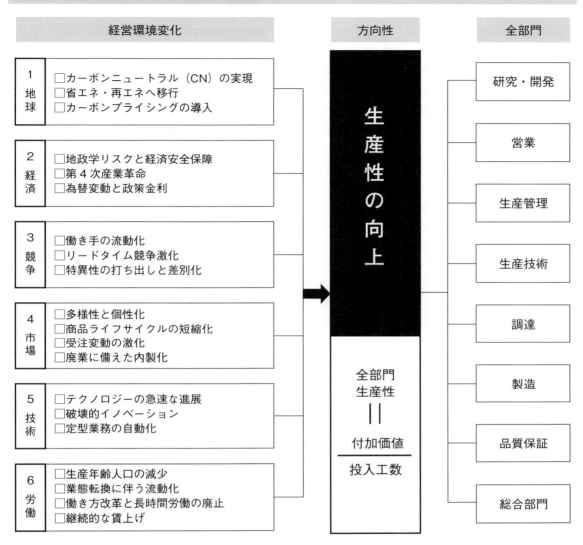

ことなく、企業で働く人々が働き甲斐を高め活用して、効率化と新たな価値を創造する環境を整備することが肝要である。

(3) 地球環境負荷への対応

サプライチェーンにおいては、カーボンニュートラル（CN）の目標、計画が策定され、取り組み中の企業が増えてきている。サプライチェーン以外の企業も現状を把握し、目標を設定して実行する段階にある。CNに向けて中長期の経営計画を策定し、当面は取り組みやすい省エネルギー化にプラスして、どのようにしてニュートラルにしていくかと施策を常に考えていくことで、新たな価値創造の機会となる。

図表1に示すように企業は、不確実性の時代に将来を形づくる要素を考慮して成長戦略を描き、変化に対応する必要があるが、目指す方向性の第一は生産性の向上である。地球環境負荷に対処するにも、市場競争力を高めて競争に打ち勝つにも、先立つ利益の裏づけがあって投資が成り立つし、継続的な賃上げのためには生産性の向上を直接部門のみならず、全部門で進めていくことが肝要である。

全部門生産性向上とは

全部門生産性向上の考え方と部門のその役割に

ついて、**図表2**に取りまとめてみる。生産性とは、生み出した付加価値を従業員や勤務時間など労働の投入量で割って計算する。製造部門では、分母をいかに小さくするかで生産性向上に努めていく役割認識はできている職場が多いが、全社で生産性向上の必要性は十分に理解、浸透していない。全部門生産性向上を探求すると生産性は分子分母で計算される理解が進み、分母である工数低減を意識し、重要となる分子である付加価値を大きくすることになる。分母である投入工数の低減は、今後とも重要である。それは、付加価値を高める活動を行うための時間を確保する必要がある。一方、長期的かつ本質的な成長には、全部門で生産性を高めて、投入工数低減で生み出された労働力を使い需要を創造して分子である付加価値を生み出し続ける必要がある。

このように、生産性向上は工場の製造部門だけの課題ではなく、企業の全部門全員が取り組むテーマである。そして企業が生産性向上を図り成長していくためには、若者や女性がリーダーとして育ち、活躍して生産性を高め続ける、いわゆる全部門全員活躍が重要となる。

全部門生産性向上のアプローチ

従来の生産性は、主に工場の管理指標（KPI）として設定され工数低減活動が行われてきたが、これからの時代は、営業、設計開発も含む管理・間接部門も**図表3**に示す生産性向上のアプローチの類型を採用して、付加価値創造、投入工数低減、投入工数低減＋付加価値増（内製化も含む）の実行計画を立てて進める。全部門で生産性向上に取り組むことによって本来機能である新事業開発、新製品開発、新顧客開拓などを有する部門が活発化し、お互いの取り組みがわかるようになると応援、協力体制ができてくる。

例えば、工場では研究開発部門、生産技術部門、品質保証部門などと連携をとって、迅速な製品化のため、製造部門も試作、工程内検査に協力するようになり、製品化が実現できれば、工場にとっても生産高増の付加価値増に連動していける。

成功要因は管理・間接部門の生産性向上

不確実性の時代に企業が発展していくには、今持っている競争力を最大限に高めることと、新たな活路を生み出していくことに尽きる。そのためには、全部門全員で生産性向上を実現することであるが、成功要因は営業、設計・開発を含む管理・間接部門の生産性向上が図れるかどうかにかかっている。

わが国の生産性は先進8カ国の中でも最下位であり、バブル崩壊後、失われた30年とも言われている間に世界の中でさらに順位を下げてきた。製造業に焦点を当てると、生産現場の生産性は自動車を含め世界のベスト3以内の業種がある一方、その他の営業、設計・開発を含む管理・間接部門の生産性は低いと言われ続けてきた。その要因として、仕事が個人についてしまう属人化に始まって、情報の共有化と標準化が不十分であり、担当者の行動管理、仕事の管理、職場で発生している問題点が管理監督サイドで把握できていないことから、部門・職場の役割と使命に対する理解も十分でなく、部門目標も直接部門である生産、営業のように定量的な設定が難しく管理ができていないこともあるだろう。

そして、組織を動かし成果を上げるマネジメントについても、標準化ができていない中、日常の管理でも担当者の行動予定、実績、進捗、課題も担当者の報告次第、職場の正常／異常が容易にわからない中、今まで改善活動をしてこなかった職場では抵抗に遭い、相当なエネルギーを必要とするのが多くの管理・間接部門の共通項である。

問題点と要因については次項で解き明かすとして、見えない、わからないことに起因し、コミュニケーションの悪さが拍車をかけている。さらに留意しなければならないのは、目的なきデジタル化である。この状況を打破し、全部門生産性向上を成功させるには、営業、設計開発を含む管理・間接部門の生産性向上のため話を進めるが、タイトルにあるように見える管理とマネジメントを強化することで人が成長し、職場が活性化し、生産性向上が実現する。

（小坂 信之）

1 見える管理とマネジメントによる管理・間接部門大改革の必要性

図表2　全部門生産性と部門役割

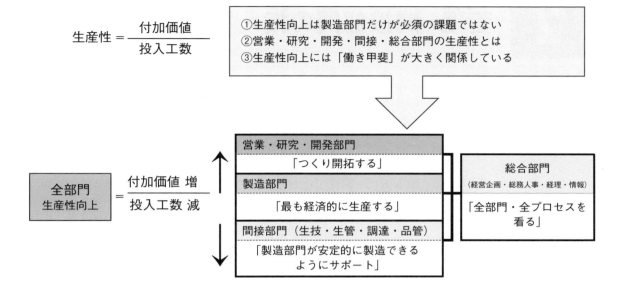

図表3　生産性向上のアプローチの類型

① 職場発　付加価値創造アプローチ

営業、設計開発を含む管理・間接職場で付加価値を創造するアプローチであり、**直接的**（例えば新事業開発、工場に顧客を招き営業し、新規・拡大受注）と**間接的**（例えば、生産リードタイムを短縮、積極的な試作試験により早期の新製品投入に寄与し製品化を図る）に二分される

② 投入工数低減アプローチ

$$生産性 = \frac{付加価値}{投入工数}$$

工場の生産現場で作業方法、段取り作業方法、レイアウト、運搬・保管方法の改善による工数低減活動などで分母を小さくして生産性を向上を図ることが一般的である。不確実性の時代は、営業、設計開発を含む管理・間接職場も加えた全部門で既存仕事は8割で遂行し、残りの2割で新たな付加価値創造を進める

③ 投入工数低減＋内製化アプローチ

外部支払い費用を小さくするため内部でできないか検討し、育成計画を立て、社内付加価値を多くする。新たに投入工数は発生するので、②投入工数低減により余力を確保し、共存共栄のポリシーの下、外注品を取り込むことによって外部支払費用を削減する。工場では製造の内製化によって付加価値を多くするとともに、供給責任を全うするため協力先の廃業などに備える場合もこのアプローチを適用する

2 管理・間接部門の抱える問題点と要因

POINT

● 不確実性の時代だからこそ企業は、予防的かつ組織的な管理とマネジメントを実現する見える管理とマネジメントを強化する

不確実性の時代に求められる管理とマネジメントとは

　不確実性の時代だからこそ、先を予測して計画を立て備えることは、変化に対して準備ができ予防的かつ組織的な管理とマネジメントが可能になる。そして、変化の激しい時代だからこそ軸はぶれることなく、変わったら迅速に対応し、役割を果たして、目的、目標を達成するようにマネジメントしていくことが求められている。ここでマネジメントについては、いろいろなとらえ方ができるが、わかりやすく言えば、「組織を動かして成果を上げていく」ことである。そのためにはリーダーシップが必要となる。また、管理とは、いわゆるPDCA（計画、実施、確認、処置・対策）の管理サイクルを回して目的、目標を達成することである。

　次に本社、工場、支社、支店、営業所などの管理・間接部門の管理とマネジメントのやり方に関する問題について**図表1**に取りまとめ、以下に内容を説明してみる。

管理・監督者による予防的かつ組織的な管理とマネジメントの不足

　営業、設計開発を含む管理・間接部門を訪ねてみると、ほとんどの職場では、正常／異常がわからないことから、改善サイクル（CAPD）※も機能していないことが推察できる。目で見る管理（狭義

のVM：Visual Managementともいう）が進んでいる工場の生産現場では、管理とはひと目で正常／異常が目で見てわかるように管理の良し悪しの指標を設定し、目で見る管理の道具立てである生産管理板などを製作・活用して、誰が見てもひと目で正常（順調）／異常（遅れ、未実施）がわかり、異常が発生している場合は即座に現地で現物を前にして現実に基づき問題点と原因を確認して、処置と対策を取る管理が行き届いている。問題とは、あるべき姿と現実とのギャップのことであるが、役割・使命を果たす上で重要な管理業務については、事務現場（管理・間接部門の執務する職場）も生産現場と同様に目で見てわかる職場にしていく必要がある。

　また、問題点が発生した場合、担当者で抱え込まないで管理・監督者に打ち上げ、職場の問題として、その内容、処置と対策を決め、指示して問題解決を取っていく必要があるのだが、図表1のNo.7に示す情報の共有化と業務の標準化が十分に行われていないために、仕事が個人任せになっている。本人に聞かなければわからないことが多いし、本人が不在のときは業務が停滞してしまい、後工程の人、場合によっては得意先、仕入れ先にも迷惑をかけることにもなる。この仕事、この業務に関するインプットやアウトプットすらわからなければ、本人が戻るまでお手上げ状態となる。組織的な管理とマネジメントを進めないと属人化職場に陥る。

※改善サイクル（CAPD）は、根本原因（C）を追求し、対策（A）を立案し、計画（P）を立てて、実行（D）し、効果を上げるサイクル

1　見える管理とマネジメントによる管理・間接部門大改革の必要性

図表1　管理・間接部門の抱える問題と課題

No.	問　　題	課　　題
1	管理・監督者による予防的かつ組織的な管理とマネジメントの不足	見えない管理と暗黙知マネジメント
2	職場の業務や執務環境に対する低い問題意識	役割・使命の理解・浸透
3	低い生産性、高コスト体質	効率の良い仕事の進め方
4	担当者の育成、スキルアップが未実施、不十分	人材育成
5	管理・間接部門に起因する不正などの不祥事の発生	決め事の遵守と決め事の見直し
6	管理者が担当者の日々の仕事や行動が把握できていない	日常管理の充実
7	情報の共有化と業務の標準化ができていない	組織的な管理（属人化）
8	職場で発生している問題がわからない	日常管理とコミュニケーションの充実

職場の業務や執務環境に対する低い問題意識

　過去から5Sや改善を行ってこなかった企業の職場では、管理・間接部門における作業や執務する環境に無頓着な管理・監督・担当者がいる。例えば、非常口を塞ぐように傘立てや台車を置いたり、机の上は書類に囲まれて執務したり、机の中は不要物、不要書類などであふれており、机の下にまで段ボールが置かれて足が入らず、窮屈な姿勢で執務している人を見かける。上長も机は個人の管理下だから整理、整頓を指示せずに、あえて触れない職場も見かけてきた。

　机の上・中・下が乱雑で、不要物に囲まれた机でミスなくムダなく効率よく業務遂行ができるだろうか。答えは言うまでもなく、属人化した業務遂行となり、業務のやり方を改善したり、応援・受援を受けながら残業時間を少なくしたり、少数精鋭で職務を遂行しようというマインドもなく、風通しが悪い高コストの職場となる。時には規律意識の低下を招き、不正の温床となりかねない。

低い生産性、高コスト体質

　過去からホワイトカラーの生産性が低いとか、直接部門に対して管理・間接部門の生産性が低いと言われ続けて30年経過した。従来の生産現場は、結果として一貫する生産性向上策として、ムダ排除からIE手法、5S、目で見る管理、トヨタ生産方式（TPS）、フレキシブル生産方式（VM-FMS）といった考え方と手法が整い、徹底的にQCDを磨き続けてきた。一方、管理・間接部門は生産性（付加価値／投入工数）の分子分母に対する理解とアプローチが職場によってとらえ方が多岐に渡り、直接的でなく間接的なため、応用した定義が必要となるなど、とらえ方の難しさもあり、確立されてこなかった。ここでは、管理・間接部門の生産性向上の第一歩であるムダに着目してみる。ムダとは付加価値を生まない、もしくは高めない行為のことで、**図表2**に管理・間接職場の7つのムダについて取りまとめ、解説を加えてみる。

（1）探すムダ

　ビジネスパーソンは年間約150時間も探し物に費やしているという調査結果がある。月20日出勤として日当たり平均30～40分もモノ・書類・データを探すムダが発生しており、ちりも積もれば大変なムダ時間となる。

（2）持ち過ぎのムダ

　モノ・書類・データを必要以上に持つムダであり、購入費用のムダだけでなく、持ち過ぎにより探す時間を長くするといった波及悪影響も生じている。

（3）アウトプット自体のムダ

　アウトプット自体のムダは、有効活用されていないアウトプットを生み出す時間と人件費のムダ

9

である。アウトプットを生み出すプロセス（業務）自体が不要である可能性があり、遡るとインプットもムダの可能性があり、不要なアウトプットから芋づる式にプロセス、インプットも整理できる。

（4） プリント・コピーのムダ

大量に出力、複写するほど人件費、印刷・複写費が発生する。

（5） 要領の悪い電話・メールのムダ

同じ人に何回も電話をかけるムダ、相手も電話対応するムダが発生する。また、長文メールや伝えましたメールなど、威圧的なメールはムダどころか相手の受け止め方にも配慮する必要がある。

（6） ミスのムダ

ミスは、現場の不良同様、修正ややり直しで通常は倍の時間と費用が発生していると言われている。責任・権限の曖昧さや上下横、部門間のコミュニケーションが原因の場合もある。

（7） 会議のムダ

一部の人の発言で終始し、だらだら決まらない会議もある。棚卸しして目的に対して出席者、時間、コストを評価してみると改善の余地が見えてくる。

担当者の育成、スキルアップが未実施、不十分

不確実性の時代に入り、人材の採用や定着について最重要経営課題に位置づけている会社もある。人材確保が難しい中、管理・間接部門の人材の流出が問題である。定着ができない要因は多岐に渡るが、一つ言えるのは、人材育成に熱心な会社は比較的採用もでき離職が少ないといった傾向が顕著である。企業の中でも生産現場で技能職の方々は個人別に技能の棚卸しと評価を実施し、多能化のための目標設定と教育訓練計画をつくって計画、組織的にスキルアップを図っている。一方、管理・間接部門の社員に対して、スキルマップ、教育訓練計画や中長期のキャリアプランを作成してスキルアップ、キャリアアップを図っている職場は少ない。このことも管理・間接部門の生産性が低い要因の一つである。

管理・間接部門に起因する不正などの不祥事の発生

昨今の製造業の不正の原因の大半は、生産現場ではなく、設計・開発、生産技術、品質保証などの管理・間接部門に起因している。そして、一部の担当者の判断で不正が進んだのではなく、部門組織で不正が進んだ。不正ごとに原因、真因は特定されるが、結果として多くは自分たちの論理で判断され、やったふりやごまかしに至っている。主な原因別に取りまとめてみる。

（1） 自分たちの論理で仕事を進めた

結果論であるが、監督官庁の要求事項である認定基準などに対して自分たちの論理で仕事を進めてしまった。一例であるが、安全基準に対して最も厳しい基準に対して過去の試験で合格しているから、試験をせずにそのときのデータを流用するといったことが行われ、試験未実施やデータ捏造に至っている。

（2） 報連相が機能していなかった

設計・開発計画の内容、フェーズゲートに対する保有能力を意識すると、実務者は無理な計画であることが感覚的に把握できていた。進捗、課題などの相談に行っても上司からは「それで？」「どうするんだ？」と取り合ってもらえず、安易（不正）な方向に向かわざるを得ないケースもあった。

（3） 管理とマネジメントが不十分だった

設計計画の段階で、法令遵守のための要求事項も含めて定義し、各フェーズでレビューされる手順であるが、その管理とマネジメントができていなかったと言わざるを得ない。

管理・監督者の困りごとが生産性を低下させている

図表1のNo.6〜8の担当者の「日々の行動がわからない」「情報の共有化と標準化ができていない」「職場で発生している問題がわからない」といった問題は管理・監督者の困りごとでもある。まとめると日常管理のあり方、職場の属人化、コミュニケーションが課題であり、その結果、管理・間接部門の生産性を低下させている。

図表2　ムダの種類と内容例

No.	ムダの種類	内容例
1	探すムダ	モノ・書類・データを探すムダ
2	持ち過ぎのムダ	モノ・書類・データを必要以上に多く持つムダ
3	アウトプット自体のムダ	有効活用されていないアウトプットをつくる時間と人件費
4	プリント・コピーのムダ	大量に出力、複写するほど人件費、印刷・複写費用が発生
5	要領の悪い電話・メールのムダ	同じ人に何回も長電話、長文メール
6	ミスのムダ	責任権限のあいまいさや上下横、部門間のコミュニケーションの悪さ
7	会議のムダ	長い会議、一方的な会議、決まらない会議など

図表3　管理・間接部門の生産性低下要因

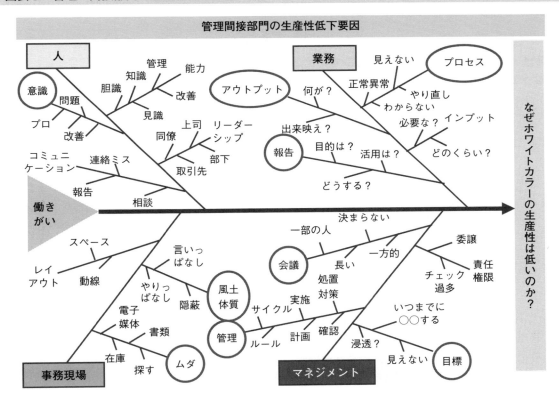

問題の共通要因は見えない管理とマネジメントである

前述の管理・間接部門の問題に対する共通する原因は、見えない管理とマネジメントにある。そして、見えない管理とマネジメントが生産性の低下を招いている。図表3に管理・間接部門の生産性低下要因を特性要因図に取りまとめる。多くの経営者、管理者もマネジメントと管理のやり方が目で見てわからないことから、コストアップにつながり生産性を低下させていることが認識されていない。例えば、方針・目標もプロセスのイン・アウトも、正常／異常が見えない、わからないことが共通要因である。次項では営業、設計・開発を含む管理・間接部門の果たすべき役割と使命を再確認しながら、見える管理とマネジメントの必要性について説明する。

（小坂　信之）

3 管理・間接部門の果たすべき 役割と使命

ＰＯＩＮＴ

● 管理・間接部門の果たすべき役割と使命は、経営層、管理者の意識改革、管理とマネジメントのイノベーションの実現である

経営機能から見た管理・間接部門の役割、本書での管理・間接部門の範囲、そして果たすべき役割について**図表1**にまとめる。

管理・間接部門のイノベーションを図って管理力とマネジメント力を強化

答えのない不確実性の時代において企業が生き残り発展していくためには、全部門で生産性を向上させることに邁進することが肝要である。そのために、各部門が担う役割・使命を果たした上で、管理・間接部門が付加価値を高め、投入工数を減らして生産性の向上を図るには、従来の管理とマネジメントの延長線上で実現できるだろうか。答えのない不確実性の時代には、管理・間接部門の管理とマネジメントのやり方において、イノベーション（革新）を図って管理力とマネジメント力を強化し、役割・使命を果たし、経営機能を最大限発揮することが管理・間接部門の経営層、管理者に課せられた役割である。

一般に管理・間接部門は、図表1のように生産技術機能、購買機能、品質管理機能、原価管理機能を有する。組織としては機能に対する部・課・室・グループの呼称で設定される。本書では、管理間接機能に加えて政策樹立の総合企画、研究開発、補助経営機能の経理、人事、総務、直接機能の営業も管理・間接部門の範囲としている。その理由は、果たすべき役割に対して使命および革新の対象（事務現場）とアプローチが同じであり、効果的に全部門の生産性を高め経営革新を実現するため管理・間接部門に営業、研究開発を含むと位置づけている。すなわち、工場の生産現場以外

はすべて管理・間接部門と考えて進めると効果的である。

経営革新の体系とステップ

中部産業連盟の考える経営革新とは、**図表2**に示すとおりであり、「社員、中でも経営層、管理者の意識改革とマネジメントのやり方を根底から変えていくイノベーションを図りながら、生産現場（製造部門の現場）と事務現場のマネジメントシステムの構築と革新を実施しながら経営体質と働き方の革新を実現する」と定義している。

実際に管理・間接部門のイノベーションを進めるにあたって、最も重要かつ基礎となるものは、5SとVM（見える管理）を徹底的に推進することである。すなわち、管理・間接部門の管理力とマネジメント力を強化するためには管理・間接部門のマネジメントシステムのイノベーションと経営層、管理者および担当者の意識改革を図ることが必要不可欠である。そのためには管理・間接部門においても製造部門の生産現場同様に5SとVM（見える管理）を徹底的に進めることである。

読者の中には、現場の作業とは異なり事務所での5Sの推進に理解できない方もおられると推察するので、ぜひ第2章1項の全部門全員参画で進める5Sの重要性を一読いただきたい。同様にVM（見える管理）についても、あれもこれも管理業務すべてを対象に進めるスペース、手間を考えると共感できない方もおられよう。あれもこれもVM化する必要はなく、重要な役割から使命を果たす業務を特定し、道具立てを検討し、運用ルールを作成して進めるので、ムリなくムダなく

12

1 見える管理とマネジメントによる管理・間接部門大改革の必要性

図表1　経営機能と管理・間接部門の役割例

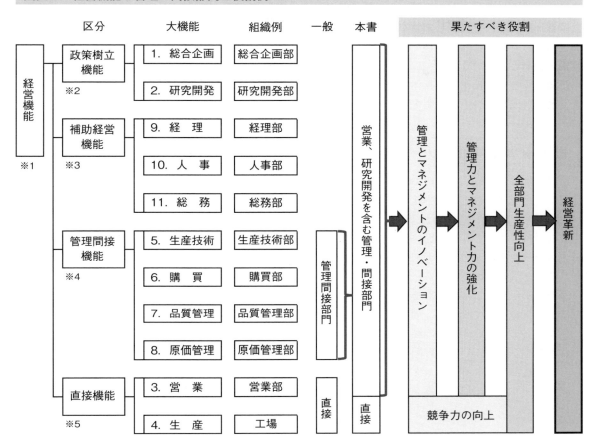

※1　機能とは、目的達成に必要な「ハタラキ」であり、経営機能は経営目的達成のためのハタラキのこと
※2　政策樹立機能とは、企業の将来のあり方を考え、戦略的課題を追求すること
　　企業が環境変化の中で永続して発展するためには必要不可欠な機能である。
　　特に、総合企画機能は業種、企業規模、企業タイプのいかんにかかわらず、企業が計画的かつ戦略的な経営を推進していくためには必要不可欠な機能といえる。
　　一方、研究開発機能は、自社製品や固有の技術力を持っている自主独立型の企業においては必要不可欠で強化すべき機能ではあるが、受託型の中小零細企業の場合には弱いのが一般的である。
　　しかし、独自の技術開発力を売り物にしていきたい受託企業や自社製品の開発を目指している委託企業においては、この研究開発機能を強化していくことが必要である。
※3　補助経営機能とは、すべての組織経営に必要な機能で全組織に横断してサービスを提供する機能のこと
　　すべての企業が保有している機能であり、業種、企業規模、企業のタイプが違っていても共通点が多く、大きな違いはない。果たすべき役割である全部門生産性においても、業務のムダ取り、改善、外部委託により、少ない人員で良質のサービスを提供することができる機能にしていくことが必要である。
※4　管理間接機能とは、直接機能を効率的に果たすためのサービスを提供する機能のこと
　　業種により重要性は若干異なる。例えば、製造業にとっては生産技術機能は必要不可欠となるが、小売などのサービス業にとっては必要ない。製造業の場合、どの大機能を強化するかについては企業の管理目的、方針によって決まる。
※5　直接付加価値を生む機能である
　　業種や経営目的で各企業で異なるものである。特に生産のサイトである工場では、過去から生産性向上に取り組んできている工場が多いが、今持っている競争力にさらに磨きをかけていくことも重要である。

進められる。

　5SとVMにより自律神経の行き届いた見える職場づくりを推進しながら、効率化、活性化された管理・間接部門を実現していくことが、管理・間接部門の管理者に課せられた基本的かつ最大の役割・使命と言えよう。

　以降に管理・間接部門の具体的な果たすべき役割・使命と成果について説明する。

直接部門の効率化をリードする

　直接付加価値を高める部門である営業、設計・開発、生産などの部門の効率化を支援、サポート（時にはリード）することは、管理・間接部門の重要な役割である。特に補助経営機能部門は、自分以外は皆お客様といった考え方で役割・使命をとらえると満足度の高いサービスが提供できる。

　また、テーマによっては直接部門の目標を間接部門が主目標として設定し、効果を上げている。一例であるが、109ページの図表5に掲げる会社では品質管理部門が仕損費率（仕損費／付加価値）を製造部門と共有し、スタッフ支援と称して一緒になって活動に取り組み、リードして効果を上げている。

情報の共有化で予防的・組織的・戦略的な業務の遂行

　仕事を進めるための書類やデータも個人持ちで俗人化された管理・間接部門では、予防的、組織的な業務を行うことは不可能である。また、正常／異常がわからず悪い情報が隠されて表面に出てこない職場や、一部の人が情報を握りつぶしている企業の多くは組織・風土が活性化されておらず、職場の雰囲気も暗いのが一般的に見られる傾向である。また、情報のセキュリティ管理の観点からも好ましくないし、情報の漏洩、不祥事、隠蔽や不正が発生しやすくなる。何より恐怖のリーダーシップが蔓延している中で仕事を進める従業員の心理的安全性が低下することは言うまでもない。したがって、5SとVMを推進して役割・使命を果たすとともに、併せてコンプライアンス（法令遵守）とCSR（企業の社会的責任）を重視

する経営の基盤づくりを行うことが必要である。

業務の生産性向上とリードタイム短縮

　業務の生産性向上とは、生産性（付加価値／投入工数）の分母である工数について、業務の処理時間を短くして1人当たりの業務処理量を増やすことであり、これによって残業時間の削減や人員削減も実現できる。

　また、リードタイム短縮とは、業務の処理時間の短縮を図ると同時に業務の停滞時間も短縮して、開始してから完了するまでの期間（時間）を短くすることである。業務のリードタイムが短くなれば、短期間の仕事にも対応できるようになる。

　結果としてリードタイム（工期）の短い仕事は儲かるようになり、工数がかからなくなると継続的な改善が図れるようになる。

業務の品質の向上

　業務（仕事、作業）の結果であるアウトプットである資料や結果にミスが発生する。後工程の人に多大な迷惑を与えることになる。後工程が顧客の場合には、クレームとなって会社に大きな損害と信用に対するダメージを与えることがある。また、仕事のやり直しはコストアップにつながる。したがって、業務、すなわち仕事の質の向上を図ることは、極めて重要である。

業務の納期遅れをなくす

　前項と同様に、業務の納期遅れは後工程の人や顧客に多大な迷惑や損害を与えることにつながるので、納期遅れを撲滅することは管理・間接部門の重要な役割・使命である。

　業者の納期を管理すると仕事の優先度が明らかになり、担当者もメリハリが効いた業務遂行が実現する。その結果、上司も安心して仕事を任せられるようになり、職場の雰囲気も良くなる。

1 見える管理とマネジメントによる管理・間接部門大改革の必要性

図表2 経営革新の体系とステップ

事務現場の改善と価値ある仕事の遂行によって人と組織を活性化

5SとVMの推進などにより、オフィスや事務現場の作業環境を改善して、きれいで快適で明るい職場づくりを行う。また、事務所で発生するあらゆるムダな仕事と行為を徹底的に排除して、付加価値を高め会社に貢献する質の高い、やり甲斐のある仕事を遂行するようにする。

この結果、管理・間接部門で働く人と組織の活性化を図る。

多能化を推進して少数精鋭体制を確立

不確実性の時代にあって経営体質の革新を図り、従業員満足度も高めながら働き方も柔軟に対応していく必要がある。具体的には多能化、業務二人制などを推進し、経営戦略と連動した応援・受援体制によるフレキシブルな人員配置、少数精鋭体制を実現して、人の効率的な活用を図ること

が必要不可欠である。ただし、だからといってスペシャリスト、専門職の社員を否定するものでない。奥の深い専門的な知識と技能を必要とする業務については、従来どおり社員の適正を見た上で専門家を養成していくことが必要である。

管理・間接費の低減

不確実性の時代においては、最終的には管理・間接部門の原価、すなわち管理・間接費の低減を図ることが必要不可欠である。

ここまで管理・間接部門の役割と使命について記述したが、特に自部門の業務の生産性向上とリードタイム短縮、業務品質の向上、多能化を推進して少数精鋭体制の確立が実現できれば、管理・間接費の中で一番多い人件費の削減につながる。人件費以外にも事務用消耗品費などは、5Sの実施によりかなり削減することができる。

(小坂 信之)

4 見える管理とマネジメント（VMとは）

POINT

● 管理・間接部門の革新の要諦は、見えない、わからない管理とマネジメントのやり方をVMで根底から変えていくことである

　管理・間接部門の役割と使命を果たしていくためには、全部門生産性の向上を狙いに管理・間接部門の革新を図る必要がある。そのためには管理・間接部門は意識改革、管理とマネジメントのやり方を根底から変えていく必要がある。具体的には見えない管理とマネジメントからVM活動（見える管理とマネジメント）を実現することである。このVM活動による革新のステップは、第1章5項で述べるとして、本項ではVMの概念、考え方、特色について図表を交えて説明する。

見えるマネジメント（広義のVM）の概念

　VM（Visual Management）とは管理とマネジメントまでの見える化であり、一現象や一事象を見えるようにする単なる見える化と似て非なるものである。では、VMとはどのようなものであるか、その概念を**図表1**に基づいて説明する。理解しやすいように広義のVM、狭義のVMと分け、最初に広義のVM（見えるマネジメント）から説明する。

（1）マネジメントのすべてを見えるようにする

　マネジメントとは、簡単にとらえれば「組織を動かして成果を上げていく」ことである。企業のマネジメントのやり方は、成果を得るために方針・目標管理を導入し、達成するためのマネジメントシステムを構築し、プロセスの運営管理を行って成果を上げていく。すなわち、方針・目標もシステムも、運営管理のすべてを目で見てわかるようにしてテーマの進捗度と達成度を高めていくのが、見えるマネジメントの柱となる方針・目標管理である。見えることで方針・目標の理解を深め、より効果的なマネジメントシステムの構築、プロセスの運用がなされ、成果が目で見てわかることにより、見えるマネジメントサイクルを早めに回そうといった意識が働く。また、見えることでリーダーのリーダーシップが発揮されやすくなり、全員の参画と実行が得られ、見える日常管理業務を進めることによって方針・目標の達成率が飛躍的に高まる。

（2）見える体系化されたマネジメントシステム

　ここでいうマネジメントシステムの見える化とは「機能体系の見える化」である。

　①管理システムとは、設計日程管理、生産日程計画、進度管理、発注計画、納期管理、品質管理などのシステムであり、生産現場や事務所で誰でも容易に見えるようにすることが必要である。

　②物的システムとは、所定の品質、価格、数量の製品を所定の期日までに、最も経済的に完成させるために必要な作業方法、運搬方法、レイアウトなどハードな面における手段の総合体系であり、工程、流れが見えることにより、体系的な把握とムリ・ムダ・ムラがひと目でわかり継続的改善を実施できるシステムにすることが肝要である。

　管理システム、物的システムはモノづくり企業の生産システムの両輪であり、お互いに見えることによって自律神経の行き届いた見えるフレキシブル生産システム（VM-FMS）の確立を図ることで、より効果を上げる（**図表2**）。

　③事務システムとは、管理・間接部門の事務所にて、業務手順書や業務フローチャートが整備されるとともに機能分類でつくられたフォルダリングシステムやファイリングシステムが構築されて

1 見える管理とマネジメントによる管理・間接部門大改革の必要性

図表1　VMの概念

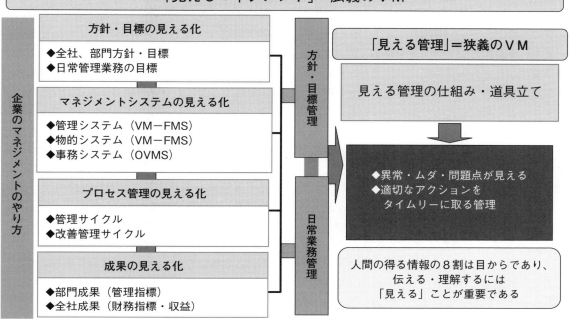

図表2　見えるフレキシブル生産システム（VM-FMS）

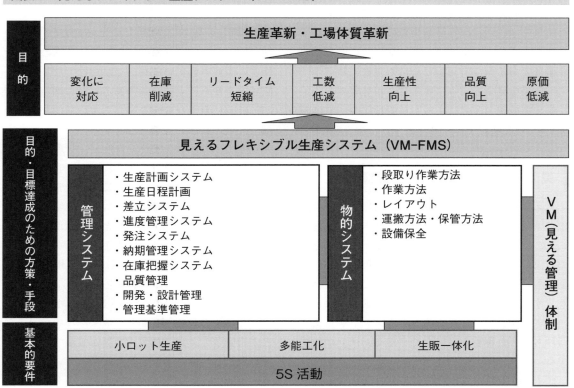

おり、機能別にファイル名がつけられたフォルダーや背表紙が業務の流れの順番で整頓されていることや、仕事別、担当別の業務日程計画や進度状況などが容易に見えるようになっていることが必要である。

また、事務所のレイアウトや書類・データおよび事務用品などの保管方法についても、業務の流れや作業性、効率化、コミュニケーションのやりやすさなどを重視したものになっていることが必要である。事務システムは見えるオフィスマネジメントシステム（OVMS）と呼ばれ、次項で体系と確立手順を紹介する。

（3）見えるプロセス管理

VMの神髄は、業務や管理のプロセスを見えるようにして早めにアクションを取ることである。特に管理サイクルであるPDCAを見えるようにして、内容のレビューを徹底的に行うことが必要である。管理していることがひと目で「見える、わかる」ようになっている場合においてのみ、管理しているということが言えるのであって、「見えない、わからない」ような管理は、管理をしているとは言えない。

（4）見える成果

見える成果とは、各部門が目標を掲げて実施した結果を、管理指標と財務指標によってひと目でわかるようにすることである。終局的には会社の成績書である損益計算書と貸借対照表に結びつけて、成果を見えるようにすることが必要である。

見える成果とVMによる収益管理については、第4章3項で解説するので、参照いただきたい。

見える管理（狭義のVM）の意義

見える管理（狭義のVM）とは「目で見る管理」のことである。見えるマネジメント（広義のVM）の柱である方針・目標管理で、達成率を高める決め手となるのがこの見える管理であり、活動のもう一つの柱としてとても重要である。わかりやすく説明するために、広義／狭義のVMと分けてきたが、以降、見えるマネジメントも見える管理もVMと理解していただきたく、区分は割愛する。

図表1右側の見える管理は、方針・目標を達成

し、部門の役割・使命を果たす上で対象となる管理業務を特定し、見える管理の仕組みとして道具立てを作成し、運用する。道具立ての要点はひと目で異常・ムダ・問題点が見え、見えた異常・ムダ・問題点に対して適切なアクションをタイムリーに取る管理まで見えるようにすることで、予防的な管理として早期に問題発見され、早めの対策を施すことによって組織的な対応がなされ、役割・使命を果たし、方針・目標の達成度も向上していく。

この見える管理は、方針・目標管理と同様、すべての部門にVMの仕組みと道具立てを整備して見える管理を実現することと、本格的な5S活動を推進して仕事で必要なモノ・書類・データの見える化を実現することが必要前提条件である。そして、異常・ムダ・問題点とPDCAがひと目でわかる状態にして、各階層の管理・監督者を中心にVMを実施することが大切である。図表3に見える管理の要点を取りまとめる。

VMは管理とマネジメントのイノベーションを巻き起こす手法

イノベーションとは、物事の「新結合」「新機軸」「新しい切り口」「新しいとらえ方」「新しい活用法」のこと。一般的には新しい技術の発明を指すと誤解されているが、それだけでなく新しいアイデアから社会的意義のある新たな価値を創造し、社会に新たな変化をもたらす自発的な人・組織・社会の幅広い変革を意味する。

VMは、構えることなく自然と、管理とマネジメントのやり方を見えるようにし、正常／異常かが誰でもひと目でわかるようにし、異常に誰もが気づき、その場合には原因と対策を立案していくのだが、自然に目指すところと管理状況を共有しているので、新しいとらえ方と協力しながら管理（PDCA）サイクルと改善（CAPD）サイクルを回して実行していくことによって、イノベーションが沸き起こる（図表4）。VMを進めることによって職場の景色が変わり、成果を実感できることから定着し、企業体質の革新が実現できる。

以降に、VMの基本手順と成果について紹介する。 （小坂 信之）

図表3　見える管理の要点

No.	要点	内容
1	対象職場	全部門（製造部門のみならず総合企画、営業、設計・開発、生産技術、生産管理、品質管理、総務、経理、人事など）
2	対象者	全部門の管理者・監督者・担当者が中心となってVMを行う
3	対象管理業務（プロセス）	部門、職場の果たすべき役割・使命および方針・目標管理で達成するために重要な管理業務を特定する
4	管理指標（KPI、KGI）	管理の良し悪し（正常／異常）や目標項目がわかる指標を設定する
5	管理対象単位	全体、グループ別、案件別など管理対象の単位を決める
6	道具立てイメージ設計	道具立てとして、ボード、白板、案件ボックス、ディスプレイなどに管理様式を決めて、掲示したり直接記入したりするなど、トライしながら決める
7	管理サイクル	管理サイクル（PDCA）を回すタイミングを月、旬、週、日、時間などを決める

図表4　VMでイノベーションを巻き起こす

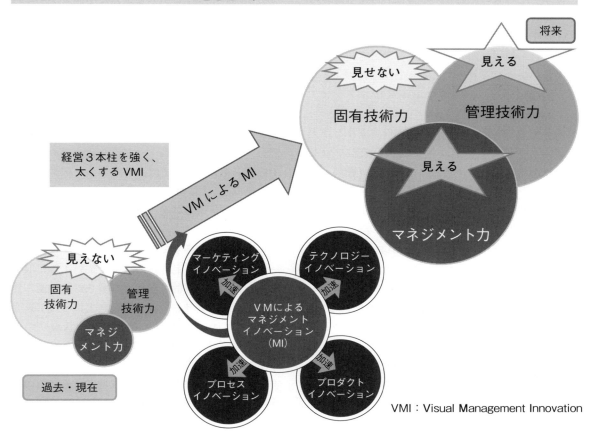

VMI：Visual Management Innovation

5 VM活動による管理・間接部門革新の推進ステップと成果

POINT

● 管理・間接部門の革新は、見えるオフィスマネジメントシステム（OVMS）を確立することで実現できる

■ 管理・間接部門革新の推進ステップ

管理・間接部門の革新は、VM活動を推進することによって実現できる。管理・間接部門のVM活動とは、情報の共有化と仕事や業務の標準化を行いながら、効率化を目指して迅速かつ正確な処理と問題解決を図っていくことである。

管理・間接部門の革新のステップは、**図表1**の「見えるオフィスマネジメントシステム（OVMS）の確立」そのものであり、本書における解説の章番号を付記してある。通常、生産性向上を狙いにVM管理と改善の最上位の業務革新を進めることが、管理・間接部門の革新の第一歩と考えている人が多い。なぜ業務革新でなく、ステップ1として5S活動、ステップ2のフォルダリングシステムと遠回りするのだろうか。

ステップ3の業務革新は、業務量調査など多大な労力と手間、工数をかけて現状の業務フローチャートを作成し、担当別に業務のVM管理・改善の業務革新は、時間や手続きを調査・分析し、そこから問題点を抽出し、改善を行うことになる。ステップ1、2を省略して業務革新から始めると考えている人が多いが、これは明らかに間違った考え方である。わが国の企業の管理・間接部門において、「物（仕事で必要なモノ・書類・データ）の見える化」「仕事・業務の見える化」「管理・改善の見える化」がすべてできている事務所はほとんどないと言ってよい。

多くの企業の本社、工場、営業所などの事務現場を視察すると、棚の上、キャビネットの中、机の上・中・下と整理・整頓ができている職場はほとんどない。置き場表示もされていないために、

何が置かれているのかはほとんどわからない。したがって、探すムダやスペースのムダ、物の紛失などが発生していると考えられる。さらに、管理・間接部門の仕事については、仕事と書類・データが属人化されているために仕事の内容や実施状況、進捗状況、問題点などはまったくわかるようになっていない。このように、物と仕事と管理・改善の見える化がほとんどできていない管理・間接部門で業務革新を実施しても「労多くして功なし」となり、多大な労力と手間をかけた割には、成果がほとんど出ないという結果に終わってしまう。

したがって、図表1にあるように最初のステップは5S活動を徹底的に行って、仕事で必要な「物、書類・データを見える」ようにする。最初の第1ステップで大切なのは、次のステップである「仕事を見えるようにする」前に、不要書類・データの徹底的な整理とセンター化を進めることである。第2ステップは、フォルダリングシステムを確立し、「仕事を見えるようにして管理」を実現する。最後のステップでVMを導入して「管理と改善を見えるようにして目的・目標を達成していく」ことが必要である。

VMがある程度定着した段階で業務革新に取り組むことにより目的・目標が理解され、役割・使命を果たし、会社の発展や業績向上にとって重要な仕事については見える管理で管理状況がわかり、5S活動やフォルダリングシステムで協力／非協力など、人の把握ができ、見えるマネジメントで管理・間接部門の革新を成功させる。このように、管理・間接部門の革新は5S活動の推進、フォルダリングシステムの確立、VMによる管理

図表1　見えるオフィスマネジメントシステム（OVMS）の確立

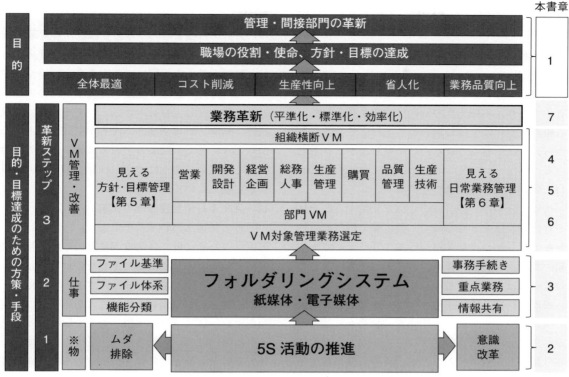

※物：仕事で必要なモノ・書類・データなどを対象

と改善のステップどおりに進めていくことが効果的である。

ステップ別管理・間接部門の革新のポイント

管理・間接部門の革新のステップ別にそのポイントを解説する。

1．5S活動の推進（革新ステップ1）

ムダの徹底的排除と意識改革を狙いに5S活動を推進することで、管理・間接部門における革新の基盤を整備する。5S活動を通して考え方と行動を変え、自分たちの職場は自分たちで良くしていくといった考え方が育まれ、人と組織の活性化が図られる。次のフォルダリングシステムを効果的に構築するためにも欠かせない。管理・間接部門の5S活動を推進するポイントは、以下のとおりである。

（1）トップのコミットメントを引き出す

革新を成し遂げるには、トップのコミットメントが必要不可欠である。5S活動のスタート時の方針説明、中間点での進捗確認と未実施、遅れ部門に対する指導、ステージ最終段階での評価と表彰の機会にコミットメントする。会社はトップ次第と言われるように、改革や革新を成功に導くには部門トップの関与とリーダーシップを引き出すかが重要である。

（2）全部門、全員参画の活動とする

担当業務が多岐に渡り、さまざまな雇用形態の中で全部門全員力を引き出すためには、誰もが馴染みのある5S活動に取り組みながらリーダーのリーダーシップを養成し、メンバーシップを引き出しチーム力を向上させ、活動の意義・目的を理解し、進め方についてメンバーと意見交換した上で実行計画をつくり込むことが必要である。

あてがわれた計画では、最低限の実行はなされても自ら目的に対して工夫したりアイデアを盛り込んで実施したりすることはないため、5S活動当初から参画するようにすると次のフォルダリングシステムの確立、VMによる管理と改善も全員

参加となり、革新の原動力となる。

　具体的な進め方については、第2章「仕事で必要なモノ・書類・データの5Sの進め方」で解説する。

2. フォルダリングシステムの確立（革新ステップ2）

　フォルダリングシステムの確立目的は情報の共有化であり、不確実性の時代に情報を共有している組織は変化に全体最適の視点で対応できることから、革新を成功させるための重要なポイントとなる。

(1) 機能分類体系に基づく共有

　情報の分類は、各自の切り口で分類するとそれぞれの分類体系となるので、機能軸で情報の媒体となるデータや書類を紐づけることによって、情報の共有化と機能の体系化が実現できる。ここで重要なのは、実際にこうしているといった観点から機能を分類、構成するアプローチである帰納的アプローチと、企業の中期経営、戦略からこうあるべきといった演繹的アプローチの両方向から機能分類体系を設計することが、管理・間接部門の革新を図る最重要ポイントとなる。

(2) 効果を実感できるフォルダリングシステム

　データ・書類の格納、検索やデータ・書類の識別のルールとなるフォルダー体系、フォルダー基準を設計、設定する際に、効果が実感できる設計と設定が重要となる。その設計、設定は管理者やリーダーだけでは難しい。例えば、実務者が物件フォルダーであると過去の案件別に容易に確認でき、ストレスなく過去の案件を振り返ることができて、本件の重要なところに注力できるといった効果が実感できるようなシステムを確立することがポイントとなる。

　フォルダリングシステム確立の具体的な進め方については、第3章「仕事のビジュアル化を実現するフォルダリング」で解説する。

3. VMによる管理と改善（革新ステップ3）

　第1ステップの5S活動により社員の行動が変わり意識が変わり、ムダ排除がなされてきたところで、第2ステップの仕事の見える化が進むと管理・間接部門の機能、プロセスが明らかになり、その前後のデータ・書類も見えるようになり、お互いの仕事が理解できるようになった段階で、第3ス

テップの管理・改善にステップアップしていく。

　VMによる管理と改善のポイントは以下の2点となる。

(1) 方針・目標管理のやり方を根底から変革する

　見えない、わからない方針・目標管理から、方針も目標も見える管理にやり方を変えていく。すなわち、方針・目標の連鎖、達成するための施策の標準化を含む実行計画が見え、実施状況、達成状況、処置・対策が部門の誰もがVMボードでわかるようにして、職場の上司・同僚・部下の協力を得て達成するようにマネジメントのやり方を根底から変えていく。

(2) 見える日常業務管理の実施

　管理・間接部門の革新を実現し、方針・目標を達成するためには、日常管理業務の中で会社の発展、業績向上のために特に重要な管理業務について、VM対象管理業務選定資料に従ってPDCAすべてが見える形で回し、繰り返し発生している問題をクローズアップして根本対策を取り、改善サイクル（CAPD）を回しきり、成果を上げていく見える日常業務管理に管理のやり方を根底から変えていくことがポイントとなる。

　VMによる管理・改善の具体的な進め方については第4章以降で解説する。

VM活動による管理・間接部門革新の成果

　VM活動による管理・間接部門革新の成果は、**図表2**のとおりである。モノづくり企業の多くの経営者と管理者は、管理・間接部門の革新が損益改善、生産性の向上が終局的に利益の増大につながることにあまり気がついていない。その証しとして、従来、生産革新など生産現場の革新や改善には力を入れて取り組んできたが、管理・間接部門の革新にはほとんど取り組んでこなかったのがわが国のモノづくり企業の実態であり、連動して生産性の低さに至っている。

　しかし、VM活動による管理・間接部門の革新によって、定性的な成果とともに以下のような付加価値増大、結果として利益の向上につながる定量的な成果を上げることができるのである。

1 見える管理とマネジメントによる管理・間接部門大改革の必要性

図表2　VM活動による管理・間接部門革新の成果

定性的成果

- ◆マネジメントの質の変革
  - ―管理（PDCA）の内容の質的向上
  - ―管理サイクルのスピード化
- ◆企業のマネジメント力の向上
- ◆管理者・監督者の管理能力・改善能力の向上
- ◆人材育成と職場風土の活性化と経営体質の革新

定量的成果

製造（間接含む）部門	営業・開発・管理・間接部門
◆在庫（材料、仕掛り品、製品）の削減 ◆リードタイム（調達、製造）の短縮 ◆工数低減（人員削減）と生産性向上 ◆生産進度遅れ・納期遅れの減少 ◆不良の減少	◆売上の増大 ◆リードタイム（設計・開発、事務）の短縮 ◆工数低減（人員削減）と生産性向上 ◆業務進度遅れ・納期遅れの減少 ◆不良・ミス（設計、事務）の減少

実施率・達成率の向上、付加価値向上の実現

利益・キャッシュフローの向上

来る人に驚きと感動を与える魅せる企業づくり

VMのブランドと企業価値の創造実現

（1）売上、付加価値の増大

　営業や販売管理、マーケティング部門でVMによる日常業務管理と方針・目標管理を実施することにより、戦略的で組織的な営業活動を展開して売上の増大、付加価値の向上を図ることができた企業はたくさんある。自社製品を持たない受託型企業においても、VM活動で差別化が図れ、新たな受注、拡大受注を獲得し、売上、付加価値の増大に結びつけている企業も多い。同様に5SとフォルダリングとVMを徹底的に実施して、効率的で精度の高い仕事と管理が行われている設計・開発部門の事業所を見込み客に見せて、OEM製品の売上を伸ばした企業もある。

（2）人件費の削減

　5Sの徹底実施とフォルダリングシステムの確立によって、探すムダがなくなる。また、仕掛りが見えるようになると流れ化、および担当別の業務日程管理の実施、さらには業務のやり方や手順、手続きなどの改善で、業務のリードタイム短縮、業務工数の低減、最終的には生産性の向上を実現することができる。このようにムダが排除され、仕事が見えることによってコミュニケーションも促進され、業務の応援・受援も進むことで人件費の削減が図れる。

（3）事務経費の削減

　5S活動の整理・整頓段階で、物の持ち方の基本的な考え方を修得する。例えば、個人で多く持ち過ぎる事務用品については、物の持ち方は、頻繁に使う物は身持ち、個人持ちとし、月一回など使用頻度の低いものは共有事務用品とする考え方を「手持ち基準」に落とし込み、整理・整頓することによって物の持ち方の基本が身につく。事務用消耗品は、管理の手間を省く発注と在庫の管理方式である「発注点管理（かんばん方式）」による整理・整頓でその考え方が修得され、事務用消耗品費の削減が実現できる。

（4）生産現場の工数低減と生産性向上に寄与

　管理・間接部門のVM活動により、業務のリードタイム短縮、業務の質と精度の向上が図られるが、その結果、管理・間接部門が要因となる生産現場のトラブル（例えば、設計不良の発生による手直しやつくり直しの発生、材料・部品の納期遅れによる作業者の手待ち、機械故障による稼働率の低下など）が減少して、生産現場の工数低減と生産性向上が図られ、その結果として製造原価の低減が図られる。

（小坂 信之）

第**2**章 仕事で必要なモノ・書類・データ の5Sの進め方

1 全部門全員参画で進める5Sの重要性

POINT

● 5Sは、全部門全員参画でムダの徹底的な排除と社員の意識改革を図りながら、管理・改善の基礎基盤を固めることが重要

■ 管理・間接部門における5Sの問題点

5Sとは、整理、整頓、清掃、清潔、躾の5項目の頭文字をとった造語である。5項目の定義とゴールイメージは**図表1**のとおりである。5Sは製造現場を代表に整備の現場や建築現場など多くの企業の現場で、管理の基礎基盤として行われている。しかし、管理・間接部門が業務を行う「事務現場」では相対的に盛んには行われていない。

5Sが不十分だと、現地・現物・現実で正常／異常が目で見てわからず、ムダや問題点が隠れてしまう。事務現場で見られる5Sの問題点は、以下のような状態である。

○個人机の引き出しには、1本あれば十分の黒いボールペンが複数本あり、使用頻度が週に1回あるかないかのシャープペンシルの芯やホッチキスの替え針などで一杯になっている。

○机の上は、処理や提出、回覧が必要な仕掛り書類、共有ファイル、個人のメモなどで散乱している。

○個人PCのデスクトップやドキュメント、共通サーバには不明フォルダーが乱立していて、数年更新されていないファイルや最新版がよくわからないコピーファイルで容量を圧迫している。

○備品や消耗品置場は、使いきるまでに相当の日数がかかるほど過剰な在庫が置かれている。

このような状態は、必要なモノや書類・データを探すムダや人に聞くムダ、在庫のムダを発生させている。5Sで正常な状態が明確になっていないと、異常だと気づかないのである。

ムダや問題が隠れた事務現場は業務を非効率にし、ミスを誘発し、事務現場だけでなく他の職場にムダを波及させる。実際に製造現場で発生するトラブルは、事務現場の問題に起因することが多々ある。例えば、備品置き場の5Sが不十分で、在庫管理ができておらず、欠品や過剰在庫を発生させる。書類整理ができていないと、注文書が他の書類に紛れて手配を忘れ、製造現場で手待ちを発生させる。また、書類やデータは個人の担当者に属人化して、紛失や改ざん、漏洩などの情報セキュリティインシデントのリスクを高める。

以上のように生産性を向上し、企業の付加価値を高め、目的・目標を達成するためには製造現場だけでなく、事務現場も含めた全社的な5Sが必要不可欠なのである。

■ 管理・間接部門における 5Sの目的と狙い

1．5Sの目的

管理・間接部門における5Sの目的と狙いを**図表2**に示す。

2 仕事で必要なモノ・書類・データの5Sの進め方

図表1 5Sの定義とゴールイメージ

項目	定義	ゴールイメージ
整理：Seiri	要るモノと要らないモノに分けて、要らないモノを処分すること	要るモノだけが職場内に置かれている状態
整頓：Seiton	要るモノを所定の場所にきちんと置いて表示すること	モノがすべて指定席化され、どこに何があるか誰でもわかる状態
清掃：Seisou	身の回りのモノや職場の中をきれいに掃除すること	いつ見ても、汚れがなくきれいな状態
清潔：Seiketsu	いつ誰が見ても、誰が使っても不快感を与えぬようにきれいに保つこと	3S（整理、整頓、清潔）のあるべき姿が常に維持された状態
躾：Sitsuke	職場のルールや規律を守り、守らせること	全員が職場のルールを守り、管理・監督者はルールを守らせている

図表2 5Sの目的と狙い

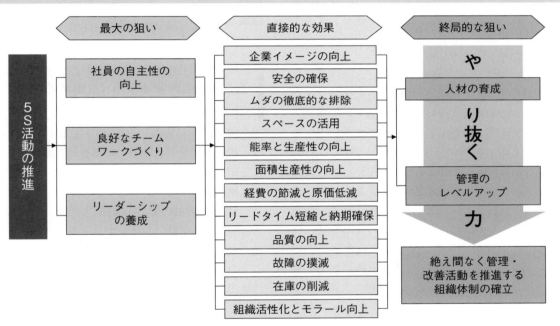

　5Sの目的は、ムダの徹底的な排除である。具体的には、ムダを徹底的に排除し、直接的な効果を得ることである。事務現場の5Sで注意が必要なのは、5Sをすることが目的になったり、美化活動の延長になったりすることがあるので、明確な目的を定めることが重要である。

　目的を明確にした上で、モノの持ち方を考え、モノの置き場、置き方に明確な根拠を持たせ、「清掃は点検なり」の考えで清掃することで、管理・間接業務に必要な事務用品、備品、書類、電子データなどの正常/異常が見えるようになり、探すムダ、人に聞くムダ、手戻りのムダなどが排除される。

　具体的な進め方は、本章の各項を参考にしていただきたい。

2. 5Sの狙い

　5Sの目的はムダの徹底的な排除だが、管理・間接部門における5Sの最大の狙いは、社員の自主性の向上、良好なチームワークづくり、リーダーシップの養成である。管理・間接部門では、「5Sや改善は製造現場がやるものだ」と思っている人が比較的多いからである。これは、正常/異常が見えないために、改善の必要性を感じない職場環境になっていることも改善意識を低下させる

25

一因になっている。すなわち、管理・間接部門では、本質的な5Sを推進することで社員の意識を変え、終局的には自律的・能動的に行動する人材を育成し、絶え間なく管理・改善活動を推進する組織体制を確立することが重要である。

全部門・全員参画で5Sを進める重要性

(1) 社員の自主性の向上

5Sは、職場に一人でも後ろ向きの人がいると推進力が大きく失われる。職場内で協力して5Sをしても、一部の人が決められた場所にモノを元に戻さなければ職場の5Sはすぐに崩れる。5Sをやった人は、その場に愛着が湧く。苦労を経験すれば、他の人が5S実施した場所を維持しようという意識が身につくのである。

(2) 良好なチームワークづくり

5Sは、考え方や手順を理解すれば誰でもできる活動である。ただし、活動を個人任せにしては、なかなか進まないのが5Sである。つまり、ボトムアップではなくトップダウンで行うことが重要である。職場のリーダーは、自職場の5Sが必要な場所（机、書棚、キャビネット、倉庫など）やモノ（事務用品、消耗品・備品、書類、端末内のデータ、検査器具など）を把握し、役割分担を明確にし、計画的に活動を指示、フォローアップすることが重要である。また、そうすることで5Sに関する報告、連絡、相談が自然に増え、成果が共有できるようになると、職場の人間関係や協力関係が良好になる。このように、5S活動を通じて社員の協調性が高まり、良好なチームワークがつくられるのである。

(3) リーダーのリーダーシップ

(2)で述べたとおり、5S活動のキーマンは、各職場のトップである。つまり、全社的には社長であり、職場では部課長などの管理者であり、係長・班長などの監督者である。5Sを含めて組織的な活動は、リーダーのリーダーシップが活動の質とスピードを左右する。5Sは取り組みやすい活動であるから、活動計画や指示、フォローアップもやりやすく、リーダーシップを発揮しやすい。初めはなかなかリーダーシップが発揮できなくても、リーダー自身が率先垂範することでメン

バーを引っ張ることができる。また、部下の動きが悪いときには、上司が積極的に活動に参加することが重要である。このように、5S活動は、人を動かし、成果を上げていく「マネジメント」のスキルを磨くことができる活動でもある。

すなわち、5S活動は全部門・全員参画で進めることが重要である。参加ではなく参画なのは、計画段階から全員で考えることが結果的に全員参加となるからである。何がどれだけ必要なのか、要るモノをどこに、どのように置くのか、清掃の分担はどうするのかを全員で考えて進めることで、活動の腹落ち感が変わり、参加意欲に違いが出るのである。その上で、一人ひとりが役割を持って5Sを行い、成功体験を積み重ねることで**図表3**にある「心」と「意識」が醸成され、社員の自主性が高まるのである。

全部門・全員参画で5Sを進めるポイント

全部門・全員参画で5S活動を推進するためには、活動のスタート段階で従業員の意識を高めることが重要である。その具体的な手段・方法を以下に紹介する。

(1) 5S活動方針の発信・周知

目的のない活動は、社員がゴールイメージをつかめず、取り組みの方向性がバラバラになり、思いどおりの成果が得られない。また、成果以前に活動が進まなくなることもあり得る。そのためにも、トップマネジメントが5S活動の目的を「活動方針」（**図表4**）にして明文化し、キックオフや全体ミーティングなどで背景や思いを含めて説明することが重要である。また、目的意識を常に持つためにも節目のミーティングで振り返りを行い、活動方針と現状を比較して立ち位置を確認するとよい。

(2) 活動スローガンの設定

5S活動方針を受けて、活動目的を端的に示す活動スローガンを設定するとよい。スローガンは主に活動をPRすることが目的であるが、意識喚起の面でも非常に有効な手段となる。そのためには、全員にスローガンを提出してもらうことにする。スローガンを考えることは社員が5Sの目的

図表3　5Sで育まれる心と意識

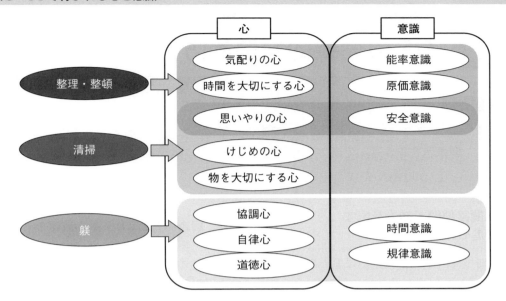

を理解し、自分なりに解釈する機会となるからである。集まったスローガンは幹部や事務局で選定し、会社としての活動スローガンを決定する。決定したスローガンは、キックオフ大会や発表会など5Sに関連するミーティングなどで唱和することで、目的意識を浸透させる手段にもなり得る。活動スローガンの例を以下に示す。

- ■5S徹底！人は変身！会社は革新！
- ■今やる5S、つながる未来、創意と工夫は無限大
- ■意識が変われば会社も変わる　一人ひとりが5Sの主役

(3) 推進宣言の起草

推進宣言とは、5S活動方針を受け、部長が自部署の役割使命から、自部署のゴールイメージをより具体的に示したものである。会社の規模によっては、5S活動方針が抽象的になり、目的が担当者に浸透しない時に有効である。また、部長が活動にコミットメントし、リーダーシップを発揮する手段にもなる。キックオフ大会などで全社員の前で宣言し、作成した宣言文は後述する5S活動管理板に掲示し、周知させるとよい。

(4) 活動目標の設定

全員参画の活動を継続するためには、成果の共有が必要不可欠である。5Sは、取り組むと職場の風景が変わり、社員の意識も変わっていくので

図表4　5S活動方針の例

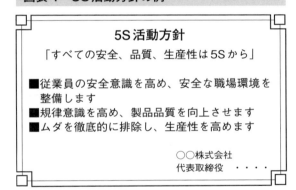

定性的な面で成果を感じやすい活動である。しかし、5Sはムダの徹底的排除が目的なので、定量的な成果を評価することが重要である。特に管理・間接部門においては定量的成果の評価が難しいが、管理・間接部門の役割使命は、大まかに言えば直接部門のサポートであるため、業務品質の向上やスピードに紐づいた数値を目標に設定するとよい。また、まずは管理・間接部門で5S活動が定着するように「実施件数」や「計画遵守率」といった手段目標を設定してもよい。

こうした取り組みの実施で、管理・間接部門の社員が全部門・全員参画で5S活動を推進する重要性を認識し、浸透することで目的・目標に向けて一丸となった活動になっていく。　　(小島 康幸)

2 管理・間接部門の 5Sの効果的な進め方

POINT

● 5Sは、トップダウンからボトムアップを伴って成果が生まれる！　まずは、体制を整備し、関係者を巻き込んで進めると効果的

管理・間接部門で効果を出す 5Sの進め方

　管理・間接部門で5Sを効果的に進めるためには、「人の巻き込み」「成功体験の積み重ね」「継続」が要点になる。5Sは人の考え方と行動があって進む活動だが、管理・間接部門は5Sに慣れておらず、日和見的な人や活動そのものに抵抗を示す人もいる。そうした人たちを巻き込み効果を出すために、以下のように5Sを進めていく。

　導入期は、方針・目標を掲げ、役割使命を明確にしてトップダウンで進め、従業員の参画意識を高める。そうやって活動を進めることで、リーダーシップや自主性の向上が図られる。定着期には、定量的な成果が出て、各人が成功体験を積み重ね、活動が習慣化してくる。その習慣力を本章8項にある「躾のチェックリスト」で点検し、ボトムアップを確認する。発展期には、各人に自信がついてきているので、管理・監督者にかかわらず若手まで5Sリーダーに任命し、さらなる5Sの工夫や自主性を引き出すことが重要である。

　このようにトップダウンからボトムアップが伴ってくると、日々絶え間なく管理・改善が行われる組織となり、継続的に成果が出る活動になるのである。本項では、その中でも大事な導入期の取り組みについて説明する。

5Sを効果的に進めるための準備・計画

1. 知識・情報を共有し、全員参画で進める

　関係者を巻き込んで5Sを進めるためには、知識・情報を共有する必要がある。その具体的な手段として「5S活動管理板」がある。5S活動管理板は、**図表1**にあるように5S活動を進める上での知識や情報を見えるようにする。共有すべきは、トップの方針・目標を自部門に具体化した推進宣言や5S月次計画などが挙げられる。留意すべきは、貼っただけの掲示板にしないことである。本項2(3)「運用ルール」で決めた議題で推進リーダーを中心にコミュニケーションを取ることで、上司の指示とフィードバック、部下の報告・連絡・相談を確実に行い、管理板にすることで人の巻き込みが図られるのである。

2. 体制づくり

　5Sは、お金と時間が必要な活動であるため、トップが必要なリソースを確保しなければ活動は進まなくなる。そこで、以下のような推進組織体制の構築が重要である。

(1) 推進組織

　推進組織は、全員参画であることを明確にし、職制のパワーを活用して推進力を高めるために構築する。ポイントは、トップマネジメントが委員長となり、職場の部門長が推進委員となり、リーダーシップが取れるようにする。さらに監督者や、やる気のある若手が推進リーダーとなることで、確実に実行されるようにする。そして、従業員全員の名前を組織図に明記することで全員参画につなげる。また、組織図だけでなく、リーダーなどの役割と責任を明確にし、伝達、浸透を図ることでパフォーマンスを引き出す（**図表2、3**）。事務局は職制のサポートを前提にやる気のある若手を抜擢すると、マネジメントスキルの育成が期待できる。推進組織には5S委員会を構成し、5Sに関する全社的な統一の基準やルールの決定、職場ご

2 仕事で必要なモノ・書類・データの5Sの進め方

図表1　5S活動管理板

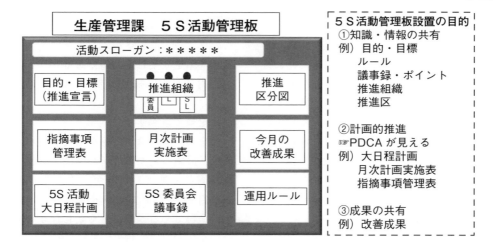

図表2　推進組織図

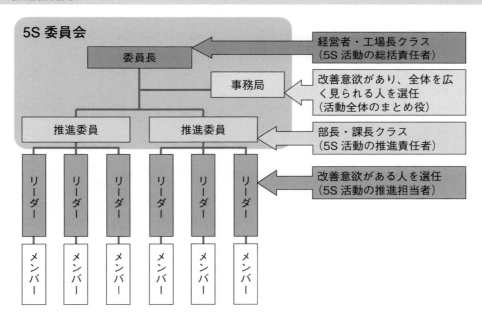

図表3　役割と責任の例

役　職	役割と責任
5S委員長	活動の継続、進歩向上を図るため、活動全体の方向づけ、メンバーの意識づけ・動機づけ、提案・申請に対する決定などを行う
事務局	委員長を補佐し、委員・リーダー間の活動や意見の調整を図り、対策を提案し、実質的に活動全般を運営する
推進委員	担当職場における活動全体の成果と進捗をフォローする。リーダーと互いの意思疎通を図り、時間、道具などを準備して活動を支援する
推進リーダー	担当職場において、実行計画を策定し、メンバー間の意思疎通を図り、活動を実行する

29

との優良事例の標準化、成果を委員会で展開する。

(2) 推進区分

推進区分の目的は、推進組織の単位で担当するエリアを明確にし、責任区分を明確にするためである。推進区分図は、推進組織の業務と関連するエリアや所属する人数を考慮に入れて配置図やレイアウトマップに区分を落とし込んで作成する（図表4）。作成のポイントは、事務所や倉庫だけでなく廊下や食堂などの共用部から敷地全体含めて、エリアの抜けや漏れがないようにして聖域をつくらないことが重要である。

(3) 運用ルール

運用ルールは、5S活動の時間を確保し、やるべきことを確実に行わせるために明確にする。具体的には、活動に関するコミュニケーションについてと活動時間を明確にするとよい。前者は、5S委員会での決定事項の共有や先週の活動の進捗報告、今週の活動計画の指示などの議題や実施日時を明確にするとよい。後者は、部署や個人の自由でもよいが、活動を始めて間もないときや仕事の都合で時間が取れない、活動が進まない状況になったら、5Sタイム（毎週金曜日の16時から17時までなど）など、明確に設けるとよい。

3．手順・基準に従い進める

5Sは、各部署でバラバラの取り組みにならないよう、統一した手順と基準で一斉に進めることが重要である。手順は、準備を行った上で整理と躾から開始する。整理がひと通りできたら整頓、清掃を順に進め、3S（整理、整頓、清掃）を繰り返し、清潔な状態を実現していくのが基本手順である。5Sを効果的に進めるためには、時間をかけて取り組むのではなく、図表5にあるような大日程計画を立案し、それぞれの期限を明確にし、一気呵成に計画的に進めることが重要である。目的や考え方を行動や判断の基準、ルールに落とし込むとバラツキがなくなり、効果的に5Sが進められる。必要な基準は、各項で詳細を説明する。

5Sを効果的に進めるための運営

1．全員参画の計画で計画的に進める

5S活動管理板で運用する管理帳票の中でも、特に活用度を高めたいのが5S月次計画実施表である（図表6）。この管理帳票は、大日程計画、5S点検、5S委員会の決定事項、推進委員などからのフィードバックなどをインプットに、当月の活動計画を立案したものである。

5S月次計画実施表の活用の要点は以下の3つである。

(1) 全員で計画する

人を動かすには納得感が重要である。そのためには、計画段階からメンバーにも参加させて「全員参画」で進めることが重要である。具体的には、計画のインプットを5S活動管理板で共有し、全員でやるべきことを話し合う。決定事項はその場で5S月次計画実施表に手書きで記入し、計画にしていく。皆が納得の上で進めていくことになるので、実行度も高まる。

(2) 一人一役の計画にする

5S月次計画実施表の責任者欄には、必ず全員が一つの役割を持つように計画することが、巻き込みや成功体験を積ませるために重要である。ここを「全員」や「複数名」で計画すると責任が曖昧になるので、実施場所を1つの書棚の上段、下段と分けてでも、一人一役になるように計画することが重要である。

(3) 進捗を共有し、やりきる

週に一度は5S活動管理板の前で集まり、進捗を共有する。遅れや停滞があれば挽回策を講じ、全員で協力して月内にやりきるようにする。また、実施済みのものは推進リーダーが評価、フィードバックし、成功体験やさらなる課題を得て自主性やチームワークを高めていく。

2．成果を共有し、全員を巻き込む

実施後には、効果を検証することが重要である。整理であれば処分量やスペース、整頓であれば探す時間など、取り除けたムダを定量的に評価し、5S活動管理板で共有する。また、事務局が各職場の定量成果を集計し会社全体の成果としてまとめたものや、各職場の活動事例を写真とポイントでまとめたものを目につく場所で共有できるようにすることにより、モチベーション向上や水平展開を促進できる。節目に発表会を行い、トップのレビューを受けたり優良部署を表彰したりするのも活動の継続に効果的である。　　（小島 康幸）

2 仕事で必要なモノ・書類・データの5Sの進め方

図表4 推進区分図

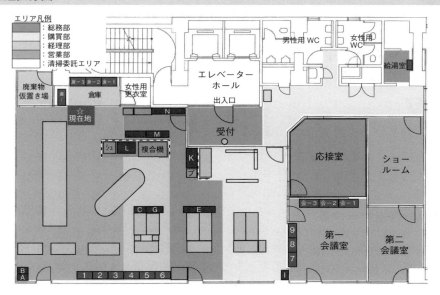

図表5 5S大日程計画の例

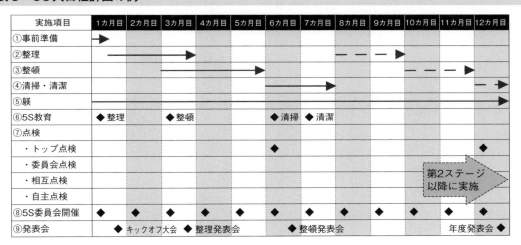

図表6 5S月次計画実施表

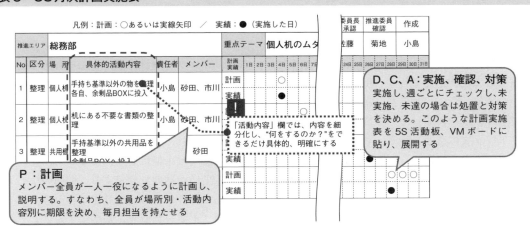

3 管理・間接部門のモノ・書類・データの整理の進め方

POINT

● モノ・書類・データの整理は、即廃棄による整理と基準に基づく整理の2ステップで徹底して行うことが重要

整理の定義と目指すべき姿

整理とは、要るモノと要らないモノに分け、要らないモノを処分することである。整理のゴールイメージは、整理が終わったときに、職場にあるモノがすべて必要なモノだけになっている状態である。5Sのファーストステップは、徹底的な整理を行ってスペースを確保し、スッキリした職場にして次の整頓がやりやすいようにすることが効果的な5Sができるポイントである。

モノの整理の手順とポイント

整理は、まず要らないモノを理解することが重要である。要らないモノとは、「使わないモノ」「使えないモノ」「余剰にあるモノ」である。使わないモノ、使えないモノは不要物として明らかだが、余剰物は使えるモノなので不要物という認識が薄い。また、使わないモノ、使えないモノの整理でも、整理が進まなくなる段階がある。そうしたポイントを踏まえて整理を徹底的に行うためには、以下の手順で進めるとよい。

1. 現状把握（レイアウトマップと写真撮影）

職場内のどこに、どのようなモノがあるかを把握するために現状把握を行う。現状把握には、事務所、会議室、倉庫、食堂といった職場のエリアだけでなく、机、書棚、キャビネットなどの什器もエリアマップに落とし込み、それぞれ中に何が入っているのかを把握する。整理後の効果検証のため、写真に撮って記録しておくとよい。また、作成したレイアウトマップと写真の記録は、いつ、どこを、誰が実施するのか、整理活動の計画を立てるための資料としても活用する。

2. 即廃棄品の整理

現状把握ができたら、個人の判断で即廃棄できるモノの整理を進める。使われないままのモノ、いつか使うだろうと思っているモノ、壊れているモノなども思い切って整理するとよい。進め方は、現状把握をもとに、前項にある5S月次計画・実施表で全員参画の計画を立て、実行管理するよう留意する。

3. 基準による整理

整理で十分な成果が出ない壁になるのが、使わない、使えないモノでも個人の判断で整理できないモノと余剰にあるモノである。こうしたモノについては、社内で共通認識を持って進める必要がある。具体的には、以下の手順で進めていく（図表1）。

（1）不要品基準の作成

個人の判断で整理できないモノについては、不要品基準（図表2）に基づき整理を進める。基準作成の手順は以下のとおりである。

①対象物の棚卸し

机や棚のような什器、PCやディスプレイ、プリンターのようなOA機器、営業や開発部署であれば、サンプルや試作品、またそれらを製作する材料や端材など、整理しづらいものを対象物として明確にする。

②不要品候補とする基準の設定

対象物それぞれに不要品候補とする基準を設定する。基準は未使用期間、すなわち、使われずに滞留していた期間で設定する。期間の決め方は、対象物の特性に合わせて見切りをつけるタイミングで要・不要を判断する基準にすることで継続的

2 仕事で必要なモノ・書類・データの5Sの進め方

図表1　整理の進め方

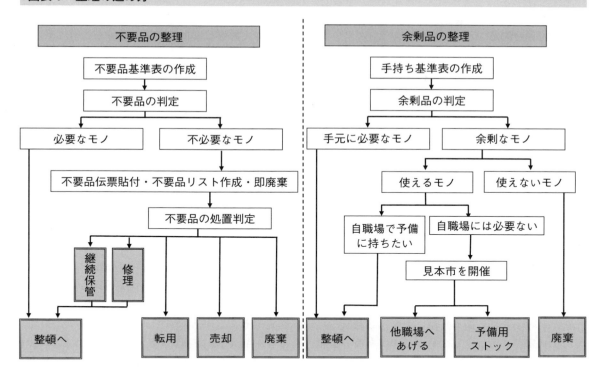

図表2　不要品基準

対象物	区分	不要品基準	不要品摘出		不要品判定者			不要品リスト		備考
		未使用期間	要	不要	一次	二次	最終	要	不要	
什器	机，椅子	6カ月	○		課長		部長	○		
	テーブル	6カ月	○		課長		部長	○		
	棚	6カ月	○		部長		社長	○		
	キャビネット、ロッカー	6カ月	○		部長		社長	○		
	上記以外の什器	6カ月	○		課長		部長	○		
備品	パソコン	6カ月	○		部長		社長	○		
	プリンター	6カ月	○		課長		部長	○		
	電話	6カ月	○		課長		部長	○		
	プロジェクター	6カ月	○		課長		部長	○		
	カメラ類	6カ月	○		課長		部長	○		
	上記以外の備品	6カ月	○		課長		部長	○		
事務用品	消耗品	3カ月		○	課長		部長		○	
	非消耗品	3カ月		○	課長		部長		○	
その他	サンプル	3カ月	○		課長		部長		○	
	試作品	3カ月	○		課長		部長		○	
	その他	3カ月		○	課長		部長		○	

33

に整理を進めていくことができる。未使用期間は1年を超えない範囲で設定するとよい。

③判定者の決定

次に、対象物ごとに判定者を決めていく。対象物の特性に合わせて、1次判定者「課長」、2次判定者「部長」、最終判定者「社長」のように決めていく。モノによるが、意志決定のスピードアップのため判定者は多く設定し過ぎない、権限を下位移譲できないか考慮するとよい。

④その他の検討事項

対象物のうち、除却の手続きが必要なモノなどで記録が必要なモノは、不要品リスト欄に要／不要を基準に決めておくとよい。

(2) 不要品伝票の貼り付け

不要品基準が設定されたら、社内に発信し、各部署は全員参画で該当するモノに不要品伝票（**図表3**）を現物に貼り付けていく。不要品伝票（赤札などと呼ぶ会社もある）は、不要品と判断した理由を判定者に明示するためのものである。整理を徹底して進めるためには、判定者の判断に委ね、基準に該当するモノに躊躇せず不要品伝票を貼っていく。不要品伝票を貼った現物は、後の不要品判定のために1カ所にまとめて置ければよいが、サイズや重量があるモノは伝票に通し番号をつけておいて一覧化しておき、置いてある場所へ判定者を案内して判定してもらうとよい。

(3) 余剰品の整理

余剰品が溜まるメカニズムは、繰り返し使用品で適量が決まっていないために、出入りの業者からもらったり誰かから借りたりしたボールペンなどが溜まっていくのである。そこで、繰り返し使用品でつい持ち過ぎてしまうモノを対象に、**図表4**に示す手持ち基準を設定し、基準外のものを余剰品として整理する。

手持ち基準のポイントは、使用頻度に応じたモノの持ち方にすることである。例えば、毎日使うモノは個人持ち、1週間に数回しか使わないモノは職場で共有にする。1カ月に数回しか使わないモノはフロアで共有にするといったように決めていく。例えば、黒のボールペンは毎日使うので個人で1本、シャープペンシルの芯は1週間に1回しか使わないので職場で1つのように決めていく。同じ職場の中でも業務内容によって使用頻度

が違う人もいるので、モノによっては特定の業務担当者のみ個人持ちにするなど、メンバーがこの考え方を理解し、全員で決めていくと納得感のある基準になる。

(4) 余剰品摘出

手持ち基準に基づき、決められたモノと数量を超えたモノを余剰品として摘出する。職場持ち、フロア持ちとしたモノは、整頓まで仮置き場を設置して運用する。摘出した余剰品は余剰品ボックスに入れて、事務用備品を管理している部署が保管する。購入申請があったら余剰品から払い出すことで購入費を削減することができる。

4．不要品判定

不要品伝票が貼られたモノについては、日程を決めて判定者が見て回り、判定を行う。不要品伝票を貼ったモノは、あくまでも不要品の候補であり、すべて廃棄するわけではない。廃棄以外にも判定の考え方があるので、図表3を参考にしてほしい。判定後は、その結果を不要品伝票に記録し、現物を処置する。不要品伝票は回収し、記録が必要なものは不要品リストに記録する。

5．成果集計と振り返り

不要品判定が終わったら、現状把握の際に撮影した写真と整理後の現況を比較して、その成果を確認する。処分した量（パレットの枚数などで換算）や金額、空いたスペースを定量的にも評価して公表することが重要である。例えば、発表会を開催して全員の努力を共有して、次の整頓のモチベーションにする。一方で、今までこれだけのムダを蓄積したことを把握させ、処分金額分の利益を稼ぐにはどれだけのことをしなければならないかを、周知させることが重要である。なぜこれだけのムダが発生したのか、発注ミスや設計ミス、見込み違い、余裕の見過ぎなど事由分析を行い、原因追及から仕組み、制度を改善し、再発防止策を講じることが重要である。また、処分を決めきれなかったものは、整頓しながら要／不要を判断し、最後までやり切ることが重要である。

書類整理の手順とポイント

管理・間接部門の職場において、モノの他に整理が必要な対象が書類と電子データである。探す

2 仕事で必要なモノ・書類・データの5Sの進め方

図表3　不要品伝票

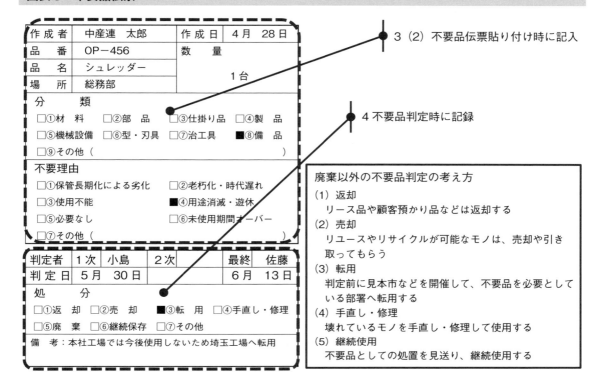

図表4　手持ち基準

No.	品　名	規格・種類	使用頻度	保管場所・数量 個人	保管場所・数量 課	備　考
1	シャープペンシル		5 回/日	1		
2	ボールペン	黒	10 回/日	1		
3	ボールペン	赤	5 回/日	1		
4	蛍光ペン	黄	2 回/日	1		
5	消しゴム		5 回/日	1		
6	付箋	小	2 回/日	1		
7	ホッチキス		5 回/日	1		
8	ゼムクリップ		3 回/日	必要数		
9	はさみ		2 回/日	1		
10	印鑑		3 回/日	1		
11	日付印		2 回/日	1		○○業務担当のみ
12	朱肉		2 回/日	1		
13	修正テープ		1 回/日		1	
14	シャープペンシル芯		1 回/月		1	
15	ホッチキス芯		1 回/月		1	
16	日付印		10 回/月		1	

35

ムダをなくすために徹底した整理を実施し、第3章のフォルダリングシステムを効率的に進められるようにする。具体的な手順は以下のとおりである。

(1) 役割分担

書類が保管されている机、書棚、キャビネットごとに担当者を決めて、役割を明確にする。個人机は各個人、書棚やキャビネットは主に使用している部署や担当者を整理担当にすることで、整理が効率的に進められる。

(2) 現状把握

書類の現状把握は、担当場所にある書類の長さを計測する。机の上にある書類や段ボール内の書類は高さで、書棚やキャビネットにあるファイリングされた書類は棚幅とファイルが置かれている段数を掛けて算出するとよい。計測した書類長は、**図表5**のようなシートに場所ごとに記録する。

(3) 即廃棄できる書類の整理

現状把握が終わったら、明らかに不要な書類の整理を進める。具体的に即廃棄ができる書類は、以下のような書類である。

　○用途のなくなった書類：清書済み、入力済みの書類や参考程度に送られてきた通知など、正式文書が来て不要になった写しや控え

　○重複保管している書類：原本の所在がはっきりしている書類のコピー

　○陳腐化した書類：差し替えられた書類の旧版や所定の保存期間が過ぎた書類

(4) 書類の保管・保存・廃棄基準の設定

即廃棄できる書類の整理に続いて、基準に基づく書類整理を行う。企業では文書管理規程などで書類の保管期間が定められていることが多い。そこで、保管期間を超過した書類の整理を行う。保管期間が定められていない書類は個人では要／不要が判断できないため、新たに保管期間を定める必要がある。保管期間は、その文書の特性から、①法律で定められた期間、②顧客要求で定められた期間、③社内規則、④使用頻度や活用度に応じて設定の順に定める。①や②のように長期保管が定められていても、活用度の低い書類は保管と保

存※を使い分け、保存期間を定め書庫に置くようにすると探すムダを排除することができる。また、同じ書類を複数人で個人持ちせずに、職場（部や課などの単位）での共通化・共有化を図る。これらを**図表6**のような基準に落とし込んでルール化する。

(5) 基準に基づく不要書類の整理

文書管理規程や(4)で設定した基準に基づき、書類整理を進める。整理にあたっては、廃棄する書類、保存に回す書類を識別できるように、それぞれ別の色の付箋を貼っていくと効率的に整理が進められる。廃棄書類は段ボールにまとめて溶解業者に依頼するなどして処理する。

(6) 成果集計

書類整理終了後、(2)の要領で再度、書類長を計測し、整理前の書類長の差から削減長を算出し、成果を確認する（図表5）。

データ整理の手順とポイント

(1) 現状把握と準備

データの整理では、まず対象とするサーバを決定する。現状把握では、対象サーバの容量をプロパティで確認しておく。次に、サーバ内のフォルダーにどのようなファイルが保管されているか確認しておく。また、可能であれば、後で必要になったファイルを復旧できるように整理前の状態で外部記憶装置にバックアップを取っておくと、思い切ったファイル整理ができ、成果が得られやすい。

(2) 役割分担

フォルダーは、部署名や業務名、顧客名、プロジェクト名、個人名など、さまざまな名称がつけられている。サーバ管理者は大まかに該当しそうな部署へフォルダーを割り振り、さらに部署長が割り振られたフォルダーをアクセス権限に基づく制限を考慮に入れて部署内で分担し、役割を明確にして進める。担当者は、分担されたフォルダーの容量を確認し、記録しておく（図表5）。また、担当者は、サーバだけでなく個人端末のストレージやデスクトップに貼り付けられたデータも対象

※保管：事務所に置かれている状態　保存：書庫に置かれている状態

2 仕事で必要なモノ・書類・データの5Sの進め方

図表5　書類整理、データ整理の計測と成果集計

書類 書類があった場所	整理前の書類長 ①	整理後の書類長 ②	削減した書類長		
			(①-②)	削減の内訳	
				廃棄	保存
佐藤部長の机の周辺	1.8 m	0.6 m	1.2 m	1.2 m	m
小島の机の周辺	1.5 m	0.8 m	0.7 m	0.7 m	m
事務所内　番号1の棚	5.4 m	4.0 m	1.4 m	0.0 m	1.4 m
階段下倉庫	3.0 m	0.0 m	3.0 m	0.0 m	m
合計	108.0 m	57.4 m	50.6 m	46.1 m	4.5 m

データ 対象	現状（整理前）の使用容量				整理後の使用容量			
	サーバ上	PC上	その他	対象別合計	サーバ上	PC上	その他	対象別合計
①営業フォルダー	10.5 GB	GB	GB	10.5 GB	8.4 GB	GB	GB	8.4 GB
②見積りフォルダー	7.2 GB	GB	GB	7.2 GB	6.8 GB	GB	GB	6.8 GB
⑦砂田PC	GB	14.3 GB	1.5 GB	15.8 GB	GB	GB	GB	GB
小　計	34.2 GB	53.9 GB	3.7 GB	91.8 GB	27.2 GB	44.4 GB	2.7 GB	74.3 GB
合　計	A			91.8 GB	B			74.3 GB

削減データ容量（C=A-B）	C	17.5 GB	データ容量削減率(%)（D=C／A×100）	D	19.1 %

図表6　書類の保管・保存・廃棄基準

書類のおおよその分類	文書名・書類名	共通化を図るものとその単位				保管期間	保存期間	即廃棄するもの
		部	課	係	その他			
1 契約	特約店契約		○			契約終了まで　年	3 年	更新があった場合の旧版
〃	販売契約		○			契約終了まで　年	3 年	〃
〃	雇用契約		○			本人退職まで　年	3 年	〃
						年	年	
2 社内規定	就業規則			○		改訂・廃止まで　年	－ 年	旧版
						改訂・廃止		
3 経営企画	中・長期計画(原本)	○				3 年	4 年	
〃	中・長期計画(写し)		○			3 年	－ 年	保管期間満了後の写し

として徹底的に整理することが必要である。

(3) ファイルの整理

　役割分担が明確になり、容量チェックが完了したら、まずは個人の判断で整理できるファイルを削除する。紙で保管しているドキュメントはデータでもある場合があるので、書類整理で設定した基準にある保管、保存期間でシステマチックに整理する。OBなど退職者が作成したデータなど、個人で判断できないファイルは保留フォルダーなどにいったん格納し、上司の判断を仰ぐとよい。

「1年以上前に作成された書類を見返すのは1%以下」という確率論（ナレムコの法則）があるように、更新日時から1年以上経っているものは思い切って削除し、後に必要となればバックアップから復旧すればよい。

(4) 成果集計

　書類整理同様、整理終了後に再度プロパティで容量を確認し、成果を確認する（図表5）。

（小島 康幸）

4 管理・間接部門のモノ・書類・データの整頓の進め方

POINT

● 整頓は、5Sの要。すべてのモノに表示がされるまで徹底して行い、現地・現物・現実で異常が見える職場環境にすることがポイント

整頓の定義と目指すべき姿

整頓とは、要るモノの所定の場所を決めて、表示することである。整頓のゴールイメージは、モノがすべて指定席化され、どこに何があるか誰でもわかる状態である。

整頓は、2つの理由で5Sの中でも特に重要なステップである。1つは、整頓が徹底されていないと5Sはすぐに崩れてしまうからである。だから、職場に置いてあるものすべてに表示がされている「表示率100%」を実現する必要がある。2つ目は、正常・異常を識別するためである。表示は、モノの戻し場所のルールであり、表示された場所にモノがなかったり、違うものが置いてあったりすると異常であることがわかる。これが現地・現物・現実でわかることが管理基盤になり、探すムダの削減、業務品質および業務効率の向上につながるため、管理・間接部門でも整頓の徹底は必要不可欠である。

モノの整頓の手順とポイント

整頓は、整理で残った必要なモノすべてが対象となり、3要素で構成される。整頓の3要素とは、「置き場」「置き方」を検討し、所定の場所を定め、「表示」でルールにすることである。整頓の実施にあたっては、事前に整頓に関する基準と道具を準備しておくとよい。以下に、具体的な整頓の手順とポイントを説明する。

1. 整頓基準の設定

整頓基準は置き場、置き方、表示に統一感を持たせ、表示を見やすく、わかりやすくするために設定する。管理・間接部門において設定すべき整頓基準について以下に説明する。

(1) ロケーション設定基準（図表1、2）

倉庫内の区画や棚および書庫、事務所内の什器などにロケーション番号をつけ、所番地でモノを管理する場合の採番方法を定めるルールである。これにより棚の場所がおおよそ予想がつくため、モノ探しがしやすくなる。

(2) 棚表示基準（図表3）

棚の段数や区画、表示の位置などを定めるルールである。ロケーション設定を補う役割と表示する場所を全社統一にし、表示を見やすく、わかりやすくする。

(3) 個人机の整頓基準

管理・間接部門の意識を変える登竜門となるのが個人机である。個人机の使い方は人によってさまざまな考え方があるが、5Sの目的、考え方を個人机の使い方にも反映させ、全員が足並みを揃えて整頓を実施するために重要な基準である。詳細は本章5項で説明する。

(4) 発注在庫基準

発注在庫基準は、事務用品の備品や設備の予備部品などの消耗品を対象とした基準で、使用頻度や調達リードタイムから適切な在庫量を定めたルールである。詳細は本章7項で説明する。

2. 整頓の道具

整頓の道具としては、姿絵置き用のポリエチレンシートや表示用のラベルプリンター、ラミネーター、段ボールプラスチックなどがよく使われるので、あらかじめ準備しておくとよい。

3. 置き場の検討

置き場は、安全性や使いやすさを考慮して個々

図表1　ロケーション設定基準例（倉庫）

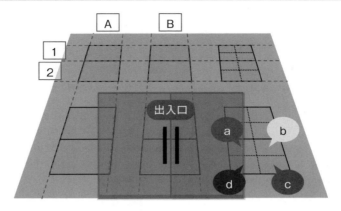

図表2　ロケーション設定基準例（事務所の棚）

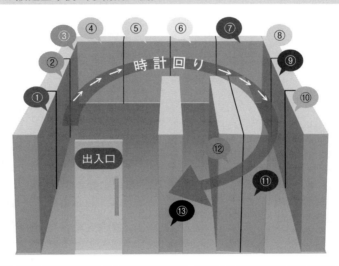

図表3　棚表示基準の例

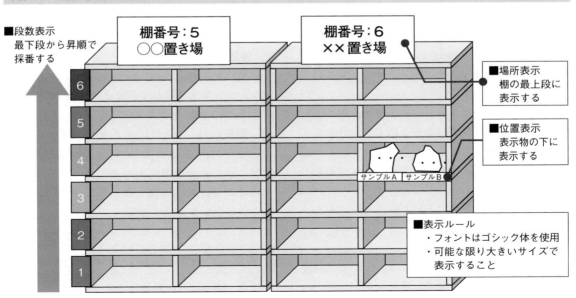

に最適な場所を決めていく。空いている場所を置き場としたり、今の置き場が最適と決めつけたりせず、ゼロベースで検討することが重要である。置き場の考え方について、以下の観点で決めるとよい。

○使用頻度の高いモノを使用する場所の近くに置く
○使用頻度の低いモノは職場やフロアで共用にして置く
○重量物は安全性を考慮して低い場所に置く
○棚卸しなどがしやすいように種類別に置く（用途、種類、品目、状態別など）
○そのモノを使う時の人の動きで配置を考える（作業の関連性）

4. 置き方の検討

置き方は、安全性を第一に個々に最適な置き方を決めていく。置き方の具体例としては、載せる、吊るす、斜め置き、立て置き、プラ箱やコンテナでのまとめ置き、パレット（プラパレ、網パレ）置きなどがある。これらの置き方を以下の観点で選択し、決定していく。

○取り出しやすく、戻しやすい（積み重ねる、モノの前に置くと手間がかかる）
○スペース効率の良い置き方にする
○作業の順番に置く
○直角・平行に置く

5. 表示の実施

置き場と置き方が決まったら、その場所に表示して標準化する。つまり、表示の目的は、定位置にきちんとモノを戻し、整頓された状態を維持管理するためである。そのために、表示は3点セットで考え、3点すべて表示して完了とする（図表4）。

（1）場所表示

場所表示は、棚やキャビネットなど、その場所に概略、何が置かれているかを示す表示である。遠くからでもわかるようにできるだけ大きく、棚の最上段などに表示することがポイントである。

（2）位置表示

位置表示は、個々の置き場を示す表示である。棚表示基準に基づき表示する。

（3）現物表示

個々の現物そのものに表示する。仮にモノが放置されていても、位置表示と現物表示が一致すれば誰でも元の場所に戻すことができるようになるので、整頓された状態が維持できるようになる。

（4）正常／異常を識別する表示

3点セットの表示でモノの定位置化が図れ、現地・現物・現実で正常／異常が目で見てわかるようになるが、他にも下記のような表示をすることで正常／異常が識別できるようになる。

①数量表示

数量管理しているモノの置き場に、最大在庫数などを表示することで在庫の異常が見える

②状態表示

初物検査品などに「検査待ち」といった状態を表示することで検査漏れを防ぎ、検査の停滞などの異常が見える（詳細は本章6項参照）。

③ルール表示

「保護具着用」など、その場の作業ルールを表示することで、ルールの逸脱などの異常が見える。

④仮置き表示

一時的にモノを置きたい場合は、放置を防ぐために仮置き表示をルールにする。仮置き表示には、置いた人、モノ、いつまで置くのか、置いた理由を明記して現物に添付するとよい。

6. 整頓の効果的な進め方

整頓は、対象箇所と対象物が幅広い。使用頻度やムダが多くありそうな対象は、部署によって特性があるので、それぞれ優先順位を決めて計画的に取り組むとよい（図表5）。書棚やキャビネットなど共通する対象物が多いので、他部門の事例をモデルにして水平展開すると効率的に整頓が進む。

7. 整頓の成果

整頓の成果は、その目的から探すムダの削減時間などで定量的に検証するとよい。例えば、整頓前は必要な在庫を探すのに5分かかっていたのが、整頓後は、1分で探すことができるようになったら4分の短縮となる。このように、成果を個別に検証し、職場の5S活動管理板などで共有することで、成功体験となって5Sを効果的に進めることができるのである。

書類・データの整頓の手順とポイント

管理・間接部門の職場は文書や記録を使って業

図表4　表示の3点セット

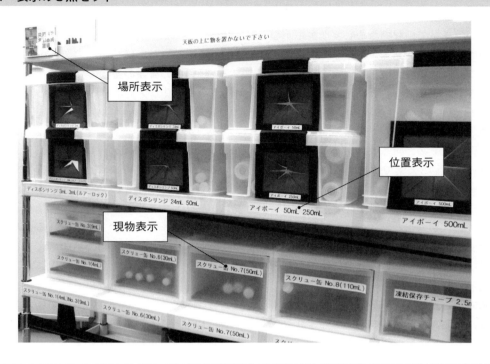

図表5　部署別、整頓の重点箇所の例

部署	場所	主な整頓の対象物	整頓のポイント	参考になる箇所
総務部門	事務所	共用事務用品	共用事務用品のワンベスト姿絵置き	第2章4項、5項
総務部門	事務所	事務用備品	欠品、過剰在庫しない事務用備品の発注点管理	第2章7項
経理部門	事務所	決算書類などの長期保管書類	フォルダリングシステムによる検索性向上	第3章全体
経理部門	事務所	決算書類などの長期保管書類	書類、データの保存、廃棄のシステマチックな移管	第3章7項
人事部門	事務所	人事関係の管理書類	管理書類の情報セキュリティ管理	第2章4項
人事部門	事務所	人事関係の管理書類	電子データへのアクセス権限	第3章6項
研究開発部門	研究室	モック、サンプル	モック、サンプルの仮置き、状態表示	第2章6項
生産技術部門	工作室	共通刃具	誰でもすぐに必要な刃具が探せる整頓（種類別など）	第2章4項
生産技術部門	工作室	設備予備部品	欠品、過剰在庫しない設備予備部品の発注点管理	第2章7項
生産管理部門	倉庫	在庫（材料、仕掛り、製品）	在庫のロケーション管理（固定orフリー）	第2章4項
生産管理部門	倉庫	在庫（材料、仕掛り、製品）	置き場、置き方の工夫（棚卸しやすさ、運搬しやすさなど）	第2章4項
購買部門	受入ヤード	受入品（材料、外注加工品）	受入品の状態表示	第2章4項
品質管理部門	検査室	検査機器	検査機器のワンベスト姿絵置き	第2章4項、5項
品質管理部門	検査室	検査品	検査品の状態表示	第2章4項
営業部門	事務所	個人机にあるモノ	個人机の整頓基準に基づく整頓	第2章5項
営業部門	営業車	営業車内にあるモノ	営業車内も表示率100%でセキュリティ確保	第2章4項、5項

務を遂行することが多いため、書類の整頓は極めて重要である。しかし、多くの企業では、書類の保管場所が決まっていないため必要な書類がなかなか見つからない、ファイルの綴じ方が人によってバラバラで同じ書類が散在している、といった問題が起きている。こうした問題の背景にあるのは、人に業務がついている属人化した状態であり、管理・間接部門において根深い問題である。つまり、書類はモノと同じように、今あるファイルを単純に整頓の3要素で実施するのではなく、書類やデータ管理の仕組み（フォルダリングシステム）を構築してから整頓する必要がある。フォルダリングシステムは、第3章で具体的に説明しているので参照してほしい。

本項では、紙媒体の書類の整頓に必要なことに絞って説明する。

1. 整頓が必要な書類の明確化

書類は、管理書類と参考書類に区分される。

管理書類とは、企業や組織が業務上で作成、受け取った書類を適切に管理する必要がある書類で、整頓の必要があり、業務書類、機密書類、仕掛り書類に分類される。管理書類は、分類別の特性から整頓の方向性を決めていく必要がある。

一方の参考書類とは、個人が業務の参考に保持している書類で、例えば、個人で受講した研修資料や個人で作成した早見表といった書類である。あくまでも個人的な資料のため、個人机での保管が認められる書類である。

2. 管理書類の分類別整頓の方向性

（1）業務書類

業務を遂行するために必要な書類で、例えば社内規程、保管・保存記録やISOの管理文書といった書類である。担当者が多忙、不在時や異動、退職時に代行、引き継ぎで必要なため、フォルダリングシステムで仕組みをつくり、共用のファイル棚で整頓することが必要である。

（2）機密書類

業務書類ではあるためフォルダリングシステムの対象となるが、共有化すべき書類ではないため表示せず、施錠管理が必要である。具体的には、人事考課や個人情報が含まれた書類である。

（3）仕掛り書類

現在、業務を進めている書類で、業務の負荷や進捗状況が見えるように個人机の上で保管する。処理前、処理中、対応待ちといった表示で整頓すると状態が目で見てわかるようになる。詳細は本章6項を参照してほしい。

3. 紙媒体の書類の整頓の実施

第3章6項のフォルダー基準までは、媒体が紙でもデータでも共通である。以下に、その後の紙媒体における書類の整頓手順について説明する。

（1）ファイル背表紙の作成

フォルダー基準で決めたルールでファイル背表紙を作成し、ファイルに現物表示する。背表紙には、検索しやすいように機能分類情報、背表紙タイトル、ファイルに綴じられている書類名を明記する。また、維持管理のための情報として、収納されている文書の収納期間、保管、保存期間、循環ファイル区分、管理部署・管理責任者とロケーション番号などを明記する（図表6）。

（2）ロケーション設定

ロケーション設定基準に基づきファイル棚にロケーション番号を設定し、表示する。業務の都合上、個人机で保管した方がいい場合でも、書類が属人化しないよう、引き出しに表示して誰でも探しやすく使えるようにすることが必要である。後は、フォルダー基準で定めた書類の綴じ方でファイルに書類を綴じ、決めたロケーション番号に設置する。フォルダリングシステムを構築すると、機能順にファイルが並び、背表紙で業務構成やプロセスが見えるようになるため、ファイルは1冊ずつ指定席化できるよう表示し、順番が変わらないようにすることがポイントである（図表7）。

（3）検索性向上のための工夫

書類探しのムダを削減するために、以下のような工夫で書類の検索性を向上させることができる。

①場所表示は、大分類の機能名にする

必要なファイルは機能で探すことになるので書棚の場所表示は、そこに保管されているファイルの大分類の機能名で表示する。

②インデックスをつける

1冊のファイルの中にさまざまな顧客や複数年度の書類を格納する場合は、検索しやすいように種類別に分けてインデックスをつける。

③ロケーションマップを作成する

2 仕事で必要なモノ・書類・データの5Sの進め方

図表6　背表紙の作成例

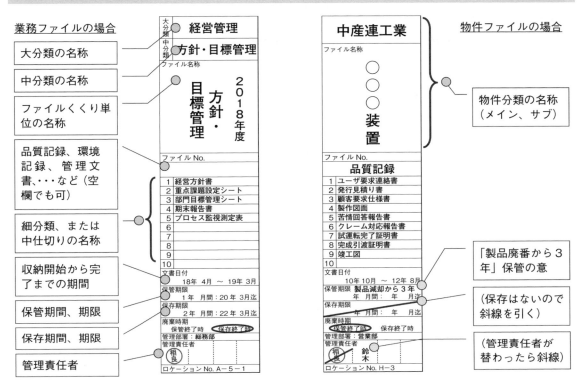

図表7　書棚のロケーション表示

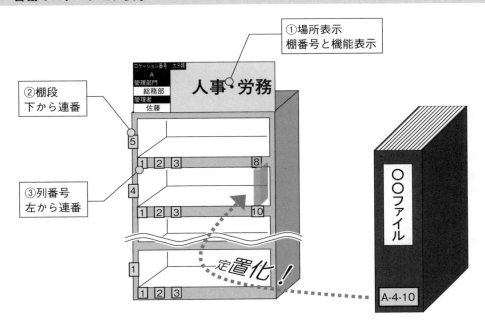

　事務所内には多くのファイル棚があり、場所表示だけでは必要な書類を探すのに時間がかかる。そこで、書類名を50音順に並べ、棚位置を検索することができるようなロケーションマップを作成すると、検索性を向上させることができる。

(小島　康幸)

5 個人デスクの整理・整頓で能率意識を高める

P O I N T

● 個人デスクの整理・整頓の目的は、就業時間の中で一番使用する頻度が高い場所のムダを徹底的に排除することで、能率意識を高めることである

個人デスクの整理・整頓は意識改革の第一歩

　一般的に、個人デスクの上や引き出しの中の状態を見れば、その本人の管理能力がわかるものである。仕事ができる人は効率的なデスクの使い方ができている。例えば、デスクの上には余計なモノがなく、きれいに片づいており、業務に必要な広いスペースを確保している。また事務用品については、使用頻度に応じた持ち方にして探しやすい状態になっている。

　一方で、個人デスクの整理・整頓の必要性は見落とされがちである。それは、目的を理解していない人が多いためである。例えば、事務用品などを探すことに関して、自分さえ置き場所をわかっていれば探す時間は大して発生しないと思う人もいるだろう。しかし、これでは能率意識を高めることはできない。個人デスクの整理・整頓の実施は、一日の中で最も就業時間の多い場所のムダを省き、5Sのお手本を身近につくることで個人の意識を改革し、能率意識を高めることを目的ととらえることが重要である。

個人デスクの整理・整頓の進め方

　個人デスクの整理・整頓は次の手順で進めることが重要である。

　①即廃棄できる書類を整理し、業務の完了した書類をファイリングする。

　②個人デスクの上や引き出しの中に何を置くのかを明確にした「個人デスクの整理・整頓基準」を作成する（**図表1**）。個人デスクの上は、退社

時にはパソコンと電話と仕掛り書類ボックスしか置かず、引き出しの中には事務用品と私物と、引き継ぎの必要がなく業務を円滑に進めるための参考書類のみを置くこととする。

　③個人デスクの引き出しは、「個人デスクの整理・整頓基準」で定めた保管物の表示を行う。そして表示以外のものは、所定の場所に戻すか、家に持ち帰るなどデスクの中から撤去する。引き出しの中に入っていた業務で使用する書類は、すべて共有キャビネットに移動し、属人化した書類の管理を改めて情報の共有化を図る。

　④事務用品は、手持ち基準（本章3項参照）に従って、使用頻度が高く日々使用する事務用品のみを引き出しの中で管理する。事務用品は必要な種類と数量をいつでも使える状態に保ち、使ったら元の位置に必ず戻せるように姿置きで定置化を図る必要がある（**図表2**）。

個人デスクの整理・整頓の効果

　個人デスクの整理・整頓を実施することで、一人ひとりが5Sの重要性を理解し能率意識を高めることができる。そして、この能率意識が職場全体に広がることで、より効率的な業務の遂行が可能となる。

　また、仕掛り書類の状態が個人デスク上で見えるようになることで、情報共有がしやすくなるとともに、助け合いや協力する精神が芽生えてチームワークが強化される。その結果、組織としてやり抜く力が養成され、絶え間なく管理・改善活動を推進する組織体制の確立へつながっていくのである。

（砂田　貴将）

2 仕事で必要なモノ・書類・データの5Sの進め方

図表1　個人デスクの整理・整頓基準の例

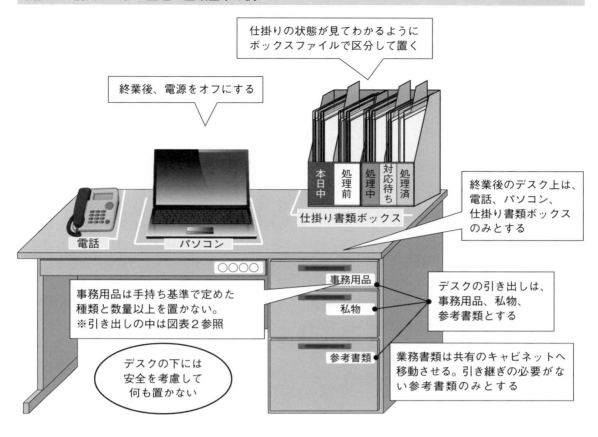

図表2　個人デスクの事務用品の姿置きの例

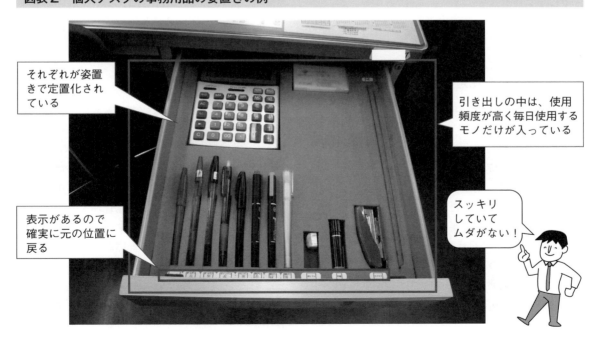

6 仕掛りの整理・整頓で 納期意識を高める

POINT

● モノとデータの仕掛りを見えるようにし、進捗管理を徹底して納期遵守と組織のパフォーマンスを向上させる

見える仕掛り管理で納期を守る組織へ

仕掛り管理が不十分な組織は、業務の停滞や納期遅延を招きやすい。このリスクを回避するためには、仕掛りの状態を見えるようにし、管理者が進捗状況を正確に把握できる仕組みが求められる。これにより、迅速な判断と適切な対応が可能となり、メンバーに納期意識を根づかせることができる。仕掛り管理は単なる業務整理にとどまらず、組織全体の効率とパフォーマンスを最大化する基盤である。

仕掛り管理においては、モノ（書類・品）と電子データの両方で効率的な運用が求められる。モノについては、対応状況ごとに明確に分類し、仕掛の"状態"を即座に確認できるようにすることが肝要である。次に、モノと電子データの仕掛り管理の手順について詳述する。

仕掛り状態を見えるようにする 管理と手順

1. 書類の仕掛り

ここでは購買部門における発注前の仕掛り伝票トレーによる管理を例としたい。

購買部門では、生産に必要な原料や部材を必要時に使えるようにするために、納期どおりに確実に納入させることが重要な役割、使命である。そのため、発注手配漏れを防止するためのトレーケースを**図表1**のように用いると効果的である。

また、個人管理の仕掛り書類は、本章5項の図表1に示す仕掛り書類ボックスで管理する。

2. モノの仕掛り

モノについては、例えば品質管理部門では製品や外注品の検査、仕分け、保管などの過程で「モノの仕掛り」が発生する。これらの仕掛りは、管理が不十分だと検査待ち品の滞留や不適合品の処理遅延を招き、結果的に納期遅延や品質の低下につながるリスクがある。そのため、VM手法を活用したモノの仕掛り管理が極めて有効となる。

具体的には、仕掛りエリアの区分けと色分けを行い、検査待ち、検査中、不適合品、再検査待ち、廃棄待ちなどの仕掛りエリアを物理的に区分けし、それぞれのエリアを色分けして表示して、誰でも状況をひと目で把握できるようにする。

このように仕掛り状態を見えるようにすることで、担当者一人ひとりが計画的に仕事を進める習慣がつくとともに、管理者によるきめ細かいフォローアップも可能となり、組織全体の納期意識を高めることができる。

3. データの仕掛り

データの仕掛りは、書類やモノとは異なり目に見える形で常に存在を確認できるものではない。そのため、共有の必要がない参考資料や個人用ファイルは個人フォルダーで管理し、一方で、他者が関与するファイルや長期的な作業が伴うデータについては共有フォルダー内の仕掛りフォルダーに格納し、原則として一元管理する。

データの仕掛り管理においては、フォルダーの細分化が過剰になると逆に管理が煩雑になり、進捗を見極めるのに時間がかかる危険性がある。

これを防ぐため、いったん"仕掛りフォルダー"のみにて管理を行うことでフォルダーの深層化を防ぎ、視認性を向上することが重要となる

2 仕事で必要なモノ・書類・データの5Sの進め方

図表1　発注前の仕掛り伝票トレーによる管理

最優先となる緊急手配発注伝票や最終的な納期に直結する発送待ち発注伝票は速やかな確認・対応が求められるため、ラベルの色を変えて目立たせるとよい

緊急手配発注伝票
・最優先で対応が必要な伝票を即座に識別できるため、緊急対応が遅れるリスクを減らす
・緊急性の高い発注を他の伝票と明確に区別することで見落としを防止できる

発送待ち発注伝票
・発注遅延の可能性に対して早期に対応でき、最終納期への影響を最小限に抑えられる
・発注待ちの状態が長引かないように、随時確認とフォローが行いやすくなる

発注手配済み伝票
・進捗状況が把握しやすく、全体の流れが見通せる
・未発送と発送済みの伝票を区別することで次のアクションを明確にできる

発注依頼伝票
・未処理の依頼が明確になり、漏れなく対応できる
・発注依頼段階の伝票がひと目でわかるため、優先度の高いものから順に処理しやすくなる

図表2　仕掛りデータ管理

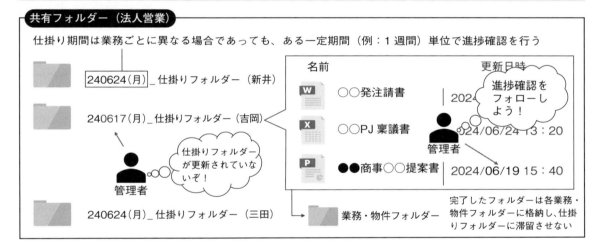

（図表2）。仕掛りデータの管理手順を次に示す。

(1) 仕掛りフォルダーの作成

担当者ごとに仕掛りフォルダーを作成し、進行中のタスクやプロジェクトを管理する。仕掛りフォルダーは、作業の進捗を管理するための専用フォルダーとして機能する。フォルダー内のタスクの種類や量、仕掛り状況（ファイル更新日付）を示したファイルを確認することで、管理者は各担当者の進捗を容易に把握でき、適切な指示やフィードバックを提供できる。また、不要なファイルが滞留している場合は仕掛りフォルダー内の整理により、後工程（業務・物件フォルダーへの格納）の管理負荷を軽減することが可能となる。

(2) 仕掛り進捗を見えるようにする

仕掛りフォルダー内のファイルは、定期的に更新されるようにする。例えば、週次で進捗報告を行い、フォルダーの更新日付とファイルの更新日付の比較により、正常な進捗と異常な遅延を迅速に識別する。このプロセスは全体の納期意識を高める上で重要であり、遅延が発生する前に予防策を講じることができる。また完了したファイルは、業務フォルダーや物件フォルダーに速やかに移管して業務を滞りなく進行させることで、チーム全体のタスク管理が一貫して効率的に行われる。

結果、業務フロー全体を改善し、納期遵守を徹底する組織体制を築くことができる。**（市川 真爾）**

7 消耗品の整理・整頓で在庫意識を高める

POINT

● 消耗品は、適切な発注点や補充点を設けることで、必要以上の在庫を抱えるリスクを低減、在庫の欠品を防止し、在庫確認や発注作業の手間を減らすことが重要である

消耗品管理の目的

消耗品の管理は、少ない管理工数で過剰在庫と欠品を抑止することが重要である。発注方式には、定期的に在庫調整して発注量を算出し発注する定期発注方式と、在庫が発注点まで減少したら一定量発注する定量発注方式などがあるが、高額ではない消耗品は、発注在庫基準による定量発注（発注点管理・補充点管理：**図表1**）を導入するとよい。

以下に、その具体的な手順について紹介する。

発注点管理・補充点管理の手順

発注点管理や補充点管理は、本章3項の図表1「整理の進め方」に示したとおり、自職場の予備に持ちたい余剰品も含めて、整頓段階で発注点、発注量を考慮した置き場、置き方を定め、表示する。また、これらを徹底して実行することで在庫の数量、種類を把握でき、ムダなコストや時間の浪費を防ぐことができる。

以下に、発注点管理、補充点管理の具体的な手順を示す。

①まず、発注方式、発注点、発注量、最大在庫量、調達リードタイム、調達先を決めて発注在庫基準表（**図表2**）を作成する。発注在庫基準のポイントは、調達リードタイムとその間の消費量である。発注点管理の対象となる消耗品は、発注翌日に納品されることが多いため、その間に使用される数量を安全在庫として持てば在庫量は抑えられる。補充点管理は、最低ロットが決まっているモノやコスト低減を目的にまとめ買いしているモ

ノを対象とする。社内管理課で一括管理し、各職場は必要な分だけ補充することでスペースのムダを排除できる。

②次に、発注在庫基準表から発注点カードを作成する。このカードには、品名、発注点、発注量、最大在庫を記入し、裏面に納品待ちを示す。補充点管理も同様に、補充点カードを作成し、品名、補充点、補充量、最大在庫を記入する。

③発注点になった際に、発注点カードを置くための置き場、発注後に納品待ち状態になったときの置き場を準備する（**図表3**）。各部署では、補充点カード置き場を準備する。

④消耗品置き場に発注点カードを置き、残りの在庫が発注点になったら発注点カードを発注点カード置き場に置く。同様に各部署も消耗品置き場に補充点カードを置き、残りの在庫が補充点になったら補充点カードを補充点カード置き場に置く。

⑤発注担当者が発注点カード置き場のカードを確認して必要量を発注する。発注後、納品待ち置き場に発注点カードを裏返しにして置く。各部署は、補充点置き場のカードを確認して社内管理課に消耗品を取りに行く。

⑥発注した消耗品が届いたら、納品待ち置き場にある発注点カードと消耗品を在庫置き場に置く。各部署は、社内管理課に消耗品を取りに行ったら、補充点カード置き場にある補充点カードと消耗品を在庫置き場に置く。

必要在庫量の見直し

手順に従い運用し、消耗品の使用履歴を記録、

2 仕事で必要なモノ・書類・データの5Sの進め方

図表1 発注点管理と補充点管理の仕組み

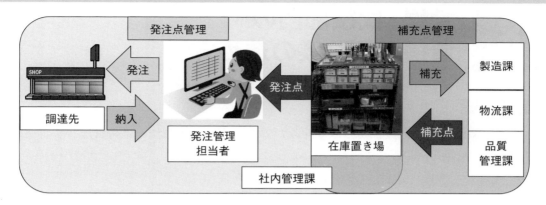

図表2 発注在庫基準表（例）

職場名： 総務部
場所名： —
作成日： 20YY年MM月DD日
更新予定日： 20YY年mm月DD日
作成者：

対象： ✓事務用品(予備)／□消耗工具／□設備部品／□材料・部品／□梱包資材

No.	品名	品番	発注方式	発注点	発注量	最大在庫	調達LT	調達先	備考
1	ゼムクリップ	大 1,000本入り	定量	0	1箱(1,000)	1箱(1,000)	1日	(株)○○文具	
2	ゼムクリップ	小 1,000本入り	定量	0	1箱(1,000)	1箱(1,000)	1日	(株)○○文具	
3	ダブルクリップ	大 10個入り	定量	1箱	3箱	4箱	1日	(株)○○文具	
4	ダブルクリップ	小 10個入り	定量	1箱	3箱	4箱	1日	(株)○○文具	
5	スライドクリッパー	S 10個入り	定量	1箱	3箱	4箱	1日	(株)○○文具	
6	ガチャ玉	大 200発入り	定量	0	1箱(200)	1箱	1日	(株)○○文具	
7	ガチャ玉	中 100発入り	定量	0	1箱(100)	1箱	1日	(株)○○文具	

図表3 発注点カード、発注済みカード置き場（例）

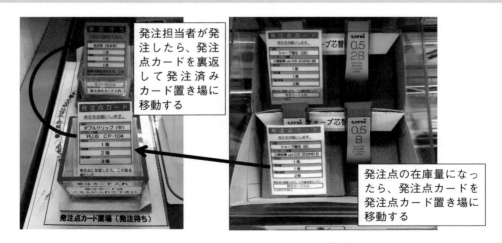

定期的に分析することで、どの消耗品がどのくらいのペースで消費されているか把握することができる。また、分析結果から必要な在庫量を見直し、適正在庫の把握につなげる。

発注在庫基準表の検討など、こうした一連の取り組みが在庫意識を高めるトレーニングになるため、全員参画で取り組むと効果的である。

（菊地 俊之）

8 管理・間接部門の清掃・清潔・躾の進め方

POINT
● 清掃・清潔・躾も全員参画の取り組みが効果に直結。意識は、維持管理からレベルアップの意識を持つことが重要

管理・間接部門における清掃・清潔・躾の狙い

　管理・間接部門の職場は、製造現場のように汚染源がなく、清掃、清潔が軽視されやすい。しかし、躾も含めたその狙いは、活動を通じて一人ひとりの能力を引き出すリーダーシップを養成し、職場のコミュニケーションの向上、全従業員の自主性を高めて、自分たちの会社を良くしていくことである。その過程で個々の心と意識を磨き、互いの考え方を知り、豊かなコミュニケーションを取ると職場の心理的安全性が高まる。

管理・間接部門の清掃の進め方

　清掃は、整理・整頓された職場を磨き上げ、職場を愛する心を磨き上げる活動である。そのため、清掃も全員参画でなければならない。特に清掃こそ職場のトップが率先垂範して実施し、部下を巻き込むことが清掃を習慣にするポイントである。

（1）清掃ルールの設定

　全員参画かつ効率的に清掃を行っていくために、清掃ルールを設定する。ルールは、清掃の種類別に①場所、②分担、③方法、④道具、⑤時間を定める（**図表1**）。清掃の種類には、毎日、毎週、毎月といった日常清掃や、年末大掃除などの一斉清掃がある。特に一斉清掃は、他部署の人たちと協力して実施するのでチームワーク向上に適した活動である。

（2）清掃点検

　「清掃は点検なり」という格言があるように、清掃しながら職場の問題点をチェックすることが重要である。例えば、分析機器を注意して清掃すると、ファンから異音がするといった異常に気づくことがある。このように目的を持った清掃を行うことが重要である。

（3）清掃後ミーティング

　清掃後にメンバーで改善点を話し合う。例えば、清掃を楽に早くするために清掃道具を見直すなど、清掃後にメンバーから意見やアイデアを募り、改善する。

管理・間接部門における清潔の進め方

　清潔の前提条件は、第2章で説明してきた3Sができていることである。その上で、清掃時の点検などで問題点がないか定期的にチェックし、改善することである。例えば表示が消えてしまっていたら、表示し直すだけでなく消えた要因を考え、ラミネートで保護するなど維持だけでなくレベルアップまで考えて取り組む。

　また、変化に対応することも重要である。顧客や製品、量、要求事項などが変われば、物の持ち方や使用頻度も変わるものである。年に一度は5Sの基準の妥当性をチームで確認し、実状に合わせて更新することも重要である。

管理・間接部門における躾の進め方

　躾の問題点は、定着しない、すぐに乱れてしまうことであるが、全員参画の5Sができていると、こうした問題は、ある程度回避できる。なぜなら、自らが考え手がけた5Sは維持しようとす

2 仕事で必要なモノ・書類・データの5Sの進め方

図表1　一斉清掃のルール・点検表

- ①、②清掃場所・分担の設定
  - ・清掃する箇所
  - ・清掃箇所別の担当
- ③、④清掃方法。道具の設定
  - ・どのように清掃するか
  - ・清掃に使用する道具
- ⑤清掃時間の設定
  - ・清掃にかける時間
  - ・清掃のタイミング

清掃ルール

開催時期	清掃箇所	総務	営業	資材	製造	技術	品質管理	物流	清掃方法	使用用具	所要時間	実施時期	備考	4	5	6	7	8	9	10	11	12	1	2	3
年末	床	○	○	○	○	○	○	○	掃き掃除/拭き掃除	ほうき・ポリッシャー	午後											○			
	通路	○	○	○	○	○	○	○	掃き掃除/拭き掃除	ほうき・ポリッシャー	午後											○			
	窓・壁	○	○	○	○	○	○	○	拭き掃除	雑巾・洗剤	午後											○			
	天井	○	○	○	○	○	○	○	すす払い/拭き掃除	はたき・雑巾ワイパー	午後											○			
	敷地内外回り				○			○	ゴミ拾い	トング	午後											○			
長期休暇前	床		○	○	○	○		○	掃き掃除/拭き掃除	ほうき・ポリッシャー	15:00~	GW/夏期			○			○							
	通路		○	○	○	○		○	掃き掃除/拭き掃除	ほうき・ポリッシャー	15:00~	GW/夏期			○			○							
	ペンキ塗り				○			○	塗り直し	緑ペンキ	15:00~	GW/夏期			○			○							
	ライン引き				○			○	引き直し	ラインテープ	15:00~	GW/夏期			○			○							
	設備				○			○	自主保全計画書による						○			○							

図表2　躾のチェックリスト

分類	No.	チェック項目	判定（どちらかに○をつける） ○	×	×の場合、理由は？	具体的にどのような取り組みをしますか（対策案）
身なり	1	名札類はきちんとつけているか。	○つけている	つけていない		
	2	服装・安全帽・靴・保護具などは決められたものを着用しているか	○着用している	していない		
	…					
勤務規律・マナー	5	ゴミは正しく分別され、捨てられているか	○正しく捨てられている	正しく捨てられていない		
	6	離席時の机上は乱雑でないか 行先表示はされているか	○乱雑でない ○行き先が分かる	乱雑である 行き先が分からない		
	7	明るい挨拶がいつもきちんと交わされているか（挨拶されたらきちんと返しているか）	○交わされている	交わされていない		
	8	時間、時刻がいつもきちんと守られているか（始業時間、休憩時間、会議時間など）	守られている	○守られていない	会議時間に集まらないのは、個人の業務が優先になっているため	原則、会議10分前集合をルールにする
仕事の基本	11	指示された仕事について、報告・連絡・相談を適時適切に行っているか	○行っている	行っていない		
	12	仕事のチェック・確認を十分行っているか	○行っている	行っていない		
	13	仕事が終わって後片付けができているか	○できている	できていない		
	…					
職場環境	16	机やテーブルなどの上・下が乱雑であり美観を損ねていないか	○乱雑でない	乱雑である		
	17	清掃は決められたように行なっているか	行っている	○行っていない	清掃を付帯作業と考え軽視している人が数名いるため	就業10分前を清掃タイムにし、全員が仕事を止め清掃する時間にする
	20	職場に不要な私物を持ち込んでいないか	○持ち込んでいない	持ち込んでいる		
	…					
仕事の効率化・安全	21	治具・工具・計測器・OA機器・事務用品・ファイルなどは表示どおりに戻されているか	○戻されている	戻されていない		
	22	転倒や落下しそうなもの、足を引っかけるものなど、不安全なものはないか	○不安全なものはない	不安全なものがある		
		合　計	○の数＝20	×の数＝2		

るし、維持の苦労が理解できているので、仲間の5Sも守ろうとするからである。そのためにも5S活動当初から、5Sの心と意識に関連する項目で取りまとめた**図表2**に示す「躾のチェックリスト」を使って部署内および部署間で評価し合い、気づきとコミュニケーションを高めていく。でき

ている点は次回は割愛し、できていない点に重点を置いてチェックしたり、気になる点はチェック項目に追加して評価したりするなど、職場の状況やリーダーの意向でブラッシュアップすることが重要である。

（小島　康幸）

第3章 仕事のビジュアル化を実現するフォルダリング

1 フォルダリングシステム確立の基本手順

POINT

● 仕事を基準としたフォルダリングシステムを確立し、必要なデータ（情報）にすぐにアクセスし、共有化・有効活用を実現する

フォルダリングシステムとは

フォルダリングシステムとは、仕事に必要で入手したデータ、あるいは仕事の結果として作成したデータを有効に活用、処理するために、分類、整理、保管、保存、さらには廃棄に至るまでを体系的にシステム化した「データの管理体系」のことである（図表1）。

フォルダリングシステムのポイントは、以下のとおりである。

○仕事に関連づけて必要なデータを探しやすいように保管、管理をする（仕事を基準としたフォルダリングシステム）（図表2）。

○会社の「かくあるべし」を想定し、その会社に必要不可欠な機能を検出し、また、現状の機能をリストアップし、仕事の流れやプロセスに沿った仕組みを構築する。

フォルダリングシステムの目的

フォルダリングシステムを確立する目的は、以下のとおりである。

(1) データ（情報）の共有化・有効活用

データの共有化を図ったフォルダリングを実施して、必要なデータ（情報）を誰でも有効活用できるようにする。必要なデータを共有すること

で、お互いに助け合い（余力と知恵の融通）のできる職場環境、組織体質へ改善する。

(2) データの整理

不要なデータをつくらない、残さないルールを設定し、電子媒体の記憶容量をムダに占有することを防止する（詳細は第2章3項を参照）。

必要なデータのみをフォルダリングして、かつデータの移管（保管→保存、保存→廃棄など）をシステマチックに行えるようにして、データが一定量以上増えないようにする。

(3) データ探し時間の短縮

必要なデータを、誰でも、短時間ですぐに見つけられるようにして、仕事の遂行を阻害しないようにする。

(4) 情報セキュリティ管理体制の強化

必要性に応じたアクセス権限のルールを明確にすることで、情報の機密性・完全性・可用性を保護する。

○機密性：アクセスを許可された者だけが情報にアクセスできることを確実にすること

○完全性：情報および処理プロセスが正確であること、および完全であることを確実にすること

○可用性：許可された利用者が、必要なときに情報および関連する資産にアクセスできることを確実にすること

3 仕事のビジュアル化を実現するフォルダリング

図表1　データのライフサイクル

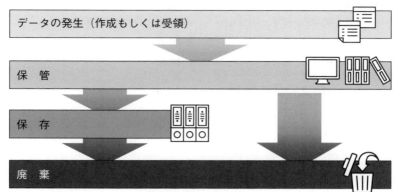

※「廃棄」がないものは「永久保管」や「永久保存」になる

データの「保管」と「保存」

【保管】
仕事をしている場所のすぐそばにあって、すぐに読み出せる（データを開ける）状態のこと
→ サーバや個人PCに格納されている状態

【保存】
使用頻度が少ないが、何らかの理由（例えば、法律で決まっているなど）で削除できないものを残している状態のこと
→ 各種外部記憶メディアにデータを移動して、サーバには格納されていない状態

※法律などで保存期間が決まっている場合は、「保管」+「保存」で満たすようにする

図表2　仕事を基準としたフォルダリングシステム

```
データ※には、必ず何かしらの仕事が付随している
          ↓
「仕事」を軸に、その流れ・順番・関連性を考慮したシステムを確立する
          ↓
データ間の関連、あるいはフォルダー間の関連が明確になる
          ↓
効果的なデータの共有・活用・管理ができるフォルダリングシステムとなる
```

※データは、
①仕事を遂行するために作成・使用するもの、②仕事を正しく遂行したという記録として残すものである

フォルダリングシステムの特色

フォルダリングシステムの特色として、以下が挙げられる。

(1) 仕事のビジュアル化

フォルダリングシステムの構築過程で作成する機能分類表により、その企業で必要な機能、すなわち仕事がわかる。

(2) 仕事の手続きのビジュアル化

サーバ内に機能順にフォルダーを設定していくと、フォルダーの並び方を見ただけで仕事の手続きの流れがわかる（図表3）。

(3) 仕事に必要なデータのビジュアル化

　各フォルダーの中を見れば、仕事を進める上で、どのようなデータが必要なのかがすぐにわかる。

■ フォルダリングシステム確立の基本手順

手順1：フォルダリングシステム確立の準備

　フォルダリングシステムを確立するにあたって、事前の準備を行う。具体的には、個人PCのデータの持ち方、フォルダー設定、ファイル名の付け方などの現状を把握し、問題点を抽出・共有し、データの持ち方の定義・共有、共有サーバへのセンター化などを行う。

手順2：機能分類の設計

　機能をもとにしたフォルダリングシステムを構築するには、企業の将来を見据えて必要になる機能を検出し、また現有する機能をリストアップする必要がある。

　まずは、演繹的アプローチにより企業の「かくあるべし」を明確にし、それに必要不可欠な機能を検出していく。その後、「かくあるべし」では現有機能が漏れる可能性があるため、帰納的アプローチで現有する機能をリストアップしていく。

　検出あるいはリストアップされた機能は、大分類機能、中分類機能、小分類機能と階層別に設定しながら進めていき、その結果を後出する「機能分類表」にまとめていく。なお、機能分類表は、各機能を遂行する流れを示した業務プロセスフローチャートを作成し、機能分類表の内容を確認・検証すると効果的である。

手順3：フォルダー体系の設計

　機能分類を設計し、「機能分類表」が完成したら、各小分類機能に関連するデータを棚卸しし、「フォルダー体系表」を作成する。ここでのポイントは、仕事の進め方によってフォルダーの管理をしやすくするために、フォルダー体系表を機能フォルダー体系表と物件フォルダー体系表に分けることである。機能フォルダーとは、毎日、毎月、毎年と繰り返し発生する定期的な仕事について、仕事のプロセスに従って発生、作成したデータを格納するフォルダーであり、物件フォルダーとは、個別の物件（製品、顧客、設備、プロジェ

クトなど）ごとに必要なデータを格納するフォルダーである。各フォルダー体系表は、それらの体系を示したものである。

手順4：フォルダー基準の設定

　機能フォルダー体系表と物件フォルダー体系表を作成したら、次はフォルダー基準を設定していく。

　各フォルダー体系表をもとに、機能分類に基づいたフォルダー階層、各データの作成ソフト、データ保管責任部門、保管状態、サーバ設置場所、ドライブ名、アクセス権、データ保管期間／保存期間、バックアップなどを設定し、その結果を「フォルダー基準表」にまとめる。機能フォルダー体系表に基づく「機能フォルダー基準表」と物件フォルダー体系表に基づく「物件フォルダー基準表」の両方を作成する必要がある。

手順5：フォルダーツリーの作成

　機能フォルダー基準表と物件フォルダー基準表を作成したら、それらをもとに実際に共有サーバ内にフォルダーツリーを作成していく。

手順6：フォルダリング

　フォルダーツリーを作成したら、ファイル名の付与ルールを設定し、データを新フォルダーへと移行していく。

手順7：評価と改善・標準化

　フォルダリングシステムを運用したら、目的に沿って定量評価と定性評価を行う。定量評価は具体的な数値データを用いてシステムのパフォーマンスを評価することであり、定性評価は使用者のフィードバックや使い勝手を評価することである。特に定性評価の結果から改善が必要であれば、改善案を立案し、改善していく。

　改善案の効果が確認できたら、標準化を図る。フォルダリングシステムの標準手順書を作成し、従業員に教育し、手順が適切に守られているかを定期的にチェックしていく。

　図表4に示すように、上記の手順はVM手法を活用する。例えば、機能分類の設計、フォルダー体系の設計、フォルダー基準の設定時に、機能分類表、フォルダー体系表、フォルダー基準表などをVMボードに掲示し、その前で関係者が集まって議論をしながら構築していくと、良いシステムが出来上がる（**図表5**）。　　　　（伊東　辰浩）

図表３　フォルダーで仕事が見える！

- ⊟ 経営管理
  - ⊞ 経費管理
  - ⊞ 事業計画
  - ⊞ 販売予算管理
  - ⊟ 方針管理
    - 活動計画書
    - 部門方針書
    - 目標管理表
- ⊟ 市場情報
  - ユーザー動向
  - 競合他社動向
  - 製品技術動向
- ⊟ 商談管理
  - オーダー管理
  - 見積り
  - 商談
  - 注文・発注
- ⊟ 全体・庶務管理
  - 安全衛生活動
  - 教育訓練
  - 勤怠管理
- ⊟ 販売管理
  - 価格管理
  - 販売促進
  - 与信管理

図表４　フォルダリングシステム確立の基本手順

手順１	フォルダリングシステム確立の準備
手順２	機能分類の設計
手順３	フォルダー体系の設計
手順４	フォルダー基準の設定
手順５	フォルダーツリーの作成
手順６	フォルダリング
手順７	評価と改善・標準化

↓

データ（情報）の共有化・有効活用！

図表５　VMボード前での協議

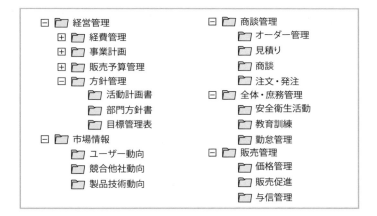

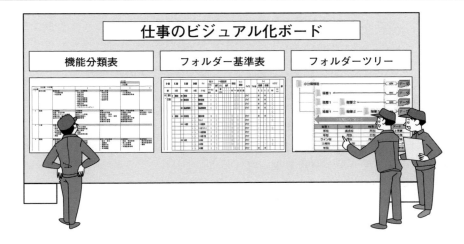

2 フォルダリングシステム確立の準備

POINT

● データ管理の現状を把握し、問題点を抽出・共有し、改善方向としてデータの持ち方の設定やセンター化を図ることが重要である

データ管理の一般的な問題点

リモートワークの普及、環境保全への対応、業務効率や生産性の向上などを目的として各企業でペーパーレス化が進んでいる。実際の仕事でも社内や外部との連絡でメールを使い、メールに添付されたデータをPCに保存し、それをPCで加工し終了するといった紙を使わない仕事が多く、個人PC内あるいは共有サーバ内での管理が極めて重要になる。

しかし、個人PC内あるいは共有サーバ内での管理において、以下のような問題点がよく見受けられる。

(1) 個人PC

○データの保存ルールがなく、成り行きでフォルダーを作成しているために、必要なデータがどのフォルダーに保存されているのかがわからず、必要なデータを探せない。ましてや当人が休みの時に他の人がデータを探すことができない。すなわち、情報共有が進んでおらず、仕事が見えない状況である。

○ファイル名からではどのようなデータが入っているのかが判断できず、毎回開かなければならない。

○類似したファイル名が多数あり、いつ作成したデータなのか、最新版の識別がファイル名ではできないため、旧版データを更新してしまう。

○共有サーバに保管するデータと個人PCに保管するデータを区分するルールが明確でないため、全社で共有すべきデータが個人PCにあり、他の人が見づらくなっている。

○データの保管・保存期間が決められていない

ため、不要なデータで占められ、容量不足が恒常的に発生している。

○データのバックアップのルールが曖昧であり、PCの故障や災害が起きたときにデータが消失してしまうおそれがある。

(2) 共有サーバ

個人PCの問題点に加え、以下が挙げられる。

○アクセス権の付与が十分でなく、見てはいけない人が見ることができたり、見るべき人が見られなかったりという状況が起きている。

○共有サーバの管理責任・権限が明確でなく、個人の判断でフォルダーを追加したり、削除したりしている。

フォルダリングシステムを構築する前に自社で上記のような問題点を洗い出し、関係者全員で共有し、システム構築過程で解決していくように改善方向を協議しておく必要がある。

フォルダリングシステム確立準備の手順

フォルダリングシステム確立の準備は、以下のように進めていく。

①現状把握
②問題点の抽出・共有
③改善方向の協議
④改善の実施
○データの持ち方の設定
○共有すべきデータのセンター化　など

現状把握

データ管理に関する自社の問題点を洗い出すた

3 仕事のビジュアル化を実現するフォルダリング

図表1　現状把握チェックシート

氏名：○山 ○男

No.	項目	現状
1	データ容量	216GBのうち、158GB使用
2	フォルダーの設定	特に決まりはない。
3	ファイル名の付け方	書類名と作成日を付けている。
4	最新版の管理	ファイルの作成日で管理している。
5	共有すべきデータの定義と保管	特に決まりはない。
6	ファイルの保管・保存・廃棄	特に決まりはないが、溜まったら整理をしている。
7	ファイルのバックアップ	特に決まりはないが、1年に2～3回は実施している。

図表2　属人的管理から組織的管理へ

ただ「フォルダーに保存している」という
属人的なデータの管理

例えば……
- ◆フォルダーやファイル名がバラバラで、好き勝手に（その人の好み・センス・わかりやすさで）付いている
- ◆共有すべきデータを個人持ちしている。そのため…
- ◆担当者が変わると、フォルダーの名前も（その人の好み・センス・わかりやすさで）変わる。
- ◆担当者が変わると、どこに、何のデータがあるのか？がわからない。

変える！

フォルダリングシステムによる
組織的なデータの管理

めに、前出の一般的な問題点を参考に個人PCと共有サーバの現状を把握する。

1．個人PCの現状把握

個人PCにおいて、現状を把握し、問題点を抽出するために、以下の項目について現在どのような状況にあるのかを明確にする。

　○データ容量
　○フォルダーの設定
　○ファイル名の付け方
　○最新版の管理
　○共有すべきデータの定義と保管
　○ファイルの保管・保存・廃棄
　○ファイルのバックアップ

各部署から数人選んで、**図表1**のような現状把握チェックシートに記入してもらうと、現状を把握しやすくなるともに、今後のシステム構築のヒントになる内容も出てくるため有効である。

個人PCの実情を見ると、フォルダー階層、ファイル名などが整然とされておらずバラバラな状態になっているため、自分で目的のデータを探

すのに時間がかかっている。ましてや当人が休業時に、他の人が必要なデータを探すことができない状況である。誰でもデータを探しやすいフォルダー設計の基準やファイル名の付与ルールなどを設定する必要がある。

また、個人PCには会社で共有すべきデータが保管されている場合があり、他の人が参照することが難しい。これらを共有するために、共有サーバへの移行（センター化）が必要になる。つまり、属人的なデータ管理から組織的なデータ管理に変えていく必要がある（図表2）。

2. 共有サーバの現状把握

共有サーバも個人PCと同様の項目で、現状把握、問題点の抽出を行う。個人PCの項目に追加して、以下の項目についても現状を把握する。

- ・アクセス権の付け方
- ・管理チームと責任者

共有サーバにおいても個人単位でフォルダーを作成・追加し、ファイル名を付与しているため、個人PC同様に、バラバラな状態になっているのが実情であり、データを共有できているとは言えない状況である。

全社統一のフォルダー設計の基準、ファイル名の付与ルールなどを整備し、運用を管理するチームや責任者を設置する必要がある。

問題点の抽出・共有と改善方向

個人PC、共有サーバの現状を把握できた段階で、それぞれの問題点を抽出し、関係者で共有して改善方向を協議する。

前述した問題点を例に、改善方向を記すと**図表3**のようになる。それぞれ参照する項を示しているので活用してほしい。

特に、センター化を図るためのフォルダー設計やファイル名の付与、データの持ち方の設定が極めて重要になる。フォルダー設計やファイル名の付与は、図表3にあるように他の項で詳細を記述するため、本項ではデータの持ち方について記述する。

改善の実施：データの持ち方

「共有すべきデータ」を定義すると、「個人の参

考データ」（個人に配信されたデータ、個人で仕事の参考として作成したデータで引き継ぎの必要がないもの）以外のすべてのデータと定義でき、これらは共有サーバに保管すべきデータとなる。

共有サーバに保管する主な理由として、以下が挙げられる。

- ○全社員がいつでも見られるようにする
- ○誰かが休んだら変わりの人が職務をできるようにする
- ○教育・訓練などで参考にするデータをすぐに活用できるようにする

しかしながら、これら「共有すべきデータ」は前述したように個人PCに保管しているケースも多く、誰かがそのデータを見たいときに、その人がいないと見られない状況が生まれている。また、個人で持っているため、他の人がその重要なデータの存在を知らないというケースもある。これらは会社にとって損害であり、データの属人化から早急に脱却する必要がある。

そのため、個人PCに保管している「共有すべきデータ」を共有サーバに入れていく必要がある。

改善の実施：共有すべきデータの センター化

センター化の手順としては、機能分類の設計（本章3項、4項）、フォルダー体系の設計（本章5項）、フォルダー基準の設定を経て、フォルダーツリーを作成（本章6項）する。そして、ファイル名の付与ルールを設定してからデータを移行する（本章7項）。

上記の手順を踏むと相当な時間がかかる。そのため、データの属人化から脱却し、「共有すべきデータ」を共有化することを意識づけるために、データ整理（第2章3項）後から個人PC内の「共有すべきデータ」を共有サーバに入れていくとよい。あらかじめサーバ内に個人名のフォルダーを作成しておき、その中に入れていく。

そして、共有サーバに新しいフォルダーツリーができた段階で、ツリー内の各フォルダーに当てはまるデータを入れていく。 　　（伊東 辰浩）

3 仕事のビジュアル化を実現するフォルダリング

図表3　現状把握からの問題点・改善方向

No.	区 分	項 目	現状把握	問題点	改善方向	参照項
1	個人PC 共有サーバ	フォルダー設計	データの保存ルールがなく、成り行きでフォルダーを作成している	必要なデータがどのフォルダーに保存されているのかがわからず、必要なデータを探せない。個人PCに入っているデータを他の人が探すことができない。すなわち、情報共有が進んでおらず、仕事が見えない状況である	センター化を図るため、機能分類を設計し、それをもとにしたフォルダー体系の設計、フォルダー基準の設定、フォルダーツリーの作成を行う	本章3項 本章4項 本章5項 本章6項
2		ファイル名の付与	ファイル名の付け方のルールがなく、毎回成り行きでファイル名をつけている	ファイル名からはどのようなデータが入っているのかが判断できず、毎回開かなければならない	ファイル名を見れば、どのようなデータが入っているのかを判断できるようなファイル名の付け方を設定する	本章7項
3				類似したファイル名が多数あり、いつ作成したデータなのか、最新版の識別がファイル名ではできないため、旧版データを更新してしまう	ファイル名を見て最新版の識別ができるようなファイル名の付け方を設定する	本章7項
4		データの持ち方	共有サーバに保管するデータと個人PCに保管するデータを区分するルールが明確でない	全社で共有すべきデータが個人PCにあり、他の人が見づらくなっている	センター化を図るため、共有サーバに保管するデータと個人PCに保管するデータを区分するルールを明確に設定する	本章2項 （本項）
5		保管・保存期間	データの保管・保存期間が決められていない	個人PC、共有サーバは不要なデータで占められ、容量不足が恒常的に発生している	データの保管・保存期間を設定する	本章6項
6		バックアップ	データのバックアップのルールが曖昧である	PCやサーバの故障や災害が起きたときにデータが消失してしまうおそれがある	データのバックアップのルールを設定する	本章6項
7	共有サーバ	アクセス権の付与	アクセス権の付与が十分でない	見てはいけない人が見ることができるデータや、見るべき人が見られないデータが存在する	データのアクセス権の付け方を設定する	本章6項
8		管理チーム・責任者	共有サーバの管理責任・権限が明確でない	個人の判断でフォルダーを追加したり削除したりして、統率が取れていない	共有サーバの責任・権限を明確にし、管理チーム・責任者を設置する	本章9項

3 機能分類の設計

POINT

● 機能に基づいたフォルダリングシステム構築の第一歩として、演繹的アプローチおよび帰納的アプローチから機能分類を設計する

経営機能検出の重要性

機能分類の設計を行うためには、まず、企業が「かくあるべし」を想定し、演繹的に経営機能を検出する必要がある。その後、すべての機能を網羅するために帰納的に機能の棚卸しを行う。

経営機能とは、経営目的達成のために必要な機能である。また、経営機能の検出とは、企業が経営目的を達成していくために必要となる機能を明らかにすることである。したがって、まず演繹的（「かくあるべし」）アプローチを主体として、どのような経営機能が必要かを検出、つまり不可欠機能を検出しなければならない。

フォルダリングシステムではその後、帰納的アプローチで現在の機能を漏れなく棚卸しする必要がある。演繹的アプローチは、「かくあるべし」の観点で経営機能を検出するため、現在の機能が漏れている可能性があるからである。フォルダリングシステムを構築・運用する際は、現在の機能をすべて洗い出してからフォルダーツリーを作成していく必要があるため、帰納的アプローチが不可欠となる。

演繹的アプローチと帰納的アプローチ

演繹的アプローチとは、「トップダウン」方式とも呼ばれ、一般的な原理や法則に基づいて論理を展開するように考え、目的を達成するための解決策を具体化していく方法である。フォルダリングシステムで言えば、社長や経営層が会社は「かくあるべし」と考えた場合、そういう会社になるために不可欠な経営機能にはどういうものがある

のかを検出していき、それらを体系化していくことになる。

一方、帰納的アプローチは、「ボトムアップ」方式とも呼ばれ、個々の具体例や観察結果のデータを集めて、その共通点やパターンを見つけ出し、それを一般的な法則や理論にして表現していく方法である。フォルダリングシステムで言えば、各部門が現在行っている機能を漏れなく棚卸しし、現在必要な機能を体系化することである。そのためには、部門長をはじめメンバー全員が参加して各人が行っている機能を棚卸しする必要がある（図表1）。

機能分類設計の手順

それでは、演繹的アプローチと帰納的アプローチにより経営機能を検出し、機能分類を設計する手順を以下に述べていく。

手順1：経営目的・方針の確認

まずは、企業の経営トップが設定している経営目的と経営方針について確認する。すなわち、経営トップが長期的な視野に立って、今後企業をどのような方向に持っていこうとしているのか、何をしようとしているのか、どのような経営構造を目指しているのか、などについて明らかにする。なお、現時点において、経営目的と経営方針が不明確な場合には、経営トップはそれらを明確に設定することが必要である。

手順2：不可欠機能の検出

経営目的と経営方針が明らかになったならば、不可欠な機能、すなわち経営目的と経営方針を達成するために、どのような経営機能が必要かにつ

3 仕事のビジュアル化を実現するフォルダリング

図表1　演繹的アプローチと帰納的アプローチ

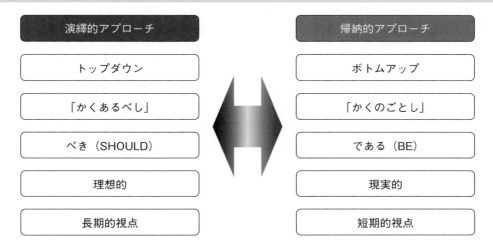

図表2　経営機能のレベル

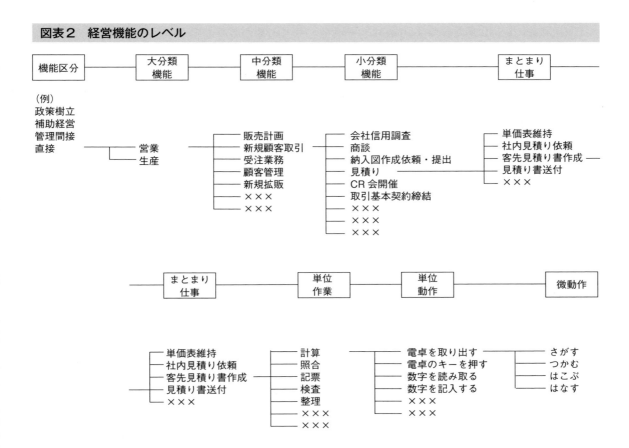

いて演繹的に検出し明らかにする。不可欠機能の検出方法としては、現在、企業内にどのような機能が存在しているかを調査しながら進めていく。

ここで機能の定義、レベルについて説明する。

機能とは、目的達成に必要な「ハタラキ」のことであり、企業の組織体の各部門や担当者に配分され、具体的な行動となって目的を達成していくことになる。したがって、経営機能は**図表2**のように機能区分、大分類機能、中分類機能、小分類機能（単位業務）、まとまり仕事、単位作業、単位動作、微動作というように細分化されていく。また、経営機能は企業内容、経営目的、経営方針が変わらない以上、変更されることはない。

不可欠機能を検出した結果は、以降の手順で述べる「経営機能体系図」「機能分類表」に取りまとめ、経営者が検証して決定する。

手順3：経営機能体系図の作成

不可欠機能の検出にあたっては、最初に「経営機能体系図」を作成する。経営機能体系図は、経営の基本機能である機能区分と大分類機能の関連を示したものである。**図表3**に製造業の基本機能を示した経営機能体系図を示す。

機能区分の各区分について、製造業とその他の業種（ファブレス企業、卸売業・小売業）と比較しながら、不可欠機能を検出する上でのポイントを述べる（**図表4**）。

（1）政策樹立機能

政策樹立機能は、企業が環境変化の中で、永続的に発展していくために必要不可欠な機能である。特に大分類機能の総合企画機能は、業種、企業規模、企業のタイプのいかんにかかわらず、企業が計画的かつ戦略的な経営を推進していくために必要不可欠な機能と言える。

一方、研究開発機能は、自家製品や固有の技術力を持っている自主独立型の企業においては必要不可欠で強化すべき機能ではあるが、受託型の中小零細企業の場合には弱いのが一般的である。しかし、独自の技術開発力を売り物にしていきたい受託企業や自家製品の開発を目指している受託企業は、この研究開発機能を強化していくことが求められる。

卸売業や小売業であれば、ここにマーケティング機能などが必要になる。

（2）補助経営機能

すべての企業が保有している機能であり、業種、企業規模、企業タイプが異なっても共通点が多く、大きな違いはない。業務のムダ取り、改善、外部委託により、少ない人員で良質のサービスを提供する機能にしていくことが必要である。

（3）管理・間接機能

直接機能を効率的に果たすためのサービスを提供する機能であり、業種により重要性は若干異なる。例えば、製造業にとっては生産管理機能や生産技術機能は必要不可欠となるが、卸売業・小売業にとっては必要ない。代わりに販売管理機能や販売促進機能などが必要になってくる。どの大分類機能を強化するかについては、企業の経営目的・方針によって決まる。

いずれにせよ、業務効率化の推進により迅速で効率的で良質なサービスが提供できる機能にしていく必要がある。

（4）直接機能

直接付加価値を生む機能であり、業種や経営目的により各企業で異なるものである。特に生産のサイトである工場では、過去から生産性向上に取り組んできている工場が多いが、今持っている競争力にさらに磨きをかけていくことも重要である。

自社で生産をしないファブレス企業や卸売業・小売業においては、直接機能に生産機能はなく営業機能のみとなり、売上・利益向上が重要になる。

手順4：各機能分類の設定

経営機能体系図を作成したら、次に機能区分、大分類機能、中分類機能、小分類機能を設定する。

（1）機能区分、大分類機能の設定

経営者、役員、部門長（専門組織を設置している場合は事務局も）が中心となり、経営機能体系図の機能区分を網羅する大分類機能を設定する。

機能区分は、政策樹立、補助経営、管理間接、直接の4つであり、大分類機能は、各会社の主要な機能（生産管理、生産技術、営業、生産…）と会社全体に関わる機能（総合企画、経理、人事、総務）である。大分類機能をわかりやすく言うと、機能別組織の部・課名になるイメージである。

3 仕事のビジュアル化を実現するフォルダリング

図表3　経営機能体系図（製造業の基本機能）　※体系図は例

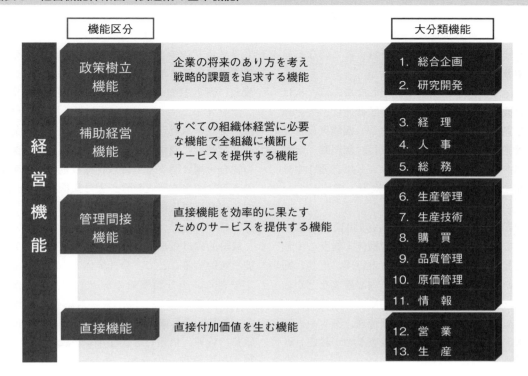

図表4　業種別機能区分・大分類機能例

機能区分	大分類機能		
	製造業	ファブレス企業	卸売業・小売業
政策樹立機能	総合企画	総合企画	総合企画
	研究開発	研究開発	マーケティング
補助経営機能	経　理	経　理	経　理
	人　事	人　事	人　事
	総　務	総　務	総　務
管理間接機能	生産管理	生産管理	販売管理
	生産技術	生産技術	販売促進
	購　買	購　買	購　買
	品質管理	品質管理	品質管理
	原価管理	原価管理	原価管理
	情　報	情　報	情　報
直接機能	営　業	営　業	営　業
	生　産	―	―

機能区分、大分類機能とも、「かくあるべし」をもとにした演繹的アプローチで不可欠機能を検出・設定し、経営機能体系図が完成したら機能区分、大分類機能が自ずと設定されることになる。

(2) 中分類機能の設定

機能区分、大分類機能を設定したならば、次は中分類機能の設定を行う。中分類機能は、大分類機能を実現するための機能である。機能区分、大分類機能と同様に、経営者、役員、部門長（事務局）が中心となり、大分類機能ごとに必要な中分類機能を演繹的アプローチで検出・設定していく。

中分類機能は、仕事やPDCAの順に検出し、設定していく。例えば、大分類機能：総務の中分類機能としては、行事管理、文書管理、庶務、動産・不動産管理、広報、法務、内部監査などが設定され、大分類機能：品質管理では、品質規格・基準、初期流動管理、不良低減管理、クレーム管理、測定器管理、検査、品質監査などが設定される（図表5）。

(3) 小分類機能の設定

中分類機能を設定したならば、次は小分類機能の設定に進む。小分類機能は、中分類機能を実現するための機能である。

小分類機能の設定は、「かくあるべし」の姿を追求する演繹的アプローチを主体とするが、フォルダリングシステムを構築することを考慮すると、現在実施している小分類機能を漏れなく網羅する必要がある。そのため、帰納的アプローチも駆使して現状を調査し、仕事やPDCAの順を考慮しながら小分類機能をリストアップおよび設定することを並行して行っていく。

まずは、演繹的アプローチで経営者、役員、部門長（事務局）が中心となって進め、小分類機能が検出されたら、次に、検出された小分類機能を確認しながら帰納的アプローチで各部門長、管理者、監督者、担当者が中心となり現在行っている小分類機能をリストアップ、設定していく。帰納的アプローチで留意すべき点は、各部門において自部署の仕事をすべて洗い出す必要があるため、部門長から担当者までメンバー全員の参加が必要になることである。

事前に各人が自分の仕事をすべてリストアップし、その後、メンバー全員が集まり、各人の仕事を列挙、補完する形で自部署の小分類機能をすべてリストアップする。ここで注意が必要なことは、各部署のメイン機能だけでなく、方針・目標設定、新人教育、伝票処理などの仕事もリストアップすることである。例えば、品質管理課では、クレーム処理や検査といった大分類機能でいう品質管理に関する仕事だけでなく、大分類機能の総合企画に関する方針・目標設定、大分類機能の人事に関する新人教育、大分類機能の経理に関する出金伝票作成などの仕事もリストアップすることになる。

最終的には各部門でリストアップした小分類機能を集約することで、会社全体の小分類機能を設定できる。小分類機能の例として、大分類：総務、中分類：庶務では、来客対応管理、備品購入・維持、金券購入・払出・保管、給食手配、衣服貸出管理、依頼対応管理などが設定され、大分類：品質管理、中分類：クレーム管理では、クレーム集計、クレーム分析、クレーム対策、顧客報告、クレーム損金管理などが設定される（図表5）。

なお、各機能分類の設定はVMを活用して見えるように進めることで、不可欠機能が検出されているかどうか、機能の漏れがないかどうかをメンバーで協議し、その場で赤入れ、修正し、質の高い機能分類の設定を行うことができる。

手順5：機能分類表の作成

大分類機能、中分類機能、小分類機能の設定が終了したら、**図表6**に示すような「機能分類表」を作成する。

機能分類表作成のポイントは、縦軸に大分類機能を列挙し、大分類機能ごとに横軸に中分類機能を列挙する（図表6のアミ部分）。そして、中分類機能の各枠の中に小分類機能を列挙する。いずれも仕事やPDCAの順で機能を列挙すると管理しやすくなる。

機能分類表は、後出する生産性向上や業務改革においても非常に役に立つため、少し時間をかけてでもしっかりしたものをつくり込んでいくことが必要である。

（伊東 辰浩）

3 仕事のビジュアル化を実現するフォルダリング

図表5　総務、品質管理の機能分類例

大分類：　　総務

中分類	小分類
行事管理	出勤・休日計画
	年間スケジュール管理
	会議日程・運営管理
	社内外行事管理
文書管理	郵便集配
	社内メール管理
	図書新聞購入
	稟議書管理
庶　　務	来客対応管理
	備品購入・維持
	金券購入・払出・保管
	給食手配
	衣服貸出管理
	依頼対応管理
動産・不動産管理	土地購入計画
	車両管理
	土地建物保全
	什器備品購入計画
	損害保険手続き
広　　報	会社案内・社内報
	広告宣伝
法　　務	官公庁届け出
	訴訟調停
	登記管理
	コンプライアンス
	輸出入規制
内部監査	内部統制
	業務監査

大分類：　　品質管理

中分類	小分類
品質規格・標準	製品規格
	検査基準
	図面管理
	工程管理
	作業標準
初期流動管理	新製品投入日程計画
	初期流動検査記録
	初期流動不具合対策
不良低減管理	不良集計
	不良分析
	不良対策
	不良損金管理
クレーム管理	クレーム集計
	クレーム分析
	クレーム対策
	顧客報告
	クレーム損金管理
測定器管理	測定器管理台帳
	自主点検
	校正記録
	測定器修理管理
検　　査	受入れ検査
	工程内検査
	最終検査
	検査納期管理
品質監査	監査計画
	監査報告
	不適合管理

図表6　機能分類表例

※凡例

中分類
・小分類

大分類	中分類・小分類	1	2	3	4	5
1	総合企画	経営計画 ・中長期計画	方針・目標管理 ・会社方針 ・全社目標管理 ・品質目標管理 ・環境目標管理 ・部長方針 ・部門目標管理 ・マネジメントレビュー	予算・決算 ・年度予算 ・月次決算 ・税務申告	全社活動 ・5S委員会	
2	総務	行事管理 ・出勤・休日計画 ・年間スケジュール管理 ・会議日程・運営管理 ・社内外行事管理	文書管理 ・郵便集配 ・社内メール管理 ・図書新聞購入 ・稟議書管理	庶務 ・来客対応記録 ・備品購入・維持 ・金券購入・払出・保管 ・給食手配 ・衣服貸出管理 ・依頼対応管理	動産・不動産管理 ・土地購入計画 ・車両管理 ・土地建物保全 ・什器備品購入計画 ・損害保険手続き ・損害保険手続き	広報 ・会社案内・社内報 ・広告宣伝
3	人事	人事・労務管理 ・求人 ・採用 ・入退社管理 ・勤怠管理 ・人事考課 ・異動	教育 ・スキル管理 ・教育訓練計画 ・新人教育 ・研修 ・資格取得支援			
4	経理	資金管理 ・資金計画 ・資金調達	経費管理 ・一般経費管理 ・外注経費管理	給与・手当管理 ・給与・賞与 ・退職金 ・通勤手当 ・源泉徴収	・有価証券管理	

（中分類）（大分類）（小分類）

大分類、中分類、小分類とも仕事やPDCAの順で記入していく

65

4 機能分類表と主要プロセスフロー

POINT

● 機能分類表の内容を業務プロセスフローチャートにより検証し、機能の漏れや誤りを正し、精度を高める

業務プロセスフローチャートとその作成方法

機能分類表の内容を検証するには、業務プロセスフローチャートを作成して検証するとよい。業務プロセスフローチャートとは、業務プロセスの順番がわかり、プロセスに関連する部署と業務遂行の基準がわかり、具体的な手順であるインプット、アウトプットの名称が見える図のことである（図表1）。

業務プロセスフローチャートは、機能分類表の検証のみに使用するわけではなく、後出する管理・間接部門の生産性向上などにも使える業務革新のための重要なツールである。

以下に、業務プロセスフローチャートの作成方法を示す。

(1) 範囲と開始点、終了点を明確にする

業務プロセスフローチャートを作成する範囲を設定し、その開始点、終了点を明確にする。図表1①、②で言えば、範囲は生産技術の新規試作引き合い、生産準備であり、新規試作引き合いの開始点は試作引き合い、終了点が試作依頼となる。また、生産準備の開始点は試作～量産計画作成、終了点がDR（量産判断）となる。

(2) 関連部署を明確にする

業務プロセスフローに関わる部署を明確にする。図表1③では、横軸である営業、生産技術、生産管理、製造、出荷、品質管理の各部署となる。また、顧客や仕入れ先、外注先なども含めると、さらに詳細がわかるようになる。

(3) 段階を明確にする

段階は原則として、計画、準備、基準化段階、実行段階、検査・監査段階に区分して展開するとよい。例えば、図表1②で言えば、新規試作引き合い、生産準備は計画、準備、基準化段階に相当する。

(4) 項目は仕事を単位とし、インプット、アウトプットを明確にする

項目は仕事を単位として記入し、そのインプットとアウトプットも記入する。例えば、図表1④の項目「試作～量産計画作成」は、インプットが「概算見積り」「技術検討」、アウトプットが「試作計画書」となる。

(5) 仕事を行うにあたっての基準、標準類を明確にする

仕事を行うにあたり、そのもとになる基準や標準類（手続き）を明確にし、基準・標準類欄に記入する。例えば、図表1⑤では、試作評価の基準・標準類として「試作評価基準」、DR（量産判断）の基準・標準類として「量産判断基準」をそれぞれ挙げている。

(6) 各項目はそれぞれ1行で記入する

各項目は、基準・標準類やインプット、アウトプット（図表1⑥）を記入できるように1行ずつ記入していく必要がある。また、項目と項目を結ぶ線は、水の流れと同じように、必ず上から下に向かって矢印をつける。

業務プロセスフローチャートによる機能分類表の検証

以下に、業務プロセスフローチャートを利用して、機能分類表の内容を検証する具体的な方法を示す。

3 仕事のビジュアル化を実現するフォルダリング

図表1 業務プロセスフローチャートと機能分類表

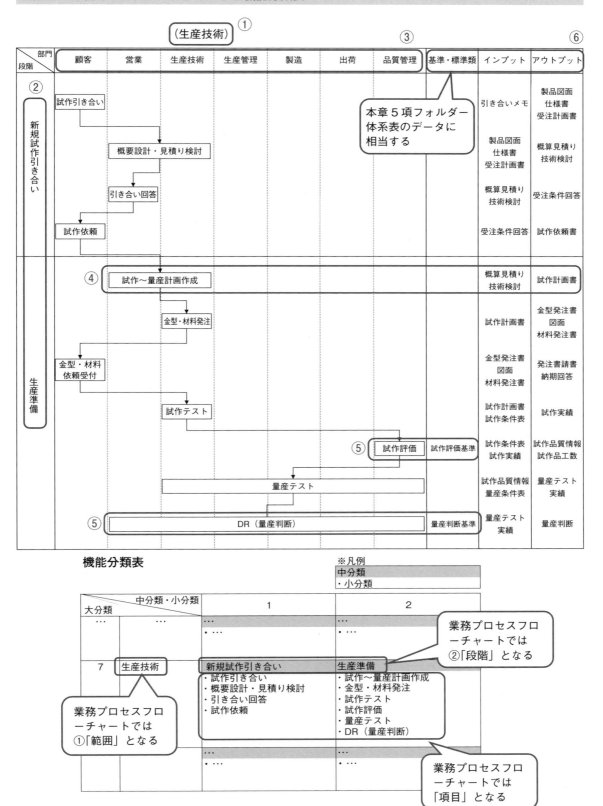

(1) 機能分類表の大分類機能は業務プロセスフローチャートの「範囲」にあたる

業務プロセスフローチャートを作成する際に最初に設定した範囲のうち、大きな区分が機能分類表の大分類機能となる。具体的には、図表1における①「生産技術」が該当する。

(2) 機能分類表の中分類機能は業務プロセスフローチャートの「段階」にあたる

業務プロセスフローチャートの「段階」が、機能分類表の中分類機能に相当する。図表1で言えば、②「新規試作引き合い」「生産準備」が中分類機能に相当する。

(3) 機能分類表の小分類機能は業務プロセスフローチャートの「項目」にあたる

業務プロセスフローチャートの各「項目」が、機能分類表の小分類機能に相当する。図表1でいえば、「試作引き合い」「概要設計・見積り検討」「引き合い回答」「試作依頼」…が小分類機能に該当する。

(4) 業務プロセスフローチャートを利用して機能分類表の検証を行う

新たに作成した機能分類表について、各大分類機能を範囲とした業務プロセスフローチャートを作成する。

機能分類表の大分類機能ごとに、それを範囲とした業務プロセスフローチャートの各「段階」が機能分類表の中分類機能に漏れなく含まれているか、また同様に、業務プロセスフローチャートの各「項目」が機能分類表の小分類機能に漏れなく含まれているか、という観点で一つずつ検証していく。

(5) 検証ではVM手法を活用する

検証においては、VM手法を活用し、機能分類表と業務プロセスフローチャートを拡大してVMボードに貼り、関係者が全員集まって機能分類表を検証していく。検証の過程において、機能分類表に漏れている機能や誤っている機能が発見されたら、その場で直接手書きで赤入れをしていく。逆に、業務プロセスフローチャートに漏れや誤りがあれば同様に、直接手書きで赤入れをする。検証がひと通り済んだら、赤字をもとにデータを修正し、更新する。

なお、業務プロセスフローチャートの「基準・標準類」「インプット」「アウトプット」（図表1⑥）は、本章3項の図表2の「まとまり仕事」に相当し、次項の5項で説明するフォルダー体系表のデータに相当する。こちらも機能分類表の各機能の検証と同様に検証することができる。

機能分類コードの付け方

機能分類表をもとに各機能に付番する機能分類コードを設定すると、全社統一した管理ができるようになり、後出する担当別業務日程管理や業務革新などに活用することができる。

機能分類コードの付与の仕方としては、機能分類表の大分類、中分類、小分類にそれぞれ番号を振り、大-中-小とコードを設定していく。具体的には、大分類機能番号1、中分類機能番号2、小分類機能番号3の環境方針は、その機能分類コードが1-2-3となる（図表2）。

各部署の機能分類表

今までは全社の機能分類表について述べてきたが、実際にフォルダリングシステムを構築する際には、全社の機能分類表を作成後、各部署で小分類機能とデータの紐づけ、フォルダー体系の設計、フォルダー基準の設定という作業を行っていく必要がある。

そのため、全社の機能分類表を各部署の機能分類表に分解しておく必要がある。各部署で小分類機能をリストアップした際に、各部署のメイン機能だけでなく、各部署に共通する方針・目標設定、新人教育、伝票処理などの仕事もリストアップしてきた。中には研究開発部門ではあるが、試作のための材料購入など大分類機能でいうと購買に属する仕事も行っており、単純に全社の機能分類表から自部署のメインの大分類機能、中分類機能だけを抜き出していくだけでは完全なものにはならない。中分類機能に属する小分類機能を一つずつ見て、自部署に当てはまるものを抜き出し、自部署の機能分類表を作成していく作業が必要になる（図表3）。　　　　　　　　（伊東 辰浩）

3 仕事のビジュアル化を実現するフォルダリング

図表2　機能分類コード

※凡例
中分類
・小分類

大分類	中分類・小分類	1	2	3	4	
1	総合企画	経営計画 1 中長期計画 2 年度計画	方針・目標管理 1 会社方針 2 品質方針 3 環境方針 4 全社目標管理 5 品質目標管理 6 環境目標管理 7 部長方針 8 部門目標管理 9 マネジメントレビュー	予算・決算 1 年度予算 2 月次予算 3 年次決算 4 月次決算 5 税務申告	全社活動 1 5S委員会 2 改善提案委員会	
2	総務	行事管理 1 出勤・休日計画 2 年間スケジュール管理 3 会議日程・運営管理 4 社内外行事管理	文書管理 1 郵便集配 2 社内メール管理 3 図書新聞購入 4 稟議書管理	庶務 1 来客 2 備品購入・維持 3 金券購入・払出・保管 4 給食手配 5 衣服貸出管理 6 依頼対応管理	動産管理 1 ○○計画 2 車両管理 3 土地建物保全 4 什器備品購入計画 5 損害保険手続き 6 損害保険手続き	広報 1 会社○ 2 広告○
3	人事	人事・労務管理 1 求人 2 採用 3 入退社管理 4 勤怠管理 5 人事考課 6 異動	教育 1 スキル管理 2 教育訓練計画 3 新人教育 4 研修 5 資格取得支援			

吹き出し：「環境方針」の機能分類コードは、1-2-3 となる

図表3　各部署の機能分類表

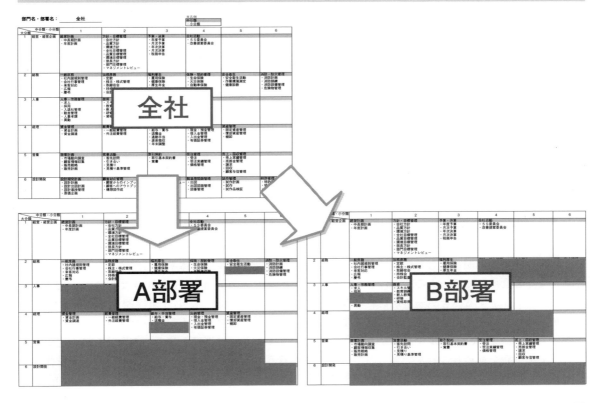

5 フォルダー体系の設計

POINT

● 仕事の進め方を考慮しながら、「機能分類表」の小分類機能とデータを紐づけて、機能フォルダー体系、物件フォルダー体系を設計していく

フォルダー体系の設計の目的

フォルダー体系とは、フォルダーやデータの全体的な構造や配置を指す。フォルダー体系を設計する目的は、フォルダーやデータを管理しやすくするために構造や配置のルールをつくることにある。具体的には、機能分類表で明確にした小分類機能に対してデータを紐づけ、その後、仕事の進め方を考慮してフォルダー体系を設計する。このようなフォルダー体系を設計することで、効率的なデータ管理と迅速なデータ検索が実現できる。

フォルダー体系表の作成

フォルダー体系の設計のファーストステップは、機能分類表の小分類機能にデータを紐づけて、フォルダー体系表を作成する（**図表1**）。

データを紐づける際のポイントは、「データ名」を忠実に挙げるのではなく、「データの種類」を挙げるイメージで進めることである。例えば、データの種類は同じなのに、データ名に年度や月度、顧客名や部署名などの具体的な名称が入っているとデータ名が複数、大量になってしまうため、その部分を伏せ字にする（例：○年○月度経営会議事録）。また、データは機能の順番、使う順番、PDCAの順番にして紐づけを行う。このような点を意識してデータの紐づけを行うと、本来アウトプットするべきデータがない場合や、機能が重複してしまっているデータを発見することができる。つまり、フォルダー体系表の作成と同時に業務革新を進めることができるのである。

セカンドステップとして、仕事の進め方を考慮してフォルダーの管理をしやすくするために、フォルダー体系表を「機能フォルダー体系表」と「物件フォルダー体系表」に分ける。

機能は、方針管理、予算、実績管理、人事・労務管理、発注管理、納期管理など、毎日、毎月、毎年と繰り返し発生する定期的な仕事と、顧客ごとの新規受注管理、新規事業企画、製品ごとの設計・開発、設備の設計・導入管理、新製品の立ち上げ管理など、ある目的を達成するために一定の期間内に処理する仕事に分けることができる。

仕事の進め方を考慮して効率的なデータ管理を行うためには、機能分類表で抽出した小分類機能に紐づけたデータごとに、定期的に処理する仕事と、一つの単位ごとに一定期間内で処理する仕事に分ける必要がある。前者を機能フォルダー、後者を物件フォルダーとして、フォルダーの体系を設計する。すなわち、機能フォルダーは、仕事のプロセスに従って発生、作成したデータを格納するフォルダーであり、物件フォルダーは個別の物件（製品、顧客、設備、プロジェクトなど）ごとに必要なデータを格納するフォルダーと言える。

フォルダー体系表を作成するポイントは、最初に物件フォルダーで管理するものを選定することから始めるとよい。その後、選定した機能とデータを物件フォルダー体系表に移して、残ったものを機能フォルダー体系表とする。

また、フォルダー体系の設計においてもVMボードを活用し、小分類機能へのデータの紐づけ、および物件フォルダーで管理するものと機能フォルダーで管理するものの区分を議論しながら行うことで、質の高いフォルダー体系表を作成することができる。

（砂田 貴將）

3 仕事のビジュアル化を実現するフォルダリング

図表1　フォルダー体系表の作成例

機能分類表

部門名・部署名：　　営業

※凡例
- 中分類
- 小分類

大分類 \ 中分類・小分類	1	2
5　営業	営業計画 ・市場動向調査 ・顧客情報収集 ・販売戦略 ・販売計画	営業活動 ・客先訪問 ・引き合い ・見積り ・見積り基準管理

- それぞれの機能の下に、その仕事を行うために使用する「データ名」を挙げる
- 「データ名」は、機能の順、使う順、PDCA順で挙げる

フォルダー体系表

部門名・部署名：　　営業

※凡例
- 中分類
- 小分類
- データ名

大分類 \ 中分類・小分類	1	2	3	4	5
5　営業	営業計画 ・市場動向調査 　市場動向調査書 ・顧客情報収集 　顧客情報 ・販売戦略 　販売戦略書 ・販売計画 　販売計画書	営業活動 ・客先訪問 　客先打ち合わせ議事録 ・引き合い 　引き合い記録表 　引き合い進捗管理シート 　営業週次報告書 ・見積り 　見積り書 ・見積り基準管理 　見積り基準	取引契約 ・取引基本契約 　取引基本契約書 ・覚書取り交わし 　覚書	受注管理 ・受注 　注文書 ・受注実績管理 　受注実績管理表 ・価格管理 　価格管理表	売上・回収管理 ・売上実績管理 　売上実績管理表 ・売掛金管理 　売掛金管理表 ・請求 　請求書 ・回収 　回収管理表 ・顧客与信管理 　顧客与信管理表
6　設計開発	設計開発計画 ・設計計画 　設計計画書 ・設計出図計画 　設計出図計画書 ・設計進捗管理 　設計進捗管理表 ・原価企画 　原価企画表	……… ……… ……… ………	………	製造用図面管理 ・出図 　製品図 ・出図図面管理 　出図図面管理表 ・図番管理 　図番管理表	試作管理 ・試作計画 　試作計画書 ・試作 　試作日報 ・試作品検証 　試作品検証データ
7　生産技術	工程設計 ・工程計画 　工程計画表 ・工程レイアウト検討 　工程レイアウト図	量産移行準備 ・量産移行日程計画 　量産移行計画書 ・製造設備整備 　製造設備整備計画書	………		

- 営業部で、受注した製品ごとに受注から量産まで（引き合い→見積り→受注確定→設計→出図→試作→量産移行）の一連のデータをまとめて見られるようにフォルダーに格納することを決めた

のデータを「物件フォルダー体系表」に移す。残りは「機能フォルダー体系表」となる

物件フォルダー体系表

部門名・部署名：　　営業
物件基準：　　製品別

※凡例
- 中分類
- 小分類
- データ名

物件分類		機能分類					
物件階層（大）	物件階層（中）	大分類	営業	営業	設計開発	設計開発	設計開発	生産技術
顧客別	製品別	中分類	営業活動	受注管理	設計開発計画	製造用図面管理	試作管理	量産移行準備
A社 B社 C社 D社			・客先訪問 　客先打ち合わせ議事録 ・引き合い 　引き合い記録表 　引き合い進捗管理シート 　営業週次報告書 ・見積り 　見積り書	・受注 　注文書	・設計計画 　設計計画書	・出図 　製品図	・試作計画 　試作計画書 ・試作品検証 　試作品検証データ	・量産移行日程計画 　量産移行計画書

71

6 フォルダー基準の設定

POINT

● フォルダー階層を明確にし、フォルダー基準を設定することによって、フォルダリングシステムの確立、継続および発展的な改善ができるようになる

フォルダー基準の設定の目的

フォルダー基準を設定する目的は、フォルダー階層を明確にして、アクセス権を持つ誰もが目的のデータを容易に探し出せ、さらにデータの保管期間などの基準を明確にすることで効率的なデータ管理を実現させることにある。きちんと基準を設定することで、フォルダリングシステムの確立、継続ができるようになるのである。そして、VMボード上でフォルダー基準の設定および見直しを実施することで、発展的な改善ができるようになる。

フォルダー基準の設定手順

フォルダー基準の設定手順としては、機能フォルダー体系表、物件フォルダー体系表に記載した大・中・小分類機能およびデータを「機能フォルダー基準表」「物件フォルダー基準表」に落とし込む。そして、それぞれのフォルダー基準表でフォルダー階層を明確にし、各データの管理項目を明確にしていく（**図表1、2**）。具体的な管理項目は以下となる。

(1) フォルダー階層の明確化

フォルダー階層とは、どのようにフォルダーが階層的に配置されているかを示す用語である。フォルダリングシステムにおけるフォルダー階層の明確化は、機能フォルダー体系表および物件フォルダー体系表にある機能名がそのままフォルダー名になるように設定していく。基本的にフォルダー体系表の大分類機能名を第一階層のフォルダーとし、中分類機能名を第二階層、小分類機能

名を第三階層に設定する（ただし、複数の事業部や拠点でサーバを使用する場合は、第一階層は事業部名や拠点名となる）。そして、フォルダー体系表の小分類機能に紐づいているデータを小分類機能名のフォルダーに格納する。このようなフォルダー階層にすることによって、サーバ上でも機能を意識したデータ管理が可能となる。

(2) 作成ソフト

作成するデータのソフト（エクセル、ワード、パワーポイントなど）を表す。

(3) データ保管責任部門

入手あるいは作成したデータを管理する責任部門（原本を修正、更新、管理する部門）を表す。

(4) 保管状態

フォルダーに保管するデータを、PDFで保管するのか、作成した状態のままで保管するのかを表す。上書きされて問題があるものは、PDFで保管するなど職場（組織）のルールを明確化する。特に個人情報や機密性の高い情報を含む場合には、正確性の確保の観点から上書きを防止するように注意することが重要である。また、規定・基準・図面などの重要データについては、必要があれば、サーバに入れる人、サーバから出す人も規定しておくとよい。

(5) サーバの設置場所

入手または作成したデータを、どこに設置してあるサーバで保管するかを表す（社内、本社、クラウドサーバなど）。

(6) ドライブ名

サーバ内に割り付けられているドライブ（保管先）名称を表す（サーバの保管先はシステム担当部門が決める）。

3 仕事のビジュアル化を実現するフォルダリング

図表1 機能フォルダー基準表の例

① 第一階層 大分類	第二階層 中分類	第三階層 小分類	第四階層 その他	データ（データ名）	② 作成ソフト E:エクセル W:ワード P:パワーポイント 他:名称	③ データ保管責任部門 自部門 技術	自部門 基幹システム	他部門 …	④ 保管状態 PDF	データ	⑤ サーバ設置場所 社内	本社	外部	⑥ ドライブ名	⑦ アクセス権	⑧ 保管期間 年	月	保存期間 年	月	⑨ バックアップ HDD	クラウドサービス	備考
1 経営	1 中長期経営計画	…	年度別	3カ年事業計画書	P		○			○		○		○システム	管理職のみ	3年		5年		○		
				3カ年事業報告書	E		○			○		○		○システム	管理職のみ	3年		5年		○		
	2 本部方針	…		本部年度方針書	P		○			○		○		○システム		3年		5年		○		
				本部戦略方針会議議事録	W		○			○		○		○システム		3年		5年		○		
				採算会議議事録	W		○			○		○		○システム		3年		5年		○		
	3 部方針管理	…		部年度方針書	E	○				○	○			○ドライブ		3年		5年		○		
				部年度方針目標展開表	W	○				○	○			○ドライブ		3年		5年				
	4 G年度方針管理	…		部課長会議議事録	W	○				○	○			○ドライブ		3年		5年		○		
				グループ年度方針書	E	○			○		○			○ドライブ		3年		5年		○		
				グループ長会議議事録	W	○				○	○			○ドライブ		3年		5年		○		
2 予算	1 設備投資計画	…		設備見積り書	客先資料	○			○		○			○ドライブ		2年		5年		○		
	2 経費予算管理	…		経費予算書	E	○				○	○			○ドライブ		2年		5年		○		
				経費予実績管理表	E	○				○	○			○ドライブ		2年		5年		○		

図表2 物件フォルダー基準表の例

① 第一階層 物件	第二階層 大分類	第三階層 中分類	第四階層 小分類	データ（データ名）	② 作成ソフト E:エクセル W:ワード P:パワーポイント 他:名称	③ データ保管責任部門 自部門 技術	自部門 基幹システム	他部門 …	④ 保管状態 PDF	データ	⑤ サーバ設置場所 社内	本社	外部	⑥ ドライブ名	⑦ アクセス権	⑧ 保管期間 年	月	保存期間 年	月	⑨ バックアップ HDD	クラウドサービス	備考
A1～ 顧客名 ○○ 電気	1 開発計画	1 開発計画	…	工程管理表	E	○				○	○			○ドライブ		3年		5年		○		
		開発日程計画	…	開発日程計画表	E	○				○	○			○ドライブ		3年		5年		○		
			…	進捗管理表	E	○				○	○			○ドライブ		3年		5年		○		
		3 製品品質評価計画	…	製品品質評価計画表	W	○			○		○			○ドライブ		3年		5年		○		
	2 材料設計	1 客先要求性能	…	顧客要求仕様書	W	○			○		○			○ドライブ		3年		5年		○		
			…	テストコード	E	○				○	○			○ドライブ		3年		－				
		2 ベース材選定	…	ベース材選定基準	E	○				○	○			○ドライブ		－		－		○		
			…	ベース材データベース	E	○				○	○			○ドライブ		－		－				
			…	ベース材選定評価表	E	○				○	○			○ドライブ		－		－				
			…	ベース材選定一覧表	E	○				○	○			○ドライブ		－		－				
		3 コスト計算	…	コスト条件表	E	○				○	○			○ドライブ		－		－				
			…	コスト計算書	E	○				○	○			○ドライブ		－		－				
			…	コスト実績表	E	○				○	○			○ドライブ		3年		5年		○		

73

(7) アクセス権限

データを閲覧できる対象者を表す（社員全員なのか、管理職だけなのか、特定の組織だけなのかなど）。アクセス権限を設定するポイントは、必要最小限の権限のみを付与し、不必要な権限を持たせないようにすることである。アクセス権限の適切な設定により、不正アクセスやデータ漏洩のリスクが低減し全体のセキュリティが強化されること、誤操作や不適切な編集が減少しデータの正確性と一貫性の確保が実現できる。

(8) データ保管期間／保存期間

データを保管／保存しておく期間を表す。まず、保管期間とは、使用頻度の高いデータをサーバなどのフォルダーに格納する期間を指す。保存期間とは、使用頻度の低いデータをサーバ外のHDDなどの外部媒体に格納する期間を指す。保管と保存を分けることでサーバ内のデータを使用頻度の高いもののみとし、データの検索性を向上させるとともにサーバの容量不足を回避する狙いもある。

また、データの保管／保存期間は、法的および規制上の要件を確認した上で設定することも必要である。特定のデータは一定期間、保管／保存することが法律で義務づけられていることがある。例えば、決算書などの財務データは、税務上の理由から数年間、保管／保存する必要がある。また、中には永久保存する必要があるデータも存在する。これらを考慮することが重要である。

(9) バックアップ

データのバックアップの要否、方法を表す。サーバには個人情報や機密性の高いデータも格納することとなるが、これらのデータが失われるリスクを軽減し、情報の機密性と整合性を確保するためにもバックアップは欠かせない。具体的なバックアップの方法は、HDDなどの外部媒体を使用する方法や、クラウドサービスの機能を使う方法、サーバの冗長化などが挙げられる。

以上の管理項目を「機能フォルダー基準表」、「物件フォルダー基準表」にて明確にすることでデータを管理するためのルールが完成するわけであるが、ぜひ定期的なルールの見直しも実施していただきたい。

なお、フォルダー基準設定時からVMボードにフォルダー基準表を提示しておけば、質の高いフォルダー基準の設定とタイムリーなルールの見直しが可能になる。

フォルダーツリーの作成のポイント

フォルダーツリーとはフォルダー階層を視覚的に表現したものであり、サーバ上のフォルダーツリーを見ると、概ね探したいデータの追跡が可能である状態にすることが重要である。

以下にフォルダーツリー作成のポイントを示す。

(1) 機能フォルダーと物件フォルダーで管理する領域を分ける

機能フォルダー基準表と物件フォルダー基準表でそれぞれ管理する領域を分けてフォルダーツリーを作成する。これは、仕事の進め方によって分類した機能をフォルダーツリーにも反映させながら作成することで、部門ごとでのフォルダー管理をしやすくするためである（図表3）。

(2) 分類機能名以外のフォルダーを設定する

機能フォルダー体系で管理する領域においては、小分類機能名のフォルダーにデータを格納するが、検索性を上げるためデータによって年別、ライン別などのフォルダーを作成するとよい（図表4）。例えば、売上実績データを格納する場合、階層1を年別、階層2を拠点別、階層3を月別と設定すると、格段にデータを探しやすくなる。なお、小分類機能以下の階層は3階層以内に収めるとよい。3階層以上になると、深くなり過ぎて検索性を損なってしまうからである。

物件フォルダー体系で管理する領域においては、物件ごとに設計したフォルダー体系表のくくりでデータを格納するが、機能フォルダー体系同様に時系列などを考慮したフォルダー設定をすると検索性が向上する（図表5）。

(3) フォルダーにアクセス権限を反映させる

フォルダー基準の設定で行ったアクセス権限をデータだけでなくフォルダーにも反映するとよい。個々のデータにアクセス権限を設定するよりもフォルダーに設定した方が手間がかからず、効率的にセキュリティ強化を実現できるためである。

（砂田 貴將）

3 仕事のビジュアル化を実現するフォルダリング

図表3　フォルダーツリーの例

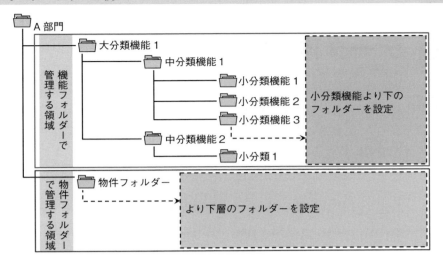

図表4　機能フォルダーツリー

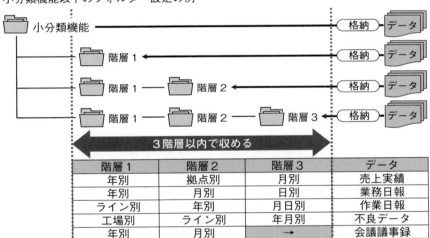

図表5　物件フォルダーツリー

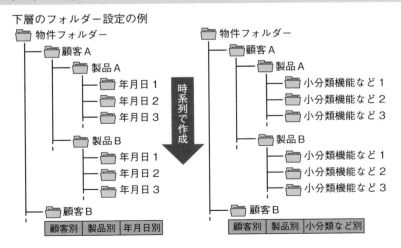

75

7 フォルダリング（ファイル名の付与、データ移行）

POINT

● フォルダリングで重要なことは、管理しやすいファイル名の付与ルールを設定し、データ移行を慎重に行うことである

ファイル名の付与ルールの設定

　情報共有化を進め、ファイル管理を効率化し、一貫性を保つため、ファイル名の付与ルールを決めることは重要である。

　以下にルール設定のポイントを示す。

(1) ファイルの分類

　ファイルは文書と記録に分けて考えるとよい。

　文書は、改定、改訂、修正などの変更が加えられる性質を持つもので、常に最新版を管理するものである。例として、規程、手順書、計画書、図面、様式などがあり、ファイル名は、「文書名＿最終更新日＿付属情報」とすると作成または、更新された日がひと目でわかる。

　記録は、一度作成されたら原則として変更が加えられない性質を持つものである。例として、契約書、納品書、検査成績書などがあり、ファイル名は、「記録名＿記録日＿廃棄可能日＿付属情報」とすると、いつ記録されたファイルで、いつ廃棄してよいのかがわかる。このように文書／記録名、日付、付属情報を組み合わせた命名規則をつくると有効である（**図表1**）。

(2) 日付表記の標準化

　日付は、「年月日」の順で記述するのが一般的であり、ファイルの作成日、更新日、廃棄可能日などは統一した形式にするのがよい。例として、「20XX0829」のように記載すると履歴を追いやすくなる。

(3) 改定管理

　改定履歴を明確にするため、「付属情報」として「第1版」「第2版」などの形式を使用するのが望ましい。いつ、どのような内容に改定されたの

かが履歴と改定番号で管理することができる。改定により古いファイルは、アーカイブフォルダーを作成し一時保管することが望ましい。また、保管期限を設定し、期限が過ぎた古いファイルは、削除するなどのルールを作成すると不要なファイルの蓄積を防ぐことができる。

(4) 付属情報の追加

　ファイルの内容を明確にするためには、プロジェクト名、設備名、部署名などの情報をファイル名に含めると有効である。例として「新製品ロードマップ＿20XX0829＿○○プロジェクト」などである。

(5) ファイル名の変え方

　ファイル名は、次の項で説明するデータ移行時に変えていく。一つひとつ移行しながらファイル名を変えていくと、漏れなく変えることができる。

データ移行

　データを共通フォルダーに移行するプロセスについて、以下に手順を示す。

(1) 準備作業

　移行するデータを明確にするために、保管／保存期間が過ぎているデータを削除する。

(2) フォルダーツリーの作成

　フォルダー基準表に従い、移行先に新しいフォルダーツリーを作成する。作成方法は、本章6項を参照してほしい。新しいフォルダーツリーを作成したら、現行フォルダー内にあるデータの移行先を決める。

(3) バックアップの作成

　移行中にデータが失われた場合、復元ができる

図表1　ファイル名の付与ルール（例）

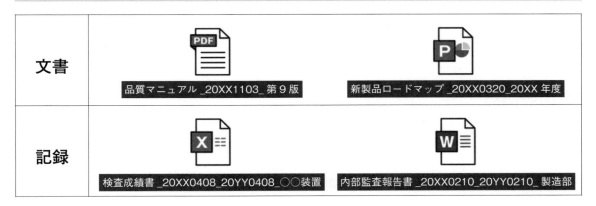

図表2　現行フォルダーから新フォルダーへ移行のイメージ

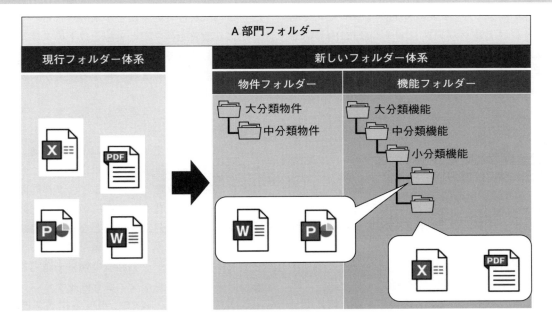

ようにバックアップを作成する。バックアップは、外部媒体やクラウドサービスなどを使い作成することができる。

(4) データの移行

実際にデータを移行する前に、少量のデータでテスト移行して問題がないかを確認する。具体的にはフォルダーツリーのどこか1つの中分類機能を選び、そこに含まれる小分類機能以下のフォルダーにデータを移行する。移行後に、データを開き、文字化けなどデータが破損していないか確認する（図表2）。問題がなければ、他の中分類機能、大分類機能に展開していく。

(5) 迷いフォルダー

新しいフォルダー体系にデータを移行する際、移行先のフォルダーに迷うデータが存在する場合がある。この場合、迷いフォルダーを作成して一定期間保管する。その後、管理者を交えて計画的に所定のフォルダーへ移行する。移行の際、フォルダー基準表と照合し、フォルダーの分類や階層など基準の見直しの必要があれば、見直し後に新しいフォルダーに移行する。また、一定期間迷いフォルダー内に残っているデータは、確認後、不要と判断した場合に廃棄する。

（菊地　俊之）

8 評価と改善・標準化

POINT

● 定期的に定量・定性評価を行い、改善策を立案・実施することで、継続的に自社に最適なフォルダリングシステムを構築していく

評価と改善・標準化の必要性

評価と改善、そして標準化は、組織の効率性と生産性を向上させるために不可欠なプロセスである。特にフォルダリングシステムはPC内で構築されるため、フォルダー体系の設計および基準が遵守されているかを定期的に確認する必要がある。現行のシステムの効果を測定し改善を重ねることで、最適化を図る仕組みづくりが重要である。

定量評価と定性評価の両面による振り返り

評価方法については、本章1項で述べたフォルダリングシステムの目的に沿って定量評価と定性評価の両面で行う。

（1）定量評価

定量的な評価は具体的な数値データを用いて、システムのパフォーマンスを測定する。例えば、フォルダーアクセス時間の短縮やデータ検索の迅速化（目的：データ探し時間の短縮）、データの肥大化や不要データの蓄積などによるサーバ容量の改善（目的：データの整理）などが評価基準となる。評価基準には具体的なKPIを設定し、定期的に測定・評価を行う。

（2）定性評価

定性的な評価は、使用者のフィードバックや使い勝手の評価を行う。アンケート調査やヒアリングを通じて、使用者がどのようにシステムを感じ、どの部分に改善が必要かを把握する。例えば、フォルダリングシステムのわかりやすさ（目的：データ探し時間の短縮）、フォルダー構造が全体最適化されているか（目的：データの共有化・有効活用）などが評価基準となる。注意点として、定性的なフィードバックは偏りなく集計し改善策につなげていくことが求められる。

次に、改善策の立案と実施を以下のステップを踏み実行して行く（**図表1**）。

①問題点の特定：評価結果から改善が必要な点を明確にする。

②改善案の提案：改善案を複数考案し、その効果を予測する。

③実施計画の策定：改善案の中から最適なものを選び、具体的な実施計画を策定する。この際、VMで"見える管理"を行うことにより計画の透明性と進捗が可視化され、全員が現状を把握しやすくなり、迅速な対応が可能となる（**図表2**）。

④実施：計画に基づき改善策を実行する。

⑤フォローアップ：実施後の効果を測定し、さらに改善が必要な点がないかを確認する。

改善策の効果について、再度各担当部門からフィードバックを収集する。効果測定の結果やフィードバックに基づき改善のPDCAサイクルを継続的に回すことで、フォルダリングシステムの最適化を図ることが重要となる。

次に作業のバラツキを減らし、一貫性を持たせることを目的とした標準化の手順を示す。

①ドキュメント作成：フォルダリングシステムの標準手順書を作成する。これには、前項で述べた経営機能検出、機能分類表作成、フォルダー体系表作成、フォルダー基準表作成、ファイル名の付与方法、データ移行といった一連の手順を含め、システム全体が一貫して運用されるようにするための具体的なガイドラインとする。

3 仕事のビジュアル化を実現するフォルダリング

図表1 改善策の立案ステップ

No.	STEP		データの共有化・有効活用	データの整理	データ探し時間の短縮	情報セキュリティ管理体制の強化
0	評価の仕方	定量的評価	共有されるデータ量の増加や利用頻度の変化を測定し、共有化の効果を評価する	データの削減量、整理されたフォルダー数、更新頻度を評価する	検索時間の平均値の変化や、特定のデータへのアクセス速度を数値化して分析する	アクセスログの監視結果やセキュリティインシデントの件数を定量的に評価する
		定性的評価	データの共有方法が業務の連携に与えた影響を従業員の意見から評価する	データ整理後の業務のスムーズさや、業務負担軽減についてのフィードバックを評価する	データ検索の手間や使い勝手について、従業員からの意見を集めて分析する	セキュリティ対策の改善に対する従業員の意識や反応を収集し、実効性を評価する
1	問題点の特定		データが効果的に共有されているか、または共有の不足や障害がないかを確認する	不要なデータの蓄積や冗長性が発生している箇所を特定し、整理が必要な領域を明確化する	データがどこにあるのか、アクセスが容易であるかを分析し、見つけやすくするための改善が必要な箇所を特定する	セキュリティリスクがある場所（アクセス権限が不適切な箇所やデータが未整理な場所）を特定し、改善のためのステップを設計する
2	改善案の提案		共有フォルダーの再設計やアクセスルールの設定などを提案し、データの有効活用を促進する方法を検討する	重複データの削除ルールや、データのライフサイクル管理（作成→使用→保存→廃棄）の標準化を提案し、整理の効果を最大化する	フォルダー構造の見直しやインデックスの導入を提案し、誰でも短時間で必要なデータにアクセスできるようにする方法を検討する	アクセス権限の最適化や、データ保護のための新しいセキュリティ対策（例えば、暗号化やアクセスログの監視など）の導入を提案する
3	実施計画の策定		改善案に基づき、共有化のためのルールやガイドラインを策定し、実施の手順を具体化する	整理とデータ管理の標準手順を明確化し、全員が一貫した方法でデータを管理できるように手順を定める	フォルダー構造やデータ検索の具体的な実施計画を作成し、検索時間を短縮するための方法を設定する	セキュリティ強化のための具体的な手順（例えば、アクセス制限の実施、監視体制の強化など）を策定し、管理体制の整備を行う
4	実　施		データの共有を円滑に進めるため、全員が共有ルールを守るようにトレーニングを実施し、コミュニケーションを図る	計画に基づいてデータの整理を進め、古いデータの削除や新しいルールに沿ったフォルダー管理を実行する	新しいフォルダー構造や検索ツールを実装し、使いやすいように調整を行いながら、利用者のフィードバックを収集して改善を重ねる	アクセス権限設定や監視体制の導入など、計画したセキュリティ対策を実施し、情報の安全性を確保する
5	フォローアップ		共有化の効果を評価し、さらなる有効活用を促進するための改良点を全員参加で探る	整理したデータの運用効果を分析し、不要なデータを作成・保管しないための再発防止策を検討する	データ検索の効率が向上したかを評価し、さらに短縮可能な方法を検討する	セキュリティ体制が効果的に機能しているかを評価し、必要に応じてさらなる強化策を策定する

図表2 実施計画表

目的	改善案	優先順位	具体的な手順	必要なリソース	スケジュール	完了予定日	担当者	目標設定	実行確認
データの共有化・有効活用	フォルダー命名規則の統一	高	1. 命名規則のガイドライン作成・改訂 2. トレーニング実施 3. 既存フォルダー名の修正	・トレーニング資料 ・社内講習	2週間	●月●日	総務部門	命名規則の遵守率を90％以上にする	
データ探し時間の短縮	フォルダー分類の再設計	中	1. 新しいフォルダー構造のデザイン作成 2. 移行計画策定 3. 既存フォルダーの移行	・デザイン企画 ・移行チーム	1カ月	●月●日	設計部門	フォルダーアクセス時間を15秒以内に短縮する	
情報セキュリティ管理体制の強化	アクセス権限の再評価	低	1. 権限設定のガイドライン作成・改訂 2. 権限管理ツール導入 3. 新しい権限設定の適用	・権限管理ツール管理責任者	3週間	●月●日	IT部門	適切なアクセス権限設定率を95％以上にする	

②トレーニング：全メンバーに対して標準手順に関するトレーニングを実施する。

③モニタリング：標準手順が適切に守られているかを定期的にチェックし、必要に応じて改善を行う。

業務内容の変化やITツールの導入に応じて、標準手順も柔軟に対応できるようにすることも重要となる。

このように、評価と改善・標準化のプロセスを通じて組織のフォルダリングシステムを最適化し、全員が一貫した方法で作業を行える環境を構築することで、管理・間接部門においても常に高いパフォーマンスを維持し、組織全体の成長と生産性の向上を図ることができる。　　　（市川 真爾）

9 フォルダリングシステム確立のポイント

POINT
● システム確立の各段階でのポイントに留意し、運用ルールの遵守を徹底することが重要になる。また、機能分類表を軸として業務革新を実現できる

フォルダリングシステム確立のポイント

1. 機能分類設計時のポイント

機能分類設計時のポイントとしては、演繹的アプローチでの経営機能検出、帰納的アプローチによる現在機能のリストアップにより、大分類機能、中分類機能、小分類機能を漏れなく抽出することがポイントになる。

各部署においては、メイン機能の業務だけでなく、方針・目標設定、新人教育、伝票処理など、メイン機能以外の業務も行っており、それら業務の機能もリストアップすることに注意が必要である。

各機能をリストアップし、機能分類表を作成したならば、業務プロセスフローチャートを利用して機能分類表の内容を検証することもポイントとなる（**図表1**）。

2. フォルダー体系設計時のポイント

小分類機能とデータを紐づける際には、「データ名」ではなく、「データの種類」を挙げるイメージで進め、機能の順番、使う順番、PDCAの順番で紐づけしていくことがポイントである。

なお、Excelファイルはシートという形で複数の文書データが同梱されていることがあるため、データの抽出漏れに注意が必要である。このような一つのファイルに複数の文書データを持つファイルについては、原則としてそれぞれを切り離して個々のデータとする。

○Excelで一つのファイルに複数の文書データが、シート単位で混在しているケース

○Wordで一つのファイルに複数の文書データが、ページ単位で混在しているケース

考え方としては、ファイル名称が付与しづらい上に、慣れない人にとっては探しにくいという問題を解決することが目的である。しかし、現実的には、一つのファイルにまとめた方が作業効率が非常に良い、シート同士でリンク関係を持たせているといったケースでは、その限りではない。

また、仕事の進め方を考慮して効率的なデータ管理を行うために、機能フォルダー体系、物件フォルダー体系に区分して設計することも重要なポイントとなる。

3. フォルダー基準設定時のポイント

フォルダー基準設定の中でも特に重要なのが、データ保管期間／保存期間の設定である。保管期間を長く設定すると、共有サーバ内のデータ量が増え、容量が足らなくなる事態が発生する。このような事態はさまざまな企業で散見され、重大な問題となっている。

データ保管期間／保存期間の設定は、まずは法令基準を参照し、その次にISOや社内基準を参照して設定する。その後、ISOや社内基準以外のデータについて、保管期間／保存期間を設定していく（**図表2**）。

その際に注意すべき点として、データが大量に溜まらないよう、保管期間／保存期間をできるだけ短く設定すること、保管期間を極力短く設定し早めに保存に回すことである。

設定すべき運用ルールと遵守

1. 各種ルールの設定

(1) フォルダーの新規作成ルール

この場合の「新規」とは、フォルダー基準表に

3 仕事のビジュアル化を実現するフォルダリング

図表1　フォルダリングシステム確立のポイント

No.	項目	ポイント	参照項
1	機能分類の設計	演繹的アプローチでの経営機能検出、帰納的アプローチによる現在機能のリストアップにより、大分類機能、中分類機能、小分類機能を漏れなく抽出する	本章3項
2		各部署においては、メイン機能の業務だけでなく、方針・目標設定、新人教育、伝票処理などメイン機能以外の業務も行っており、それら業務の機能もリストアップする	
3		業務プロセスフローチャートを利用して機能分類表の内容を検証する	本章4項
4	フォルダー体系の設計	小分類機能とデータを紐づける際には、「データ名」ではなく「データの種類」を挙げるイメージで進め、機能の順番、使う順番、PDCAの順番で紐づけしていく	本章5項
5		一つのファイルに複数の文書データを持つファイルについては、原則としてそれぞれを切り離して個々のデータとする	
6		仕事の進め方を考慮して効率的なデータ管理を行うために、機能フォルダー体系、物件フォルダー体系に区分して設計する	
7	フォルダー基準の設定	データ保管期間／保存期間の設定は、まずは法令基準を参照し、その次にISOや社内基準を参照して設定する。その後、ISOや社内基準以外のデータについて、保管期間／保存期間を設定していく	本章6項
8		データが大量に溜まらないよう、保管期間／保存期間をできるだけ短く設定すること、保管期間を極力短く設定し早めに保存に回すこと	

図表2　データ保管／保存期間の設定ステップ

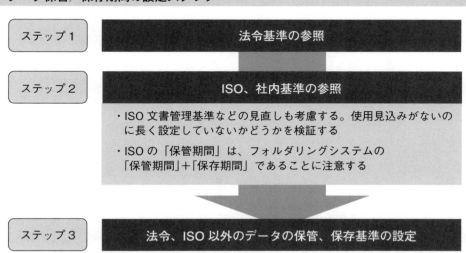

ないフォルダーを新たにつくる場合のことを言う。新たにフォルダーを作成する際には、フォルダリングシステム管理責任者に、「フォルダーをつくりたい場所」と「そのフォルダーに格納するファイル」を伝え、承認をもらうことをルールとする。

フォルダーを新規に作成した後は、それに合わせて、機能分類表、フォルダー体系表、フォルダー基準表を改訂する。

(2) ファイルの削除ルール

この場合の「削除」とは、保管期限／保存期限を過ぎたファイルの削除のことを言う。各部署のフォルダリング担当者が、会社で設定した期限までに保管期限／保存期限を過ぎたファイルを削除することをルールとする。

ファイルの削除は会社の行事として、フォルダリングシステム管理責任者から、例えば「決算終了後2〜3カ月後（3月締めの場合、5〜6月頃）」までに保管期限／保存期限を過ぎたファイルを削除するよう案内すると効果的である。全社的な行事とすることで、各部署とも忘れずに保管期限／保存期限を過ぎたファイルを削除することができる。

(3) フォルダーの更新ルール

年度・期が替わったら、2週間程度以内に新年度・期用の新しいフォルダーを作成する。例えば、「(2)ファイルの削除ルール」と同様に、会社の行事としてフォルダリングシステム管理責任者から案内するとよい。また、新しい案件などが始まっても同様に新しいフォルダーを作成する。

2. フォルダリングシステム管理チームの設置

フォルダリングシステムの管理責任者が明確に定まっていないと、上記ルールを守らず、個人の判断でフォルダーを新たに追加したり削除したりするようになる。そうなると、システム構築前の状態と変わらなくなってしまう。

そうならないように、フォルダリングシステム全般を管理するチームとその責任者、メンバーを設置する必要がある。チームの役割としては、フォルダリングシステムの構築、変更、維持、運用ルールの設定、変更、遵守チェック、共有サーバの保守管理などが挙げられる。

3. 運用ルールの徹底遵守

上記のルールを含め、フォルダリングシステムに関する運用ルールを全従業員が遵守しているかどうか、管理チームが定期的にチェックをしていく必要がある。ルールを遵守していない場合は、管理責任者から各部門長、各部門長からメンバーに指導し、ルール遵守を徹底させる。

紙媒体の書類のフォルダリングシステムの進め方

紙媒体の書類もデータと同様に、機能を基準としたシステムにすると同様の管理ができる。

フォルダリングシステム確立の基本手順のうち、「手順1：フォルダリングシステム確立の準備」「手順2：機能分類の設計」「手順3：フォルダー体系の設計」は、紙媒体の書類もデータも媒体の違いだけで考え方、作業は同じである。フォルダー体系設計時、小分類機能と紐づける際に紙媒体の書類とデータの両方を対象にする必要がある。

「手順4：フォルダー基準の設定」では、紙媒体の書類ならではの基準表となる。データとは異なり、紙媒体の書類を入れるファイルのくくり方や用具を設定する欄が必要になる。また、ファイル背表紙（第2章4項参照）に入れる情報として、ファイル番号、ロケーション番号の欄も必要である（**図表3**）。このファイル背表紙は、データで言うと「手順6：フォルダリングのファイル名」に相当する。

それ以降の手順も、フォルダーツリーが書棚に相当するなどあるが、基本的な考え方は同じである。

機能分類表から業務革新へ

経営機能をすべて検出し、現在機能を漏れなく反映した機能分類表を軸として、VMを行いながら業務革新を実現することができる（**図表4**）。

○機能分類表の作成過程において、重複業務や不要業務を発見し、業務の整理を行うことができる。

○機能分類表を軸として、担当別業務日程管

3　仕事のビジュアル化を実現するフォルダリング

図表3　紙媒体の書類にも対応した機能フォルダー基準表

紙媒体の書類をどのように（大分類単位、中分類単位、小分類単位、書類単位で）綴じるかを設定

紙媒体を綴じる用具を設定
2穴：2穴ファイル
箱：ボックスファイル
厚み：ファイルの厚み

機能フォルダー基準表

第一階層		第二階層		第三階層		第四階層		データ	作成ソフト	データ保管責任部門			～	バックアップ		ファイルくくり				ファイル用具			ファイル番号	ロケーション番号	備考
									E:エクセル W:ワード P:パワーポイント 他:名称	自部門	システム	～													
大分類		中分類		小分類		年度別	その他	データ名		技術	基幹システム			HDD	クラウドサービス	大	中	小	書類	2穴	箱	厚み			
1	経営	1	中長期経営計画	…	…	○		3ヵ年事業計画書	P		○			○					○				1-1-1	12-1	
				…	…	○		3ヵ年事業報告書	E					○			○			○		5cm	1-1-1	12-1	
		2	本部方針	…	…	○		本部年度方針書	P		○			○				○		○		5cm	1-2-1	12-2	
				…	…	○		本部戦略方針会議議事録	W					○										1-2-1	12-2	
				…	…	○		採会会議議事録	W					○					○		○		1cm	1-2-2	12-3	
		3	部方針管理	…	…	○		部年度方針書	E	○				○				○		○		5cm	1-3-1	12-4	
				…	…	○		部年度方針目標展開表	E					○				○		○		5cm	1-3-1	12-4	
				…	…	○		部課長会議議事録	W					○					○		○		1cm	1-3-2	12-5	
		4	G年度方針管理	…	…	○		グループ年度方針書	E					○					○		○		1cm	1-4-1	12-6	
				…	…	○		グループ長会議議事録	W					○					○		○		1cm	1-4-2	12-7	
2	予算	1	設備投資計画	…	…	○		設備見積り書	客先資料					○					○					2-1-1	13-1	
		2	経費予算管理	…	…	○		経費予算書	E					○				○		○		5cm	2-2-1	13-2	
				…	…	○		経費予実績管理表	E					○										2-2-1	13-2	

データ対応項目
（本章6項の図表1参照）

紙媒体の書類対応項目

図表4　機能分類表から業務革新へ

機能分類表

※凡例
中分類
・小分類

大分類	中分類・小分類	1	2	3	4	5
1	総合企画	経営計画 ・中長期計画 ・年度計画	方針・目標管理 ・会社方針 ・品質方針 ・環境方針 ・全社目標管理 ・品質目標管理 ・環境目標管理 ・部長方針 ・部門目標管理 ・マネジメントレビュー	予算・決算 ・年度予算 ・月次予算 ・年次決算 ・月次決算 ・税務申告	全社活動 ・5S委員会 ・改善提案委員会	
2	総務	行事管理 ・出動・休日計画 ・年間スケジュール管理 ・会議日程・運営管理 ・社内外行事管理	文書管理 ・郵便集配 ・社内メール管理 ・図書新聞購入 ・業議書管理	庶務 ・来客対応記録 ・備品購入・維持 ・金券購入・払出・保管 ・給食手配 ・衣服貸出管理 ・依頼対応管理	動産・不動産管理 ・土地購入計画 ・車両管理 ・土地建物保全 ・什器備品購入計画 ・損害保険手続き ・損害保険手続き	広報 ・会社案内・社内 ・広告宣伝
3	人事	人事・労務管理 ・求人 ・採用 ・入退社管理 ・勤怠管理 ・人事考課 ・異動	教育 ・スキル管理 ・教育訓練計画 ・新人教育 ・研修 ・資格取得支援			
4	経理	資金管理 ・資金計画 ・資金調達	経費管理 ・一般経費管理 ・外注経費管理	給与・手当管理 ・給与・賞与 ・退職金 ・通勤手当 ・源泉徴収 ・年末調整	出納管理 ・現金・預金管理 ・借入金管理 ・入出金管理 ・有価証券管理	資産管理 ・固定資産管理 ・償却資産管理 ・棚卸

担当別業務日程管理

業務プロセス分析

業務量調査・分析

業務革新

理、業務プロセス分析、業務量調査・分析などを行い、生産性を向上する投入工数低減（分母を小さく）および付加価値向上（分子を大きく）のた

めの業務革新活動を実施することができる。

（伊東 辰浩）

83

第 **4** 章 マネジメントのビジュアル化を実現するVM (Visual Management)

1 見える管理とマネジメントを実現するVMとは

POINT

● VMは「見える予防管理（PDCA）」と「見える根本改善（CAPD）」のサイクルを回すマネジメント革新手法である

マネジメントの種類とVM

中部産業連盟では、マネジメントを道具立ての観点から、PC（パソコン）マネジメント、会議マネジメントとVM（ビジュアル・マネジメント）に分類している。VMを導入していない企業の多くはPCマネジメント、会議マネジメントを行っている。**図表1**にマネジメントの種類とVMの道具立てイメージを取りまとめてみる。

1. PCマネジメント

PCマネジメントは、一日中パソコンの前に座って操作しながらマネジメントを行うやり方である。情報はパソコン、サーバ、クラウドの中に内蔵されており、関係者にはメールなどで情報が送られる。しかし、パソコンを開いて見る人は、見る意識のある人であって、自分にあまり関係がないと考える情報については、わざわざアクセスしてファイルを開く人は少ない。たとえ見たとしてもその場限りのことで、内容については忘れてしまいがちである。そのような意味においてパソコンは「見える」ではなく、意志を持って「見るか」の道具と言えよう。本社と工場、支店など距離が離れている場合の連絡手段としては便利ではあるが、コミュニケーションとしては一方的でタイムラグが生じることから、手遅れやハラスメントにならないよう考慮することが必要である。

2. 会議マネジメント

会議マネジメントとは、議題設定、資料などを準備して、フェース・トゥ・フェースで意見交換して決めていくマネジメントのやり方である。会議は、膨大な時間をかけて資料を準備し、会議中は発言の機会のない人も含めた参加者の時間を拘束し、会議後は議事録を作成し関係者に配布するため、会議の主催者は目的と、効率的な進行を考慮して進める必要がある。

3. VM

VMは、「VMボード」などの道具立てを用い、誰でも、いつでも、見たいときにすぐ見ることができ、関係者に集まってもらいVMボードの前で打ち合わせし、方向性や対策を決めていくマネジメントのやり方である。

すなわち、VMは対象とするプロセス、職場全体の因果関係が見え、リアルタイムで把握でき、早めにアクションを取っていくマネジメントである。VMでしか実現できないマネジメントのやり方であり、マネジメントのやり方を根底から変えていく手法である。

VM（見える管理）の実施

管理・間接部門において「見える管理」を実現するためには、VM（狭義のVM：見える管理）

4 マネジメントのビジュアル化を実現するVM

図表1　マネジメントの種類とVMの道具立てイメージ

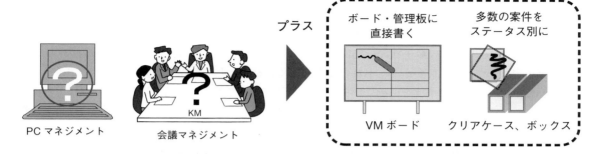

VMでマネジメント・管理のやり方を根底から変えていく！

図表2　管理（PDCA）サイクルすべてが見える

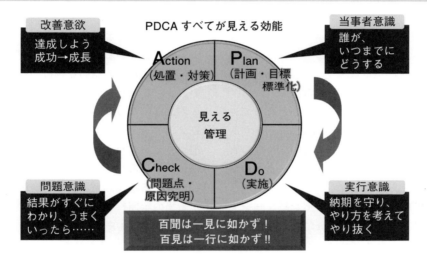

図表3　PDCAに対するレビューのやり方

- ●Plan（計画・目標・標準化）に対するレビュー
  - ・目標は適切に設定されているか
  - ・計画内容が適切かつ妥当であるか
  - ・5W2Hを考慮した内容になっているか

- ●Do（実施）に対するレビュー
  - ・計画の内容どおりに実施されたか

- ●Check（問題点・原因究明）に対するレビュー
  - ・計画どおりに実施できていない場合（特に未実施や遅れた場合）の原因は何か
  - ・問題点が的確に把握されているか
  - ・真の原因まで究明されているか

- ●Action（処置・対策）に対するレビュー
  - ・適切かつ妥当な処置が検討され、計画が立てられ、実施されたか
  - ・対策（根本対策、再発防止対策）が必要な場合には、適切かつ妥当な対策が検討され、計画が立てられ、実施されたか
  - ・効果の確認がされているか

を実施することが必要である。

管理・間接部門におけるVMとは、「職場全体、職場の仕事別、個人別に仕事の内容、実施状況、スケジュール、進捗として遅れ（異常）、順調（正常）、問題点や異常の発生状況、処置、対策、行動予定などが目で見てわかり、不具合な事態や悪い結果が生じる前に事実を的確に把握して早めに処置し、不具合な事態が発生した場合は、原因を究明して根本対策（再発防止対策）を立てて実施する管理のやり方」である。

このVMの特色は、**図表2**のように管理サイクル（PDCA）のすべてを見えるようにすることである。管理対象業務のPDCAがひと目で「見える、わかる」ようになっていて、いつでも、誰でもレビューすることができるような場合においてのみ管理していると言えるのであって、「見えない、わからない、部分的にわかる（例えば計画のみが見え、実施状況以下は見えない）」管理は、管理しているとは言えないのである。

特に見識ある経営者や管理者が中心となって、PDCAの中身について徹底的にレビューをすることによって、管理すなわちPDCAの内容の質的向上が図られ、それに伴い人は育ち、企業の業績は向上するのである。

ところで、PDCAの中身についてレビューをするということは、**図表3**に書かれているようなことである。PDCAの中身がパソコンや個人持ちのファイルの中に入っていたり、担当者の頭の中に入っていたりして、いつでも見たいときに見られる状態になっていない場合は、容易にレビューすることができない。したがって、VMによる「見える管理」を推進することが欠かせないのである。

VMの実施ポイント

VMの実施ポイントは**図表4**のように、予防管理サイクル（PDCA）と根本改善サイクル（CAPD）を見えるやり方で回しながら、管理レベルと改善レベルのスパイラルアップを図っていくのである。そして、目的・目標に応じて予防管理サイクルを回す頻度（月・旬・週・日・時）を設定して実施する。具体的な実施ポイントは**図表5**のとおりであるが、以下に説明を加える。

（1）見える方針・目標管理制度の確立

PCマネジメントや会議マネジメントによる目標管理制度では、経営者、管理者による進捗管理とレビューとコーチングがタイミング良く適切に行われないため、実施率（計画の進捗率）が悪く、結果として達成率が低いというのが多くの企業の傾向である。これに対して、VMによる目標管理を導入すると、実施率は飛躍的に向上し、業績向上に貢献することが可能となる。

VMでPDCAが見えるようになると達成意欲、工夫と協力が得られ、マネジメントの根幹である目標管理が変わる。なお、見える方針・目標管理については第5章で詳細に解説する。

（2）見える日常管理業務の確立

日常の管理業務の中で、今重点的に実施しなければならない管理業務は何か。それが計画どおりに実施されているか。今発生している問題点は何か。それに対する適切な処置や対策が実施されているか。これらが職場の中で、いつでも容易に見えるようになっていることが必要である。なお、見える日常管理業務、見える担当別業務日程管理、見えるプロセス管理については、第6章で詳細に解説する。

（3）見える担当別業務日程管理の確立

職場の年間行事、月の計画などをインプットに社員の担当別の業務予定と進捗状況が見えるようになっている職場を見かけることはほとんどない。

先に述べた年間の目標管理業務および日常管理業務を計画的かつ確実に実施していくためには、担当別の見える「業務日程管理表」を作成して、VMボードなどに貼り出し、日々進捗管理を行う。そして、遅れた場合には原因を追究して処置、対策を実施して、計画どおりに業務を遂行していくことが必要である。朝礼や職場のミーティングも、VMボード前で担当別業務日程管理表を用いて行う。その結果、担当者間の業務の平準化と多能化、業務改善が進むことによって残業時間の削減や業務工数削減を図ることができ、付加価値向上につなげでいける。

（4）見えるプロセス管理（KPI、KGI）の確立

経営者や上級管理者が最も関心のあるテーマである。したがって、業績を表す管理指標の目標値

図表4　管理レベルと改善レベルのスパイラルアップ

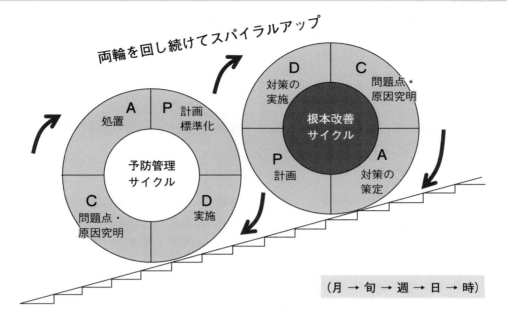

図表5　VMの実施ポイント

(1) 見える方針・目標管理制度の確立
　方針・目標・計画（P）と実施状況（D）、問題点・原因（C）、処置・対策（A）をひと目で見えるようにすること

(2) 見える日常管理業務の確立
　職場（部・課など）における日常の管理業務の計画（P）と進捗状況および問題点、原因（D＆C）とその処置や対策（A）が見えるようにすること

(3) 見える担当別業務日程管理の確立
　職場（部・課など）の年間・月間の行事予定、各人の月間・週間・本日の業務予定（P）と実績（D）、および進捗状況、問題点（C）とその処置や対策（A）などを見えるようにすること

(4) 見えるプロセス管理（KPI、KGI）の確立
　管理・改善活動の成果を表す管理指標の目標値と実績値、達成状況を見えるようにすること

(5) 見える根本改善サイクル（CAPD）を確実に回す
　見える管理業務は予防管理サイクル（PDCA）を回し、管理水準を維持するとともに、繰り返し発生している問題やさらに高い管理水準にしていくために、根本改善サイクル（CAPD）を確実に回すこと。
　VMを導入しても、根本改善サイクルであるCAPDを回さないと、本質的には良くならない

と実績値が、いつでも見たいときにひと目で見られるようにしておくことが必要である。また、職場の誰でもが見られるようにしておくことによ
り、自分の日々の管理・改善活動の結果が会社の業績にどう反映されたのか知ることができ、動機づけにつながる。

（小坂　信之）

2 VMの基本導入手順とポイント

POINT

● 会社の発展や成長のために、部門と管理・監督・担当者の重要な役割・使命を明らかにして、VM対象管理業務を選定すること

VMの基本導入手順

生産現場のVMは、目で見る管理のチェックリストで工程管理／品質管理／作業管理／現品管理／設備・治工具管理の大項目別に評価して、重要かつ優先順の高いところからVM（目で見る管理）を導入していく。一方、役割・使命も多岐にわたる営業、設計・開発などを含む管理・間接部門のVMは、**図表1**の手順で進めることが肝要である。

手順1：部門の役割・使命の明確化

最初に、会社の発展や業績の向上などを実現していくために、その部門である部、課の果たすべき役割・使命を明らかにする。**図表2の1**のように最大でも5項目とし、職務分掌のように多くの役割・使命を列挙するのではなく、会社の発展や成長にとって重要な役割・使命を明らかにする。

手順2：管理・監督・担当者の役割・使命の明確化

次に、その部門の役割・使命を実現していくために、各階層の管理・監督・担当者は何をすべきであるのか、トップや上司から何を期待されているかを認識するために、管理・監督・担当者一人ひとりの役割・使命を明らかにする（図表2の2）。

なお、部門と管理・監督者の役割・使命については、トップや上司の経営方針や目標、および会社の経営状況や取り巻く環境などを考慮し、関係者と十分話し合いながら全体最適の視点に立って明確化することが必要である。同様に、担当者は上長とキャッチボールして役割・使命に対する認識を深めていく。

手順3：VM対象管理業務の選定

上記の役割・使命が決まったならば、その役割・使命を果たすためにはどのような管理業務をしなければならないのかを明確にする。

次に、管理業務の中で、VMの対象とする管理業務を選定する。すなわち、すべての管理業務をVM対象管理業務にする必要はなく、業績に影響を及ぼす重点業務、目標管理のテーマになっている業務など、VMで管理することにより効果を期待する業務をVM対象管理業務として選定すればよい。

手順4：管理基準の設定

管理業務を選定したならば、管理業務ごとに管理基準として管理指標、管理単位、管理サイクルを決定する。管理指標とは、数値目標を設定して管理する場合の指標となるものであり、金額、％、時間、件数などで示される。管理単位とは、管理対象の単位のことであり、全社、部門別、事

図表1　管理・間接部門におけるVMの基本導入手順

手順1	職場の役割・使命の明確化	
手順2	管理・監督・担当者の役割・使命の明確化	VM対象管理業務選定資料（図表2）
手順3	VM対象管理業務の選定	
手順4	管理基準の設定	
手順5	VM道具立ての設計・製作・設置	図表3
手順6	運用ルールの設計	図表4
手順7	VMによる管理業務の実施	図表5

4 マネジメントのビジュアル化を実現するVM

図表2　VM対象管理業務選定資料の例

VM対象管理業務選定資料

部門：品質管理部

承認	確認	作成

1. 職場の役割・使命

品質こそわが命　顧客満足度を高め信頼されるパートナーになる
(1) お客様に認められる高品質・モノづくりの実践　→　性能直行率99.9%の維持継続
(2) さらに高い品質水準を実現するために品質改善に取り組む　→　品質改善件数1件/月
(3) 発生したクレームに対して迅速に原因究明し、再発防止を図る　→　再発クレームゼロ件
(4) 仕損費率（仕損費/付加価値）を達成するために要因解析、対策立案、効果確認までフォローする
(5) 日常のパトロールや監査を通じて、品質問題による機会損失を防止し、収益の向上に貢献する

2.管理・監督・担当者の役割・使命と管理業務名

管理・監督者名	役割 → 使命	管理業務名（業務コード）
部長○○○○	(1) 製品品質の維持・向上のために、 　→内部監査の結果をレビューし、品質問題の根本改善に取り組む	品質水準管理（7-2-2） 内部監査（1-9-2）
	(2) 重要品質問題に対する統括的な進捗管理と部門横断的な課題を解決するために、 　→要因解析のレビュー、部門に対する調整・指示・フォローアップを行う	重要品質問題対策管理（7-7-3）
	(3) 顧客クレームを低減し、再発クレームはゼロを実現して、信頼を高めるために、 　→お宝台（さらし台）とVMボードでレビューとコーチングする	クレーム管理（7-7-2）
課長○○○○	(1) 新製品の不良を低減するために、 　→立ち上げ時に必要な管理項目を明らかにし、遵守させる	初物品質管理（7-4-1,4）
	(2) 製品品質の維持向上のために、 　→品質維持・改善手法の標準化を進め、関連部署・担当者に周知徹底・教育を行う	品質標準管理（7-9-5）
	(3) 仕損費を低減するために、 　→目標管理表による管理と、お宝台＆お宝ボードでレビューとコーチングを行う	目標管理（1-2-4）
担当○○○○	(1) さらに高い品質水準を実現するために、 　→品質改善テーマの現状把握として日常管理項目の集計、分析、立案を行う	量産品質改善（6-5-1）
	(2) 製造課の仕損費率目標を達成するために、 　→品管スタッフとして、計画、要因解析、効果確認をリードする	スタッフ支援活動管理（7-10-1）

3. 管理業務別管理基準・道具立て一覧

No.	管理業務	管理指標	管理単位	管理サイクル	VM道具立て 道具立て	管理担当者	道具
1	品質水準管理	性能直行率	事業所別/課別	月/半期	お宝台＆お宝ボード	係長	D
		監査指摘実施率	事業所別	半期	VM総合ボード	部長	A
		品質改善件数	事業所別/課別	月/半期	VMボード	課長	
2	重要品質問題対策管理	根本対策実施率 （根本対策/問題点）	課別/ライン別	月/半期	生産管理板	係長	C
3	クレーム管理	クレーム発生件数	事業所別	月/半期	VMボード	課長	A
		クレーム再発件数	事業所別				
		クレーム損失金額	事業所別/機種別				
		クレーム対応日数	事業所別/課別	都度			

（注）VM道具立ての道具欄には下記の道具の種類を選択して記号を記入すること。
A：VMボード　　B：ホワイトボード、黒板　　C：生産管理板　　D：お宝台＆お宝ボード（不良さらし台と品質管理板）
D：クリアケース　E：書類保管ボックス　　F：その他（　　　　　）　　　　掲示期限　次回更新まで

業所別、担当別、製品別、ライン別、工程別、機械設備別、取引先別などを指す。管理サイクルとはそれを回す間隔のことで、時間、日、週、旬、月などであり、管理サイクルが短ければ短いほど予防的管理を行うことができる。なお、各部門の管理業務別管理基準については、図表2の3「管理業務別管理基準・道具立て一覧」に取りまとめる。

手順5：VMの道具立ての設計、製作、設置

（1）VMの道具立て

管理業務に関するVMの道具立てとしては、**図表3**のようなボード（掲示板、白板）を設置して図、表、グラフなどの資料を掲示するか、ボードにフォーマットを用意してそこに直接書くようにする。その他の道具立てとしては、担当別「業務日程管理表」を入れるクリアケース、進度管理や納期管理に使われるボックスや進度管理板などがよい。

（2）VMボードの設計、製作、設置のポイント

VMボードを設計、製作、設置するにあたっては、VMボードの最大の目的は「管理者がマネジメントの道具として活用する」ことである。したがって、VMボードに掲示される内容を見る人が容易に読め、理解できるようになっていることが必要条件である。そのためには見る人の立場に立って、以下に示す工夫と配慮が必要である。

①字は可能な限り大きく、字数は多くしない

②できるだけ図式化、グラフ化し、考察を追記

③色や記号やマークを使って、順調／異常や問題点がひと目でわかるようにする

④業務の流れ、因果関係に配慮し、テーマ別、管理項目別、PDCA別などに分類した見やすく、わかりやすいレイアウトにして、マネジメントがやりやすいように工夫する。

設置場所については、人が集まってその前で打ち合わせできるような場所に設置する。

手順6：運用ルールの設計

VMの道具立てを正しく運用するためには、管理業務、管理指標（時には目標、KPI、KGIとなる）、5W1Hを盛り込んだ**図表4**のような運用ルールを作成して、道具立ての側に掲示することが必要である（第5章1項の図表5に運用例を紹介）。

手順7：VMによる管理業務の実施

VMによる管理業務を実施し、成功させるためのポイントは以下のとおりである。

（1）経営者・管理者は、率先してVMボードなどの道具立てを活用してマネジメントを行う

VMが成功するかどうかは、経営者・管理者次第である。立派なボードをつくっても経営者や直属の管理者が活用せず、従来どおり会議室での会議を中心としたマネジメントを行う限り、VMによるマネジメントを実施、定着させることは不可能である。したがって、経営者・管理者は**図表5**に書かれているVMボードによるマネジメントの利点と、VMはマネジメントのやり方を根底から変えていくことを十分理解して、VMを実施することが良い結果となる。

（2）PDCAのレビューとコーチングを実施する

PDCAを的確に回すとともに、PDCAのレビューとコーチングを経営者・管理者が行って、内容の質的なレベルアップを図ることが大事である。管理サイクルにもよるが、VMが定着できるかどうかは、開始してから3日が勝負である。3日以内に経営者・管理者が関心を示して、VMボードの前でレビューとコーチングを実施することが肝要である。

（3）業績の向上に結び付ける

管理指標（KPI、KGIを含む）の実績値をつかんで目標値と対比し、達成率を高める。最終的には原価低減と収益増大を図ることがVMの最大の狙いである。また、VMで目標を達成し、時には失敗も肥やしにして、VMで役割・使命を果たすような成功体験を積み重ねることで、管理・監督・担当者も成長していく。

次項では、VMの進め方として「サスティナブルな収益向上ができるVMによる収益管理」を紹介する。予算実績管理もマネジメントからVMで実施することによって差異理由が明らかになり、その対策にエネルギーが注がれ、劇的に達成率が向上する。また、本章4項では、不確実性の時代におけるVMによる中期経営計画・人事戦略を紹介する。　　　　　　　　　　（小坂 信之）

図表3　VMボード（道具立て）のサンプル

図表4　運用ルールの例

選定した 管理業務	道具立て：お宝台＆ボード		管理単位：職場別
	管理項目：品質管理		管理サイクル：直
運用ルール（原則：5W1H）			
目　的	不良を低減するため、不良が発生した都度、原因を追究し、根本対策を取ることを目で見る管理で実現する		
目　標	不良率1％以下（前期3％）		
実　施	不良発見時にラインを止め、作業者は不良現品票を起票し、現品に添付してお宝台に置く。そして、ライン別機械別の実績表に不良数を記入する		
色	材料起因＝黒　　自責＝赤		
対策会	対策会（15：00〜15：20）を開催し、根本対策管理表でCAPDサイクルを回す。 メンバー：課長、係長、主任、指導員 対策内容、結果はお宝ボードに展開する		
責　任	対策責任は課長、実施責任は主任とする		
変更履歴	制定20XX年11月1日　　最新変更20YY年5月20日 作成：桐畑　　　確認：山内　　　承認：藤田		

図表5　VMボードによるマネジメントの利点

(1) トータル・マネジメントの実現
　◇過去、現在、将来におけるマネジメントの概要が容易に見える
　◇マネジメント全体や業務の相関関係と因果関係が容易に見える

(2) プロセス・マネジメントの実現
　◇仕事のプロセス、特にPDCAが容易に見え、レビューとコーチングを行って内容の質的レベルアップを図ることができる
　◇目標管理プロセスでは目標の達成状況や異常、問題点、重点課題が容易に見える

(3) リアルタイム・マネジメントの実現
　◇総合的視点から、重点課題別の迅速で的確なマネジメントを行うことができる

VMでマネジメントのやり方を根底から変え、マネジメントの神髄に到達する！

3 VMの進め方1：サスティナブルな収益向上ができるVMによる収益管理編

POINT

● 損益計算書上での収益の問題点と各職場で発生している問題点を連鎖させ、継続的に改善を実施することで、サスティナブルな収益向上を実現する組織にする

VMによる収益管理とは

VMによる収益管理（収益VM）とは、企業の改善成果を収益に直結して管理できるようにした見える管理とマネジメントの手法である。すなわち、損益計算書上での収益の問題点と各職場で発生している問題点を連鎖させ、収益性改善のために何を管理し、どのような対策を取るべきかをVMボード上で見えるようにし、全社員が関連部門とコミュニケーションを取りながら、確実に迅速にPDCA & CAPDのサイクルを回すことである。VMによる収益管理の概念図を**図表1**に示す。

収益管理の問題点

（1）収益改善活動の成果が収益に結びついているか把握できていない

多くの企業において収益改善活動を日常的に実施しているが、その成果がどのように収益に結びついているのか、特に経営者が普段気にしている経営指標がどのテーマに関係し、その成果がどのように経営指標に結びついているのかを把握できていないのが実情である。また、損益計算書や製造原価報告書において、収益を圧迫している科目はわかるが、具体的にどの部門のどの内容が悪いのかを把握するのに時間がかかっている。

（2）経営者が収益改善活動に関心を示していない

改善成果や悪さの原因が収益と結びついていないため、経営者が収益改善活動に関心を示さなくなり、上手くいかなくなるケースも見受けられる。一方、改善を進めていく管理者・監督者や従業員も今一歩真剣みに欠けることが多く、改善意

欲が減退してしまうことがある。

（3）予算・決算会議に時間がかかっている

予算・決算会議は、多くの資料を参加者に配布し多くの時間をかけている割には、その場しのぎの報告が多く、対策も処置止まりであり、収益管理も事後的なやり方である。

収益VMの目的

上記の問題点を解決し、経営者、管理者、監督者、担当者が一丸となってベクトルを合わせながら収益改善活動を展開していくために、収益VMの仕組みを確立して実施することが重要であり、以下が収益VMの目的となる。

（1）予算達成

収益改善活動の成果と収益を結びつけて、それを見えるようにして管理することで、直接的に予算達成のための活動を行い、予算を達成する。

（2）PDCA & CAPDを回す

月次の予算・決算会議は収益管理VMボード前で行い、効率化を図る。各部門のVMボードでPDCAを回して問題点を事前に把握し、収益管理VMボードで根本改善サイクル（CAPD）を回す、すなわち問題点の理由を確認して、取るべき対策を決め、実行する。

収益VMの特色

（1）現場の問題点と損益計算書上の課題を連携させて収益改善活動に取り組める

例えば、ムダな歩行や運搬は労務費を肥大化させ、不良をつくってしまうと材料費や労務費が増

4 マネジメントのビジュアル化を実現するVM

図表1 VMによる収益管理の概念図

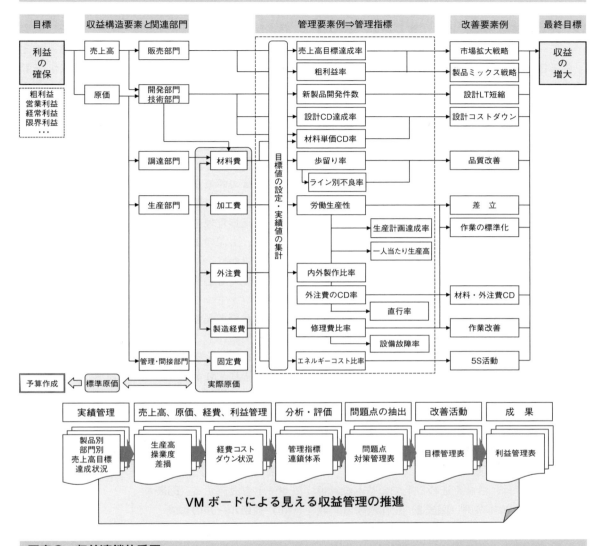

図表2 収益連鎖体系図

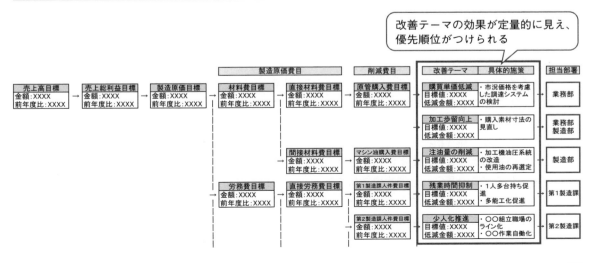

加する。これらを増加させないような改善を行う。

(2) 収益連鎖体系図により、取り組むべき改善テーマと優先順位が明確になる

各科目に関する改善テーマが明確になることに加え、それらの目標値や効果金額が定量的に見えるため、優先順位も明確になる。

(3) 従業員全員のコストや損益に対する意識が高まる

現場レベルの取り組みや活動を経営に直結させる仕組みができるため、全従業員が企業の損益に対する意識を持つようになる。

収益VMの推進手順

(1) 現状把握

収益VMを導入するにあたって、自社の状況を事前に把握しておく。例えば、営業利益目標とその設定根拠が明確になっているか、営業利益目標の基準となる売上予算、各費目予算は明確になっているか、各費目予算を達成するために改善すべき課題、改善テーマは明確になっているか、予算未達成に対する挽回策は定期的に検討されているか、などを把握する。その中で不十分な点を明確にし、手順(2)以降で整備していく。

(2) 収益連鎖体系図の作成

収益VMでは、活動を進める上での基本設計書として収益連鎖体系図（**図表2**）を作成する。収益連鎖体系図の作成では、以下に留意する。

○損益計算書上の各損益科目を展開・連鎖させるための管理単位（切り口：損益科目別、製品別、拠点別、部門別、活動別など）を明確にする。

○各職場で発生したムダや問題点の分析・抽出結果を参考に、各損益科目に関連する改善テーマと目標値を設定する。

(3) 収益VMで管理する経営指標の選定

収益連鎖体系図をもとに、全社で管理すべき経営指標を選定する。経営指標は、経営者が普段から気にしている指標を5つ程度選定し、これらに関する科目を各職場で選定し、週次で数値を追っていく。予算達成状況や関連する改善テーマの目標達成状況や計画実施状況をVMボード上で見えるように管理していく。

(4) 収益VMの道具立ての設計・製作

収益VMの道具立てとしては、前出の収益連鎖体系図をVM管理用にアレンジしたものと、経営指標の数値を管理する帳票が必要になる。加えて、経営指標の予算達成状況が悪いときや、予算達成に関連する改善テーマの実行計画に遅れが生じたときの対策管理表も必要になる。

経営指標の数値を管理する帳票として、収益管理表を活用する。収益管理表とは、差異、異常の損益科目がひと目でわかり、その原因がわかり、当月以降の対策が確認でき、妥当性や別の対策についてレビューとコーチングを行い、その対策に対する進捗管理を行う表である（**図表3**）。

また、上記のような経営層中心に管理する道具立てのほかに、これらと連動して各部門で管理する道具立ても必要になる。経営指標に関係し、各部門でコントロールできる損益科目を選定し、部門別収益管理表を活用して、週次で予算と実績の差異を明確にし、PDCAを回していく。

(5) VMボードのレイアウト設計・設置

収益管理VMボードは、(4)で述べた収益連鎖体系図のVM管理版、収益管理表、未達対策管理表などを見やすいように配置する。各部門のVMボードと連動してCAPDを回すようにする。

VMボードのレイアウト設計が終わったら、関係者が集まってミーティングできる場所にVMボードを設置する（**図表4**）。

(6) 運用ルールの作成

収益管理VMボードの運用ルールとして、各管理指標の目標達成状況、未達時の問題点とその対策状況、進捗が思わしくないときの挽回策などについて、誰が、いつ、VMボード前でミーティング（予算・決算会議）を行うのか、そのために各帳票をどのようなタイミングで更新するのかなどをルール化して、VMボードに掲示する。

(7) 収益VMによる改善活動の実施

予算の達成度が低い経営指標と関連する改善テーマを中心に、各部門のVMボードで重点的なレビュー会を行う。レビュー会では、関連部門の各担当者が一同に会し、課題の実施確認、方策検討、担当・期限決めなどを行う。これらを継続的に実施し、改善していくことでサスティナブルな収益向上を実現する組織となっていく。　（伊東 辰浩）

4 マネジメントのビジュアル化を実現するVM

図表3 収益管理表

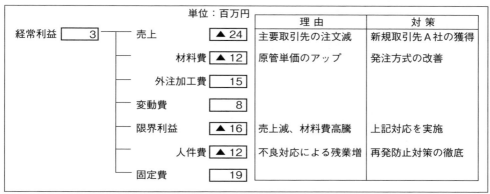

※ 数値は利益よりマイナス方向の場合に▲をつける

図表4 収益管理VMボード

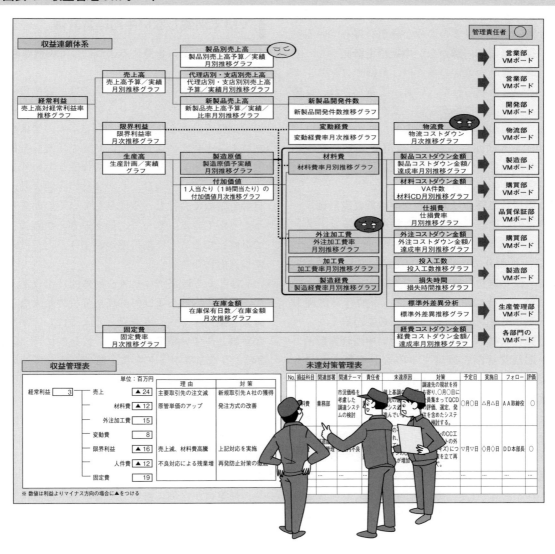

4 VMの進め方２：迅速かつ確実化する 中期経営計画・人事戦略編

POINT

● VMで消滅しない中期経営計画を策定・運用し、計画に連鎖した人事戦略から採用・育成を実施する

現状の中期経営計画の課題

不確実性の時代の中で、時代を先読みし、あらかじめ対応するために中期経営計画策定の必要性が高まっている。しかし、多くの企業では中期経営計画について以下のような課題を持っている。

(1) 従業員に納得感がない中期経営計画

中期経営計画策定の多くは、幹部やコンサルタントといった限られた人によって策定され、従業員にとっては納得感がない。また、策定されても周知の機会がなく、浸透しない。このような計画ではPDCAは回らず、次第に消滅してしまうため、会社の将来像である中期経営計画は全員参画で策定する必要がある

(2) 策定して終わりの回らない中期経営計画

多くの中期経営計画は、経営者のコミットメントにもよるが、立案し（Plan）、一部実施して（Do）、終わり（Finish）のPDFと揶揄されるように、振り返りの機会が少なく、PDCAが回っていない。変化の激しい時代に、中期経営計画もしっかりアップデートしていく必要がある。

(3) 実行人材不在の実現性が低い中期経営計画

中期経営計画を策定するのも、実行するのも「人」である。しかし、人材不足が常態化する中でそれを推進し、成果が上げられる人材はほんのひと握りである。そのような人的リソースを想定しない中期経営計画は、絵に描いた餅になってしまう。人材をどのように確保して推進するのかを考慮に入れて、中期経営計画を展開することが求められる。

こうした課題を解決するための手段として、VMを活用することが極めて効果的である。VMによる中期経営計画の進め方の概念図は**図表1**のとおりだが、その具体的な進め方について、以下に説明する。

VMで消滅しない中期経営計画

(1) 策定プロセスを見えるようにして納得感を高める

中期経営計画の策定プロセスでは、従業員のエンゲージメントを低下させないために、策定済みの中期経営計画を決定事項として示すのではなくプロセスを見えるようにし、VMで従業員全員が参画するマネジメントを行って作成していく。そうすることで、一人ひとりが会社の課題を考え、自身も含めて会社とどう成長していくのかを考えることができる。そして、個々の考えが議論されて計画になることで納得感が高まり、実行段階での推進力になる。

VMによる策定プロセスを具体的に言うと、まず、自社の内部および外部環境分析の結果など、計画立案のインプットを見えるようにし、従業員が参画しやすい環境をつくる。具体的には、**図表2**のようなVMボードを食堂前のような多くの従業員が集まる場所に設置し、情報共有と意見出しができるようにする。

次に、それぞれの立場や考え方から、社内外の課題や当社が取るべき戦略、戦術、アクションプランに関する意見やアイデアを引き出す。部署長がVMボードの前でミーティングを行って集めたり、従業員が付箋に書いてVMボードに直接貼り付けたりするとよい。最後に、これらを中期経営計画のインプットとして幹部会などで検討し、取

4 マネジメントのビジュアル化を実現するVM

図表1　VMによる中期経営計画の進め方の概念

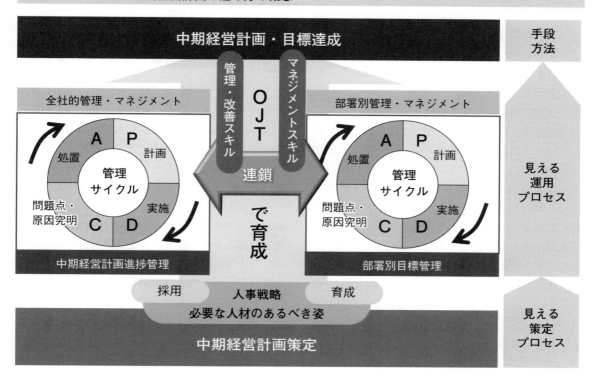

図表2　中期経営計画策定VMボード

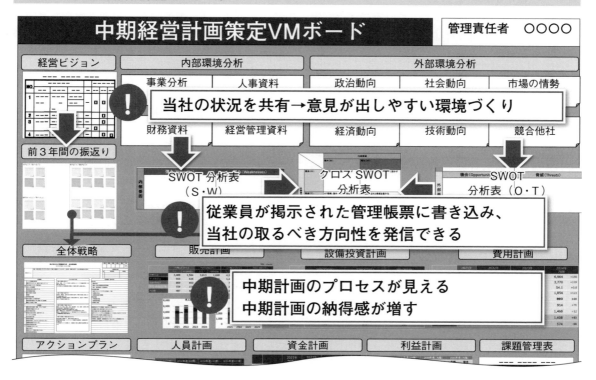

捨選択する。重要なのは、集めた意見をどのように扱い、結果としての幹部会の決定事項をVMボードに反映して、従業員を巻き込んだ策定マネジメントを行うことである。このようにして、中期経営計画に対する従業員の納得感を高めることで、実行度が高まる。

(2) 確実に実行管理する体制と仕組み

中期経営計画の運用プロセスでは、PDCAを確実に回し、達成までやり切るために、見えない中期経営計画の進捗管理をVMで見えるようにして実施する（**図表3**）。なぜなら、進捗の遅れなど異常・問題点が見えるようになるため、それに迅速に対応するマネジメントができるようになり、達成度が向上するからである。また、従業員へ浸透し、実行度が高まるからである。

VMによる運用プロセスでは、まず、本章2項の「VMの基本導入手順」で説明している役割・使命に基づき、策定した中期経営計画のアクションプランを各職場へ展開する。アクションプランは、部署の目標にして中期経営計画を身近にすることで、中期経営計画とその役割の浸透および達成の責任感を持たせる。

次に、展開された目標をVMで進捗管理する。進捗管理は、中期経営計画の3～5年後の目標と当期の半期～通期の目標をそれぞれ管理する。中期の目標は、四半期または長くて半期ごとに、計画に対する実績を評価する。VMで進捗管理が見えると、計画と実績差がひと目で見えるので遅れに早く気づくため、効果的に計画の追加や修正などの遅れを取り戻すマネジメントができて達成度が高まる。当期の目標は、第5章にあるVMによる方針・目標管理で進める。VMは、中期経営計画から展開された目標が連鎖して見え、問題の因果関係がひと目でわかるため、遅れの真因にピンポイントで処置・対策を取ることができる。結果的に、質とスピードの両面で効率的なマネジメントができるのである。

また、中期の計画では、期間中に市場動向や法規制、同業他社や顧客動向などの環境変化が想定される。そのため、策定プロセスではこのような変化に慌てることがないよう、自社に影響を及ぼす変化を定義し、計画の変更が必要な程度（例えば、売上が10％以上低下したときなど）を明確

にしておいて、その場合の対応方法をあらかじめ決めておくことも重要である。

VMで中期経営計画と連鎖した人事戦略

ここまでVMによる中期経営計画の策定と運用の進め方を説明したが、計画を達成するためにはトップに共感し、ともに歩む人材を発掘、育成する必要がある。そのためには、中期経営計画に連鎖した人事戦略を立案し、中期経営計画を達成するために、どんなスキルや経験を持つ人材が必要かを定義することが重要である。これをもとに、採用および育成でそれぞれ何名ずつ確保するのか人員計画を立て、役割・使命に基づき、担当部署へ採用と育成にそれぞれ展開する。このように、中期経営計画から人事戦略、部署の目標に展開して人材確保を進める。

(1) 採用

採用は、定義した必要な人材の採用人数を到達目標にし、達成するための計画を立案する。例えば、「学生の目に留まるホームページにリニューアル」や「訪問する高校のエリア拡大」といった手段目標と行動計画を立案し、PDCAをVMで回す。採用人数の予実差から、人事部門と人材を希望する部署とでVMで計画の追加・修正の議論を行う。また、応募が増えた方法や、希望の人材が獲得できた手段は、標準化して次期の採用にも活用できるようにすることが重要である。

(2) 育成

育成は、定義した人材から、当該スキルや業務経験を積みたい人材を募集したり、素質のある人材を選定したりして育成計画を立案し、VMでPDCAを回していく。中期経営計画を達成するためには、特定の技能や経験を持つ人材だけでなく、計画を強力に推進するための管理・改善する力と、人を動かし成果を上げるマネジメント力を持ったリーダーの育成が欠かせない。VMはプロセスが見えるため、リーダー候補である管理・監督者は管理・改善がやりやすくなり、こうしたスキルのOJTができる（**図表4**）。経営幹部は、VMボードの前で事実を目の前に、管理・監督者のパフォーマンス、考え方、行動力、バイタリティーのレビューとコーチングがやりやすく、管

4 マネジメントのビジュアル化を実現するVM

図表3　中期経営計画運用VMボード

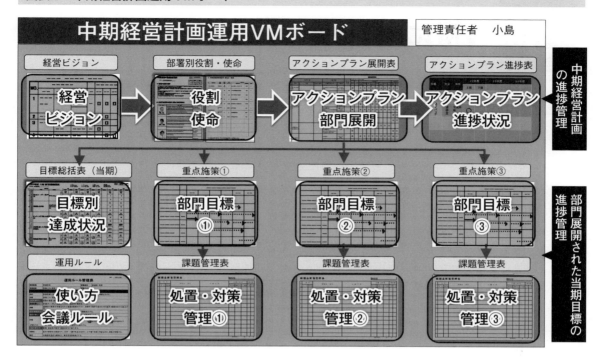

図表4　VMによるOJTのイメージ

理やマネジメントスキルの指導ができる。管理・監督者側も、自身の成長を実感できる点でもメリットが大きい。こうしたやり取りの中で人材を育成し、適材適所の人員配置を行いながら、人事戦略の効果確認を行っていくことが重要である。

(小島　康幸)

5 VMによる管理とマネジメントの要点

POINT

● 管理とマネジメントのやり方を、会議やPCマネジメントからVM手法に変えていくことで、管理とマネジメントのやり方を根底から変えていくVMの要点とは

ここまで管理・間接部門における管理とマネジメントについて説明してきたが、実効にかなう管理とマネジメントを実現するための要点として、マネジメント、リーダーシップの本質を確認し、その本質を実現する手法であるVMの要点について、以下に解説する。

期待されるマネジメント、リーダーシップとは

先述のとおり、マネジメントを簡単にとらえると「組織を動かし、成果を上げる」ことである。組織を動かすためには、リーダーシップが必要となる。戦後から高度成長期、失われた30年とも言われてきたバブル崩壊後の停滞期、現在は不確実性の時代となり、リーダーシップ論も大きく変わってきた。

高度成長期にはリーダーシップは才能でありスキルであると言われ、停滞期にはリーダーシップは変革を導き遂げる人、そして現在はさまざまなリーダーシップが論じられている。確実なことは、不確実性の時代にリーダーの経験・知識・視点だけでは乗り切れなくなっているので、メンバー全員の能力を結集して、ともに考え、最終的にはリーダーが決め、一人ひとりが活躍していくようなマネジメントが求められている。

そのマネジメントを実現するには、一人ひとりの能力を引き出すリーダーシップと価値創造の主役となる自己リーダーシップが期待されている。

そして、マネジメントの父であるP. F. ドラッカーは、その著書「経営者の条件」で、成果を上げる人に共通するのは能力や性格ではなく「習慣力」（ルーティーン）だと言っている。すなわち、VMで良いマネジメントのやり方を身に付け、習慣化することが要点である。

情報共有の大切さ

理念、方針・目標、中期経営計画など方向性を示す情報が職場のVMボードで共有され、PDCAを回すことによって情報共有に深みが増しているチームは、指示待ちから能動的な職場に変わっていく。そして、第2章で解説した仕事で必要なモノ・書類・データの5Sの実施により見える職場となり、第3章で解説したフォルダリングシステムが確立されると必要とする情報のありかがわかるので、いちいち担当者に聞かなくてもわかることで探すムダ、聞くムダが排除され、本来の仕事に専念し価値創造の時間に充てることができる。

いわゆるムダのない見える職場を実現する過程の中で、コミュニケーションが豊かになり、リーダーを信頼しメンバーも一人ひとりが活躍して、時間を大切にするようになり、付加価値を高めるための仕事に注力するようになる。

VMボードの活用五術

VM導入間もない企業や職場では、方針・目標管理および日常管理業務に関わる資料を貼り、一見すると形はできてきたと安心してしまい停滞しているボードを見かける。ボードの前でのレビューとコーチングがなされず消滅していくとなると、今まで準備してきたことがムダで終わる。このような残念な状況に陥らないためは、VM

ボードの5つの見方を理解し、設計・製作・活用していく必要がある。

中部産業連盟では、VM手法を開発し普及することでわが国の産業界の発展に寄与することを重要な使命とし、VMボードの設計・製作・活用にあたっては、「眺る、観る、診る、視る、看る」の5つの意味を持った「みる」があると考えている。図表1に5つの見方を示し、解説してみる。

(1) 眺る

この「眺る」には、驚きと感動を持って見るという意味がある。VMに本気になって真剣に取り組んでいる職場のVMボードは、見る人の立場に立って、見やすく理解しやすいように字の大きさ、色による識別、各種記号の活用、グラフ化、因果関係がわかるようなレイアウトなどによって工夫されている。思わず興味がわいて中身を見ようと、VMボードのすぐ前まで行きたくなるものである。これに対して、多くの企業では「見える化」と称してPCからアウトプットした見にくい資料を、何の考えも思想もなく貼り付けた掲示板を設置しているが、見てもよくわからないので誰も見ようとしないため、ムダで終わる可能性が高い。

(2) 観る

この「観る」は直属の管理者や経営者、関係者がVMボードの中身を観察する行為であり、レビューやコーチングはしない。

(3) 診る

この「診る」は、観察しながら、その職場の計画に対する実績、進捗状況、因果関係から、課題や問題点について管理・監督者と対話しながら明らかにする。

(4) 視る

これは監視の「視る」である。直属の管理者や経営者は、VMボードの中身を観察するだけでなく、レビューを徹底的に行って中身の質的向上を図る行為である。

(5) 看る

これは看護の「看る」である。直属の管理者や経営者は、VMボードの前で徹底的にレビューすると同時に、部下に対してその場でコーチングをする。すなわち、適切な指示、アドバイス、指導を行って、部下のマネジメント能力の向上を図り

図表1　VMボードの設計・製作・活用五術

眺る	・遠くから見ても見やすく、興味がわいて近くまで行きたくなる
観る	・ボードに近寄って**観察**する
診る	・ボードで課題、問題点を**診察**する
視る	・ボードの前で経営者・管理者（上司）がレビューする
看る	・ボードの前で経営者・管理者が部下にコーチングする

ながら、部下のマネジメントにおけるPDCAに必要な修正を加え、質的レベルアップを図っていくことである。

この五術は、職場の管理・監督者から担当者へ、担当者から担当者へVMボードでレビューとコーチングが繰り返されることで一人ひとりが活躍する職場となり、マネジメント能力が確実かつ飛躍的に高まる。

VMボードの設計・製作・設置上のポイント

VMボードを設計、製作、設置するにあたっては、前記の5つの意味を持った「見る」のうち、特に「眺る」「視る」「看る」が可能なVMボードをつくることが必要であり、そのためのポイントは次のとおりである。

(1) 管理者がマネジメントの道具として活用できる設計・製作

活用するためには、VMボードに掲示されている内容を見る人が容易に読め、理解できるようになっていることが必須条件である。そのためにはいくつかの工夫が必要である。

①字は可能な限り大きく、字数は多くしない

②できるだけ図式化、グラフ化する

③色や記号やマークを使って、順調と異常や問題点がひと目で識別できるようにする

④業務の流れ、因果関係に配慮し、テーマ別、管理目的別、PDCA別などに分類した見やすく、

わかりやすいレイアウトにして、マネジメントがやりやすいように工夫する

図表2は業務の流れに配慮した方針・目標管理と日常管理業務の目的別のVMボードのイメージである。

(2) 人が集まってその前で打ち合わせができるような場所に設置すること

VMボードが人通りの激しい通路際の壁や、前にモノが置かれていて近づくことができないような場所に設置されていると、活用されないまま掲示板になってしまう。

(3) VMディスプレイなど（PC）の留意点

デジタル技術の進展は目覚ましいものがある。管理とマネジメントの分野でも情報収集、データの積極的な活用を図る必要がある。特に離れた拠点とのコミュニケーション、マネジメントには効果的である。管理・間接部門では、1人1台のPCの環境が整い、第3章のフォルダリングシステムが確立され、PDCAすべてを回せるように改善、工夫を重ねれば可能となる。

VMボードをまるごとディスプレイに置き換えて、効果的に運用することは難しい。例えば、PDCAを回しきるためには、PAが誰でも容易にわかり、CAについてはホワイトボードに手書きで書き込むなど、デジタルの良さとVMの特色を融合させるなどの工夫が必要である。**図表3**にVMボードにVMディスプレイを設置した例を紹介する。

VMの神髄

ここまでVMボードの活用の観点から、VMボードの設計・製作・設置上のポイントを説明した。第4章のまとめとして、VMでしか成し得ないマネジメントのやり方を中部産業連盟では、**図表4**に示すようにVMの神髄と位置づけており、読者の方がVMの神髄を知り、その領域に達することを期待して、以下に紹介する。

(1) タイムマネジメント
　　(タイムマネジメント≠時間管理)

タイムマネジメントは時間だけの管理でなく、仕事のマネジメントである。求められているのは、組織の役割・使命を果たし、方針・目標を達成して成果を上げることである。

(2) プロセスマネジメント
　　(プロセスコントロール＝プロセス管理)

仕事のプロセス（仕事のやり方や過程・経過）のインプットとアウトプットを関係者の誰もが見えるようにして、プロセスのPDCAで見えるようにし、内容についてのレビューを徹底的に行って、インプットやプロセスに対する応急対策や根本対策を実施していく管理のやり方である。

(3) リアルマネジメント
　　(リアルタイムコントロール＝リアルタイム管理)

現地、現物で現実を前にして、タイムラグが発生しないうちに早めに応急対策や根本対策を実施していく管理のやり方である。このリアルマネジメントを管理・間接部門で実現するためには、ただでさえ見えないわからない職場と仕事を見えるようにしていくため、以下の実施が必須要件となる。

①仕事で必要なモノ・書類・データの5S

②仕事のビジュアル化を実現するフォルダリングシステム

(4) プリベンティブマネジメント
　　(プリベンティブコントロール＝予防的管理)

不具合な事態や悪い結果が生じる前に、早めに応急対策や根本対策を実施していく管理のやり方である。管理は予防と事後に区分され、不確実性の時代に求められるのは予防管理であり、全体最適でのマネジメントである。

(5) トータルマネジメント
　　(トータルコントロール＝総合的管理)

トータルマネジメントは、時間軸、関係性から次の2つの神髄に区分される。

①過去、現在、将来におけるマネジメントの概要

管理・間接部門における役割・使命は普遍的な役割・使命、目標であるケースが多い。したがって、VMボードで過去から現在に至る推移を見えるようにして、VMボードの前で意見交換しつつ将来を推察しながらメンバーで進むべき道、目標に対する現在の立ち位置を印し、確認し、関係者全員で未来に向かっていくことができる。

②総合的かつ重点志向

マネジメント全体、業務の相関関係と因果関係

4 マネジメントのビジュアル化を実現するVM

図表2　方針・目標管理と日常管理業務の目的別の例

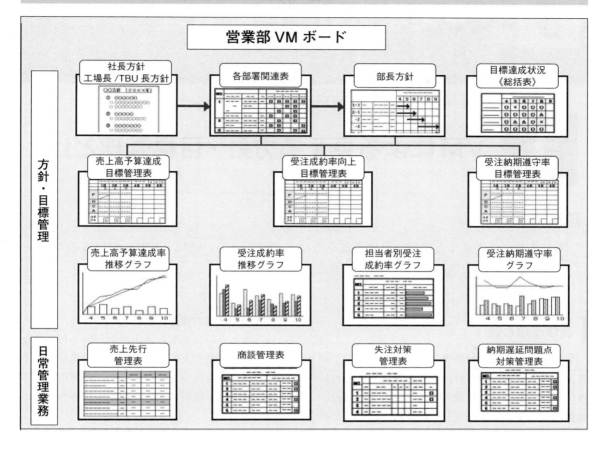

図表3　VMボードへのVMディスプレイ設置例

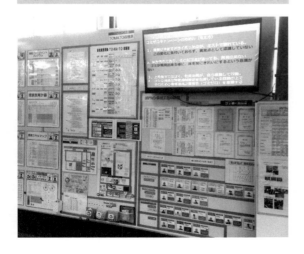

図表4　VMの神髄

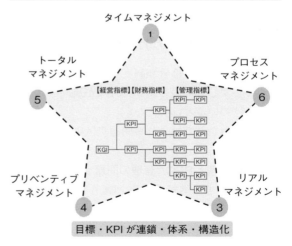

などを見て、総合的観点から重点かつ的確な応急対策や根本対策を実施していく管理のやり方である。重点課題についてリアルに因果関係を見て、相関関係をとらえて打ち出す対策は、確実に成果に結びつくようになる。　　　　　　（小坂 信之）

第5章 見える方針・目標管理

1 VMによる見える方針・目標管理とは

POINT

● VMボードで見える方針・目標管理を行うことによって、管理・監督・担当者のマネジメント能力と業績の向上が実現できる

目標管理とは

目標管理（方針・目標管理とも言う）とは、経営トップが年度経営方針・目標を設定し、それに基づいて各部門の各階層の管理・監督者が方針・目標を連鎖する形で設定し、最終的には個人レベルまで落とし込んで、PDCAの管理サイクルを回しながら目標を達成していくマネジメントのやり方である。

従来の目標管理の問題点

多くの企業で目標管理制度を導入し実施しているが、必ずしも計画どおりに目標が達成され、成果を上げているとは言えない。

そうした企業で見られる問題点は以下のとおりである。

(1) 進捗管理とPDCA管理の問題点

計画に対する進捗管理とPDCA管理が十分行われず、結果報告、発表のための目標管理となっている。

(2) レビューとコーチングの問題点

上司によるP（計画）D（実施結果）C（問題点・原因究明）A（処置・対策）に対するレビューとコーチングが適切かつ徹底的に行われていない。

(3) 方針・目標の連鎖の問題点

上下間で方針・目標の連鎖が十分図られていない。特に、業績向上に結びつく管理指標が連鎖する形で適切に設定されていないし、管理指標の目標値に対する実績値の達成管理が十分行われていない。

(4) 重点目標項目の選定に関する問題点

業績（収益）の向上に直接結びつかないテーマを、重点目標項目として数多く選定している企業の場合は、経営者や管理者の目標管理遂行に関する関心が弱くなりがちである。

(5) 目標管理業務と日常管理業務の遊離の問題点

目標管理業務と日常管理業務とが遊離しており、日常業務の多忙さが理由の一つになって十分な取り組みが実施されない。

従来の目標管理の問題点を述べてきたが、管理・間接部門における目標管理の難しさと課題でもある目標設定のあり方について、次項の「管理・間接部門における方針・目標管理の失敗のケースから学ぶ」にて解説する。

VMによる方針・目標管理とは

VMによる方針・目標管理とは、VMボードに方針・目標管理の書類をわかりやすく、見やすいレイアウトと表示方法で掲示し、その前で関係者

104

5 見える方針・目標管理

図表1 VMによる目標管理の展開

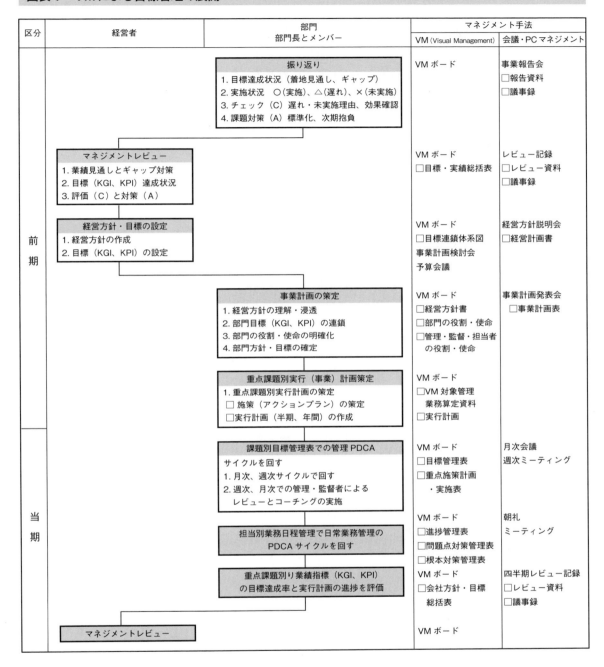

が内容のレビューを行いながら目標管理サイクルを回していく取り組みを言う。多くの企業で通常、目標管理の書類はファイルに綴じられるかパソコンの中に入っているケースが多いため、途中での実施状況のチェックやレビューが十分には実施されず、目標管理が効果的に行われていないケースが見受けられる。これに対して、VMによる目標管理を行うと、確実にチェックやレビューとコーチングがなされ、目標値の達成率が飛躍的に向上する。

VMによる目標管理の展開

VMによる目標管理の展開体系は、**図表1**のと

おりである。以下に説明を加える。

(1) 振り返りとマネジメント・レビューについて

経営方針・目標の設定の前に、前期において各部門の目標達成状況、実施状況、良かった点や問題点について振り返りを行い、挽回策を立てて実施した上でマネジメント・レビューを実施する。報告書などを新たに作成するのでなく、VMボードで振り返り、レビューすることが肝要である。

(2) 経営方針・目標の設定について

経営方針・目標と各部門の方針・目標については、各部門の振り返りとマネジメント・レビューの機会を用いて、VMボードの前で上下と横のキャッチボールを十分行いながら設定する。

(3) 方針・目標の連鎖体系の確立

経営方針・目標と各部門の方針・目標の連鎖体系を確立するために、実施課題（施策）の連鎖体系と、業績指標である管理指標（KPI※を含む）の目標値の連鎖体系を確立する。これによって、上下間の実施課題と業績指標の因果関係がひと目でわかるようになり、業績向上に直結した目標管理を行うことができる。

(4) 徹底的にレビューとコーチングの実施

月次および週次で、管理者によるレビューとコーチングを徹底的に実施するためには、誰でも見られるようにVMボードに資料を掲示し、PDCAを回していく。そのためにはPDCAが見えるようになっている必要があり、毎月のPDCAの内容、推移をひと目で見ることができる**図表2**のような「目標管理表」を使用する必要がある。

(5) 担当別業務日程管理でPDCAを回す

目標管理表の当初計画と追加・修正計画を担当者が確実に実施していくためには、担当別の業務日程計画（第6章2項参照）を作成して、目標管理における実施項目の計画を落とし込み、日々実績管理することが求められる。

VMボードによる目標管理実施の ポイント

VMボードによる目標管理実施のポイントは、

以下のとおりである。

(1) 方針・目標の連鎖をひと目でわかるようにすること

経営方針・目標と部門（部、課）の方針・目標の連鎖、そこから「課題別目標管理表」、「重点課題実行計画・実績」と「担当別業務日程管理表」への連鎖を色や番号、記号、矢印などでひと目でわかるようにする。

(2) 目標の達成状況をひと目でわかるようにすること

目標値に対する達成状況を「ニコニコ」「涙」「怒りマーク」などをつけることによってひと目でわかるようにする。

(3) 計画に対する進捗状況をひと目でわかるようにすること

実施計画（P）に対する実績（D）の進捗状況を○（予定どおり）、△（遅れ）、×（未実施）などの記号でひと目でわかるようにする。

(4) 計画の変更状況がひと目でわかるようにしてPDCAを回すこと

図表2のような目標管理表で当初計画を立てても、毎月状況が変化して新たな課題に対する対策が必要となる場合がある。そこで、その対策を実施するための計画については、計画の修正欄に記入するようにしてPDCAを回していく。

(5) VMボードの前でPDCAを回すこと

1カ月が終わった段階で、まとめて目標管理表のD欄、C欄、A欄、P欄に記入するやり方ではアクションが遅くなり、単なる事後報告になってしまう。VMボードの目標管理表を予防的なプロセスマネジメントの道具として活用するためには、実施した段階でできるだけリアルタイムに実績を記入してPDCAサイクルを回すことが必要である。

(6) VMボードを掲示板でなく管理板として有効に活用すること

VMボードを管理板、すなわち管理の道具として活用することが最も重要である。そのためには、経営者や管理者は定期的もしくは随時、目標管理の進捗状況、達成状況およびPDCAの中身

※ KPIとは、Key Performance Indicators の略で「業績評価指標」「業績管理指標」「重要成果指標」などと訳され、目標到達のための「プロセス（≒活動、過程、工程など）」が適切に運用されているかを計測する指標である

5 見える方針・目標管理

図表2　PDCAが見える目標管理表（例）

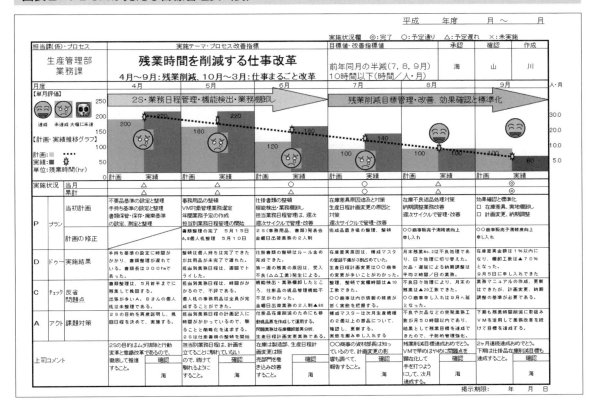

図表3　目標管理のVMボードの活用事例

に関してレビューを徹底的に実施して担当者に対するアドバイスと指示を行うことが求められる。また、部門の目標管理の報告、発表、打ち合わせは会議室でなくVMボードの前で行うようにすることも必要である。

図表3は、目標管理のVMボードの活用事例（扶桑工業株式会社）である。場所は食堂兼全体朝礼、グループ別昼礼などが行われる場所に設置されている。目標管理実施のポイントである連鎖は、色と番号でひと目でわかりようにしている。目標の達成状況は、社員の方になじみのあるトマト活動のオリジナルキャラクターをトマト完熟度のイメージで、赤が完熟（達成）、緑が未熟（未達成）でひと目でわかるようにし、完熟トマトを目指して見えるPDCAを回している。

また、実施の都度DCAを追記し、VMボードの前で昼礼を行い、上司と担当は毎週打ち合わせし、コミュニケーションを取りながらレビューとコーチングを実施している。なお、担当別業務日程管理は事務所で毎日PDCAを回している。

目標管理業務と日常管理業務の融合事例（品質管理編）

目標管理業務と日常業務管理の融合で、管理・間接部門の中で特に求められているのが品質管理部門である。顧客からのクレーム連絡、選別などの処置から再発防止策を中心とした報告書が求められる。真因追求が不十分で、ダブル、トリプルチェックでの流出防止策でその場を取り繕い、検査工数の増加が収益を圧迫し、体質を弱めてしまうケースを見てきた。このような状況下で目標管理業務よりも顧客クレーム対応が第一となり、目標管理業務は止まってしまうか遅れてしまう。

後追い的な日常から抜け出し、品質目標管理について品質管理部門と生産部門の現場のコラボレーションでVMを活用し、仕損費率を半減した事例を紹介する。事例企業は見える方針・目標管理、見える日常管理業務を導入して7年が経過し、全社の仕損費率も活動前の1.6％から1.0％に低下し、一定の効果は納められたがさらに0.8％にしていくことを目指していた。

以下にその取り組みを紹介する。

(1) 仕損費率目標が達成できていない

品質管理グループの問題点として見える方針・目標管理を導入し、低減傾向にあるものの目標達成はできていなかった。部門別には、良化傾向にある部門とさらに悪化している部門があった。特に、生産現場とのコミュニケーションが十分でない部門は仕損費率も高く、スタッフ支援活動も現場の都合で延期や中止が多く、実質活動停止状態の部門もあった。

(2) 品質管理スタッフ主導で目標を達成する

VM対象管理業務選定資料の見直しの際にトップから品質管理グループは、会計上の位置づけは間接部門であるが、「仕損費率0.8％の目標達成は、品質管理グループのリードで達成すること」との方針が示された。

(3) 低迷続く品質管理スタッフの支援活動

社長からも品質管理部門のスタッフがリードして、仕損費率の目標を達成するよう指示が出されたが、いくつかの部門では活動も十分でなく、仕損費率の目標値と実績値がさらに乖離していった。

(4) 品質管理グループの日常業務管理の改善

VM開始当時から定着していた担当別業務日程管理で、担当別にスタッフ支援の日と時間帯を計画に入れ、日々、実施状況、問題点、処置・対策を課長と確認していくようにした。部門によっては毎日15：05～15：20の15分間、お宝台＆お宝ボードで打ち合わせし、一緒になって原因追究したり、測定し傾向分析を支援したりするようになり、品管スタッフと現場の一体感が徐々に形成さ

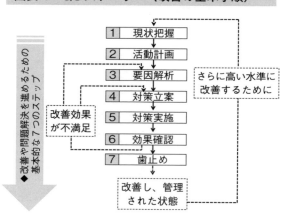

図表4　QCストーリー（改善の基本手順）

5 見える方針・目標管理

図表5　仕損費率半減を実現したお宝台＆お宝ボード

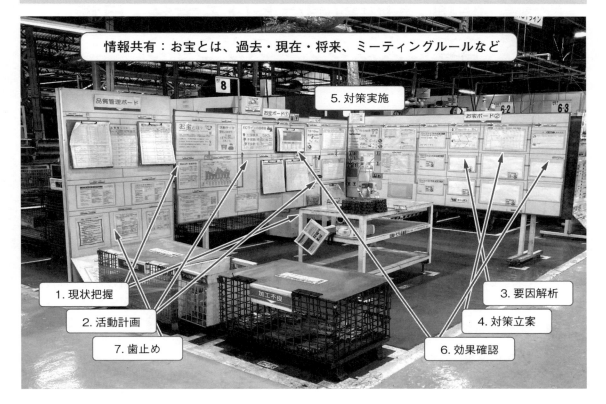

(5) 改善の基本手順であるQCストーリーに基づく勉強会、支援

品質管理スタッフと現場との融合はVMボードでのコミュニケーションなどで高まってきたが、仕損費率の低減には結びついていなかった。図表4に示すQCストーリーおよびQC的な考え方について、品質管理スタッフの理解は十分だったものの現場は不十分であった。当時の現場の状況は、仕損費率低減の重要性は十分認識し、いろいろな対策を実施するが効果に結びついていないところが散見され、要因解析が不十分で真因に対する対策が取られず、結果として効果を得られない状況であった。

そこで11月の品質管理月間で各品質管理スタッフが指導者になり、現場の担当部門の課長、係長、主任、担当に品質管理グループの標準テキストに現場の実情を反映した情報を追加して勉強会を開催し、特に要因解析の進め方に注力し、知識を深めた。

(6) お宝台＆ボードの刷新

お宝台＆お宝ボードの刷新はQCストーリーの3要因解析である。特性要因図＋主要因については、なぜなぜチャートで必ず真因の追求、検証を行うようにした。すると品質管理グループの課長、担当役員、時には社長がお宝台＆お宝ボードでレビューとコーチングを実施して真因を特定し、真因に対する対策を計画的に行っていった。

(7) 成果

11月の品質管理月間から翌年の3月までに品質管理スタッフ主導で、仕損費率達成のための重点テーマについて、最低1テーマをお宝台＆お宝ボードをQCストーリーに基づき回しきるように刷新した。その結果、3月度単月で仕損費率0.8％以内の目標を全社で初めて達成できた（図表5）。

今期は引き続き品質管理スタッフのリードで、効果が発現したテーマに対する標準化で維持・継続と、さらなる挑戦として不良ゼロの日の継続日数をさらに伸ばすための予防的管理に力を入れ、慢性不良の根本対策に取り組んでいる。

（小坂　信之）

2 管理・間接部門における方針・目標管理の失敗のケースから学ぶ

POINT

● 原則を知り、管理・間接部門の特性、失敗のケースから目標設定の要諦をつかみ、反映することで、実効にかなう目標管理が実現できる

管理・間接部門の目標管理は、部門目標値の設定に難しさがあり、効果が上がらず、形だけの管理で定着せずに失敗しているケースもある。それらを解きほぐして、実効にかなう方針・目標管理について探求していきたい。

目標の種類と3要素

図表1に目標の種類と階層を示す。本書のVMの目標管理は、個人目標を除いて全社目標、部門目標、グループ目標を対象としている。個人目標管理は人事制度と連動して個人の評価や処遇に至る場合が多く、見える管理・マネジメントの対象とする必要はない。

図表2に目標の3要素とプロセス、KPIとの関係を図示して解説する。目標テーマを設定する際は、「何を」「どれだけ」「いつまでに」の3要素を入れて設定する必要がある。そして、「何を」はプロセスに対する指標として、プロセスの管理指標の中でも重要な指標がKPIとなる。そして、「どれだけ」は到達目標でKGI（Key Goal Indicators）とも言われている。

プロセスとKPI、KGIとは

KPIとはKey Performance Indicators の略で「業績評価指標」「業績管理指標」「重要成果指標」などと訳され、目標到達のための「プロセス（≒活動、過程、工程など）」が適切に運用されているかを計測する指標である。

KPIを活用すると目標達成などの成果獲得、組織としてのマネジメント力、組織・人材の育成な

どの効果が期待できる。

ところで、営業部門や製造部門など直接部門については売上、利益、QCDに関する管理指標から選べばよく、非常に設定しやすい。課題となるのは、設計開発、総合企画を含む管理・間接部門の目標、KPIをどのように設定するかが管理・間接部門の目標管理の成否を左右すると言っても過言ではない。目標値の設定でPDCAのスタートであるPが目指すところ、また、そのプロセスが重要で的を射た指標でなければ、後のDCAは成り行きとなってしまうからである。

目標設定の5大原則を知る

KPI、KGIを含む目標設定の5大原則は以下のとおりであり、管理・間接部門におけるポイントについて解説を加える。

①S（Specific）：具体的であること
②M（Measurable）：計測可能であること
③A（Achievable）：達成不可能でない水準であること
④R（Relevant）：自部門の責任と権限の範囲内で管理可能であること
⑤T（Time-based）：達成期限が明確になっていること

管理・間接部門は、プロセスが多岐にわたり、プロセスである仕事が人についてしまっているようないわゆる属人化している場合もある。その中で、Sの具体的であることは、「プロセスのインプット・アウトプット」をプロセスチャートで明らかにし、その良し悪しについての管理指標を選定する。Mである「計測可能である」とは、定量

5 見える方針・目標管理

図表1　目標の種類と階層

目標の種類	階　層	レベル	展開とウエイト
全社目標	トップマネジメント	・未来の目標 ・革新目標	・トップダウン ・戦略的
部門目標 （部・課・営業所）	ミドルマネジメント	・明日の目標 ・改革的目標	
グループ目標	グループリーダーマネジメント	・本日の目標 ・改善目標	・戦術的
個人目標	担当マネジメント	・自己変革目標	・ボトムアップ

図表2　目標の3要素とプロセス、KPI

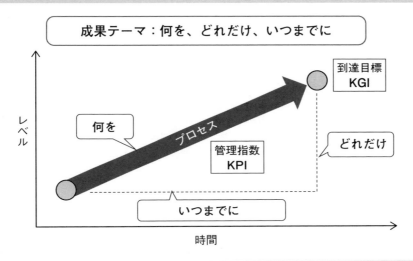

図表3　目標の意義

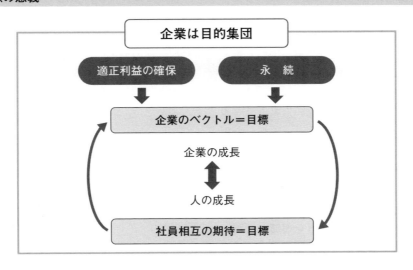

的にデータで計画、目標値に対する実績値が比較できなくてはならない。Aの「達成不可能でない水準」とは、実施計画の期待効果から、また過去から継続して設定されている場合は、過去からの推移と期待効果の比較で確認することができる。考え方としては、最大限努力すれば達成できる水準となる。Rは「自助努力が及ぶ範囲」で目標設定する原則である。そして、Tは3要素の「いつまで」（達成期限）を明らかにする必要がある。

次に管理・間接部門で難しい定量目標の設定方法について、説明する。

管理・間接部門における定量目標の設定方法

管理・間接部門の定量目標の設定を説明する前に、目的の意義について**図表3**にまとめる。企業は目的集団であり、その目的は、適正利益を確保して永続していかなくてはならない。そのために、企業の成長と社員の成長に資する目標を設定して、目的・目標を果たしていくことである。すなわち、**図表4**に示すVM対象管理業務選定資料の手順で進めると管理業務が特定され、その管理業務の指標を対象に、目標の3要素で目標値を設定すればよい。第4章2項の図表2に、その例を示しているので参考にしてほしい。

以下に手順項目の要点に説明してみる。

(1) 職場の役割・使命

重要な職場の役割・使命を明らかにすることで、(3)の管理・監督・担当者の役割・使命も重要性で、連鎖・連動して管理業務を明らかにする。

(2) 職場の振り返り（過去の重大トラブル）

生産現場では、過去の安全や品質に関わる重大トラブルを記録に残し、再発防止に活用している。管理・間接部門においても、コンプライアンス上のヒヤリハットも含めて職場の重大トラブルを中心に振り返ることができるよう、追加した項目である。

(3) 管理・監督・担当者の役割使命と管理業務名

ここで大切なことは、管理業務が特定されたら、その管理業務であるプロセスのインプット、アウトプットをプロセスチャートなどで、管理・監督・担当者で管理業務を知ることが極めて重要

である。その理由は、管理指標を設定する際、いわゆる良し悪しを左右する重要管理指標であるKPIを特定するために管理業務を知ることが必要である。そして、業務手順書などを整備しながら標準化とVM活動を展開する。

管理・間接部門における失敗のケースに学ぶ

まとめも含めて、管理・間接部門における方針・目標管理の失敗の要因を以下に取りまとめる。

(1) 経営者、管理者の管理・間接部門に対する意識

管理・間接部門の業務のやり方がまずいために、コストアップにつながっていることをトップや管理者は認識していないため、管理・間接部門の目標管理に対する関心が低くなる。

(2) 部門目標は経営目標（業績）に直結する目標を部門、担当者レベルまで設定できていない

担当業務が多岐にわたり全部を網羅することは難しくても、職場の役割・使命を明らかにし、管理・監督・担当者の役割・使命から管理業務に結びつけ、目標と関連づけて、当事者意識をもって進めていくことが肝要である。また、担当者は日常管理業務の中に役割・使命を認識して、管理業務に対する指標を持つようになると、担当レベルまで連鎖することになる。

目標、KGI、KPIの分散から連鎖体系化

管理・間接部門の果たすべき役割の第一は、直接部門の効率化に寄与することである。全社で方針・目標をとらえた場合、**図表5**に見える方針・目標管理の導入前後をイメージで比較した。見える方針・目標管理の導入（改善）前は、経営計画発表会、方針・目標会議などの会議体で進めている企業では、断片的にしかわからないため無数のKPIが分散していることが多く、KPIが結果にどのように結びつくのかよくわからない課題がある。一方、見える方針・目標管理を導入していくと、方針・目標・管理業務との連鎖が図れ、成果への効き方がわかるようになる。

5 見える方針・目標管理

図表4　管理・間接部門の目標テーマ設定の手順

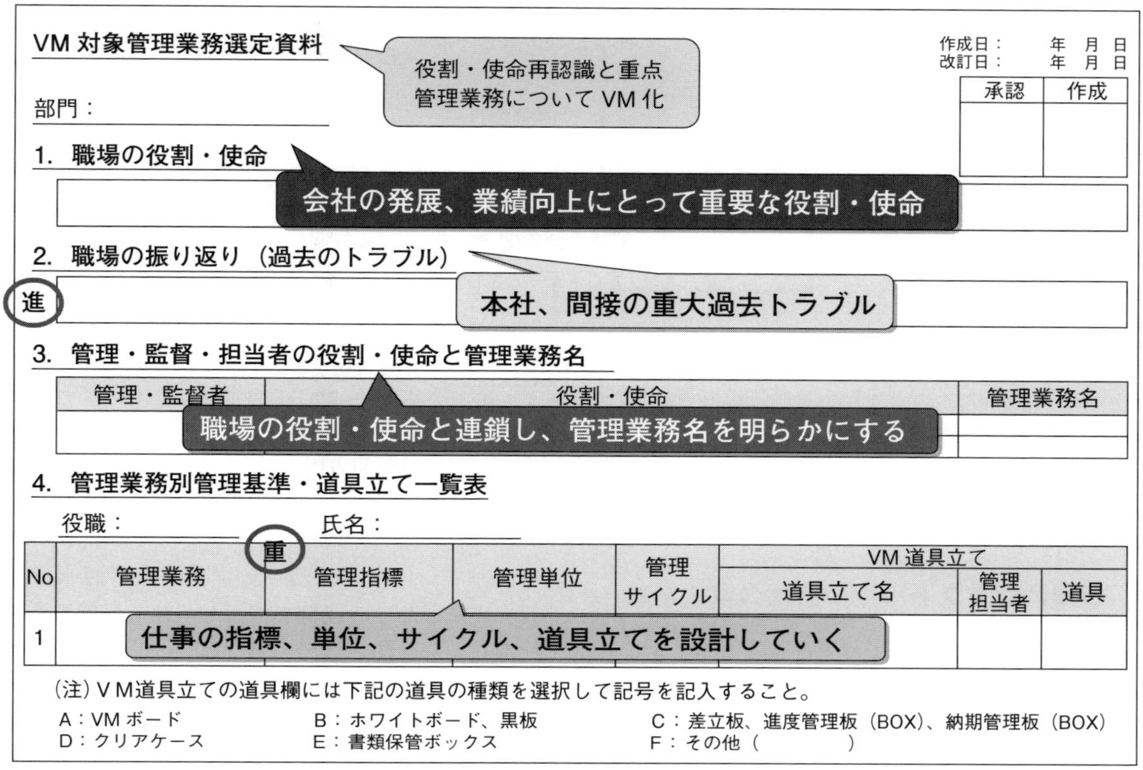

VM対象管理業務選定資料
> 役割・使命再認識と重点管理業務についてVM化

作成日：　　年　月　日
改訂日：　　年　月　日

承認	作成

部門：＿＿＿＿＿＿＿＿

1. 職場の役割・使命

> 会社の発展、業績向上にとって重要な役割・使命

2. 職場の振り返り（過去のトラブル）

進

> 本社、間接の重大過去トラブル

3. 管理・監督・担当者の役割・使命と管理業務名

管理・監督者	役割・使命	管理業務名

> 職場の役割・使命と連鎖し、管理業務名を明らかにする

4. 管理業務別管理基準・道具立て一覧表

役職：＿＿＿＿＿＿　　氏名：＿＿＿＿＿＿

No	管理業務	管理指標	管理単位	管理サイクル	VM道具立て		
					道具立て名	管理担当者	道具
1	仕事の指標、単位、サイクル、道具立てを設計していく						

（注）ＶＭ道具立ての道具欄には下記の道具の種類を選択して記号を記入すること。
A：VMボード　　　　B：ホワイトボード、黒板　　　C：差立板、進度管理板（BOX）、納期管理板（BOX）
D：クリアケース　　　E：書類保管ボックス　　　　F：その他（　　　　　　　）

図表5　見える方針・目標管理の導入前後をイメージ

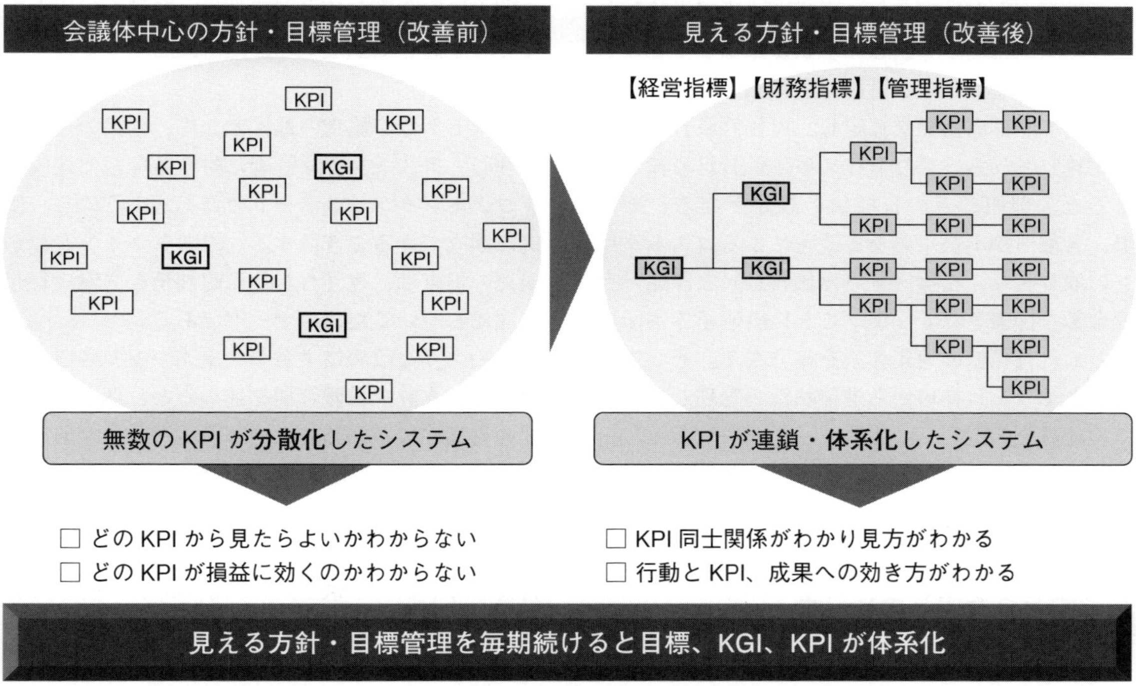

会議体中心の方針・目標管理（改善前）

無数のKPIが分散化したシステム

見える方針・目標管理（改善後）

【経営指標】【財務指標】【管理指標】

KPIが連鎖・体系化したシステム

☐ どのKPIから見たらよいかわからない
☐ どのKPIが損益に効くのかわからない

☐ KPI同士関係がわかり見方がわかる
☐ 行動とKPI、成果への効き方がわかる

見える方針・目標管理を毎期続けると目標、KGI、KPIが体系化

113

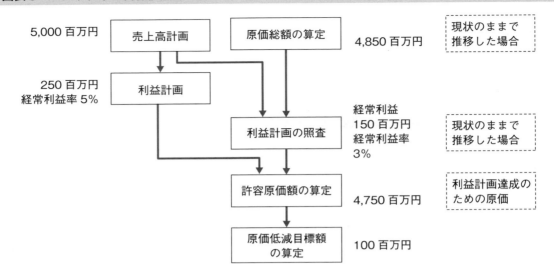

効果的なコストダウン目標の算定手順

収益改善、生産性向上を目的とした改善によるコストダウンは、企業の発展のためには極めて重要な活動であり、コストダウン目標についても前述したSMARTの原則に則り、目標値の設定方法に従って設定する。図表6に経営数値と連動したコストダウン目標値設定の例を示し、要点を説明する。

原価低減目標を算定する手順として、まず利益計画の売上高が設定され、現状のままで推移した場合の原価総額を算定し、現状の原価率で推移した場合の利益額・率と計画の利益額・率を照らし合わせて許容原価額を算定し、原価低減目標額・率が算定される。会社全体の原価低減目標額が決まると、部門ごとの目標値の設定となる。その際、各部門が不公平感なく改善によるコストダウンに取り組み、指標区分（原価科目）と課題、目標金額を図表7のようなコスト目標連鎖体系図にまとめ、目標値の連鎖体系を確立する。そして、コストダウン目標値から進捗状況を管理し、全体での達成を図る。

製造原価構成を知り、間接費で手を打たなければならない原価科目の特定とネタ出しのやり方

図表8に、改善によるコストダウンVMボード例を示す。図左の製造原価構成と各科目別の予算、実績がわかる資料を掲示し、製造原価構成を把握し、科目から自部門で管理、改善していき、手を打たなければならない科目をマーキングする。次にメンバーを集め、改善によるコストダウンの主旨を説明し、コストダウンの案（ネタ）を各自考えてもらい、直接、科目周辺の余白に書き込んだり、付箋紙に書き込み貼り付けたりする。そして内容を確認し、改善によるコストダウン案一覧表に取りまとめ、期待効果、難易度、協力度などを評価して順位をつけ、計画を立てて推進する。

コストダウン施策の進捗として、効果の発現を管理し、コストダウン計画に対する実績で達成度をコストダウンVMボードで見えるようにし、確実に達成できるようにする。コストダウン金額が未達の場合は、挽回もしくは追加策を立案実行して達成していくためのボードである。

このような改善によるコストダウンVMボードを使って方針・目標管理を進めると、個人提案制度の提案件数が飛躍的に増加するケースがある。VM対象管理業務選定資料で職場の重要な役割・使命が明らかになり、自身の役割・使命も上司も仲間とも共有し参画することで、コスト意識、改善意欲が高まる。そして、改善成果の積み重ねが、さらなる人の成長を促す。　　　（小坂 信之）

5 見える方針・目標管理

図表7　コスト目標連鎖体系図（記入例）

期間： 20XX年　4月〜20XX年　9月　　　　　　　作成日：20XX年3月15日
部門： ○○事業所　　　　　　　　　　　　　　　　作成者：○○○○

事業所	部	課	指標区分	課題	目標値 金額対前年対比	目標値 金額（千円）
全体			製造原価	トータルコストダウン	10%	
	開発部		材料費	VEコストダウン	5%	
		1課	材料費	次期主力機種X　VEコストダウン	15%	
		2課	材料費	主力機種Y　VEコストダウン	10%	
	設計部		材料＋加工費	設計改良、VEコストダウン	5%	
		機械	加工費	総合組立・調整工数低減のための設計改良	10%	
		電気	材料費	制御基盤　VE・調達コストダウン	5%	
	資材部		材料＋外注加工費	主材料調達コストダウン	5%	
		購買課	材料費	主材料調達コストダウン	5%	
		外注課	外注加工費	溶接外注加工単価コストダウン	5%	
	製造部		材料＋加工費	歩留り向上、工数低減	10%	
		1課	材料費	歩留り向上	5%	
		1課	加工費	工数低減	15%	
		2課	材料費	不良低減	30%	
		2課	加工費	工数低減	10%	
				各部門計		

図表8　改善によるコストダウンVMボード

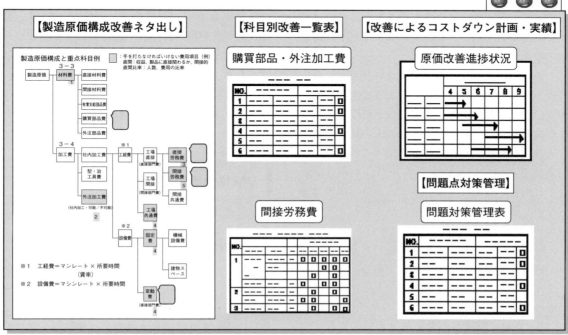

第6章 見える日常業務管理

1 見える日常業務管理の進め方とは

POINT

● VM活動の2本柱は方針・目標管理と日常業務管理で、職場の目的・役割・使命を果たすためには、VMによる見える日常業務管理が決め手となる

VMによる日常業務管理の重要性とそのポイント

VMによる日常業務管理は、職場の目的と管理・監督・担当者の役割・使命を果たし、方針・目標を確実に達成するための活動である。最終的には、VMで日々の仕事のPDCAを回すことにより、業績の向上と体質の革新を実現する活動である。

VMによる日常業務管理を推進するには、目的と期待効果を明確にして、全員参画で以下に留意して推進する必要がある。

その理由は、ただでさえ見えない、わからない管理・間接部門の仕事を見えるようにするには、本気になって日常業務の領域について取り組むことが重要だからである。担当者個人の仕事の領域に入り込むため、そこで一方的に「この業務は付加価値を高めていないからムダだ、やり方が悪い」と指摘するだけでは、多くの企業では事は運べない。難しさからのマイナス思考を取り除き、職場の役割・使命を果たし、生産性向上を目的に、時間をつくるためのVM推進であることを全員で理解して進めることが肝要である。

また、管理・監督者の中には、「自分はすべてわかっている。見えるようにする必然性がない」「異常、ムダ、問題点が見えると自分の管理監督

責任が問われる」といったような、見える管理とマネジメントに対する不安が、極端な場合、推進に対する抵抗という行動になって現れる。

こうした不安を取り除き、VMによる日常業務を強力に推進するためには、第4章2項「VMの基本導入手順とポイント」の図表1の手順5「VM道具立ての設計・製作・設置」から着手するのでなく、会社の発展、業績向上のために重要な職場の役割・使命、それを担う管理・監督・担当者の役割・使命を明らかにする。そして、管理・監督・担当者が相互に理解するためにキャッチボールを何回か行って、重要な日常業務管理を選定してから取り組む必要がある。そして、管理・監督・担当者にとってどのような効果が期待できるのか、双方向で事前に理解することが重要である。

VMによる日常業務管理の効果

日常業務と管理業務をVMで進めるようになると、次の効果が生まれる。

1. 遂行すべき業務が明確になる

職場の目的（役割・使命）、管理・監督・担当者の役割・使命を明らかにすることによって、遂行すべき重要な業務が相互に明らかになる。すなわち、遂行すべき業務と果たすべき役割・使命が

図表1　管理・間接部門の管理・監督・担当者の悩みと基本的な役割

管理・監督・担当者の悩み

- ◆仕事が属人化
- ◆情報の共有化と業務の標準化が不十分
- ◆担当者の日々の行動がわからない
- ◆仕事量（仕事の負荷）余力の有無がつかみにくい
- ◆職場で発生している問題点がわからない
- □仕事を理解していない
- □気軽に休みを取れない

基本的な役割

- ・仕事の管理
- ・仕事の改善
- ・職場のコミュニケーション向上

→ メンバーの指導、育成

役割を果たすためには？　そうだ！　VMによる日常業務管理がある！

明らかになることによって、問題点、課題を認識できるようになる。

図表1に、管理・間接部門における管理・監督・担当者の悩みと基本的な役割を示す。

多くの職場の共通する悩みとしては、仕事の属人化を挙げている。その結果、管理・監督者からすると担当者の日々の行動がわからない、職場で発生している問題点がわからないといった問題に至っている。担当者からは、上司が仕事と保有能力に対する理解が乏しいため、後工程へ与える影響が大きく、気軽に休めないなどの不満を抱いている職場もある。

一度、原点に立ち返り、管理・間接部門における管理・監督・担当者の基本的な役割は「仕事の管理・仕事の改善・職場のコミュニケーション向上を通してメンバーの指導、育成」であることを、お互いに再認識する機会としたい。すると例えば、担当者の日々の行動と仕事がわかるように担当別業務日程管理を見えるようにしよう、業務の棚卸しから多能化（業務二人制）を進めて計画的な休暇を取りやすくしよう、進捗管理や業務日程管理から発見された問題点に対する対策管理をしよう、というようなVMによる日常業務管理を進めることで、各人が役割を果たしつつより良い職場にしていこうという前向きな姿勢となる。

2. 情報の共有化が進み、管理・監督者の看るべきことが見えてくる

仕事で必要なモノ・書類・データの5Sの進め方（第2章）によって、モノ・書類・データが見えるようになる。また、フォルダリングシステムの確立（第3章）によって、この仕事で必要な情報はどこにあるかわかるようになる。さらに、VMによる日常業務管理が進むと、担当者の昨日の業務実績と本日の業務予定を職場全員についてつかめるようになる。

すなわち、VMで日常業務を見えるようにすると、担当者の仕事量（業務負荷）がつかめ、進度が遅れている場合は気軽にその理由を聞け、部下が仕事の進め方などで悩んでいることがわかる。逆に余力を持て余していることで、新たな業務を修得するために多能化が図れ、応援・受援を進めながら役割分担を見直すなど、改善と管理のポイントを共通に認識できる。

3. 問題点が見えてくる

　属人化していた業務も経営機能軸で予定と実績が見えてくると、いろいろな面で効果が大きくなる。例えば、なぜ、Aさんは残業が多いのか、Bさんは受け払い処理に日当たり平均4時間もかけているのか、また、後始末的な仕事や後追い的管理に時間をかけているのか、部下はこの手の企画立案のスキルが不足していたなど、見えないことによって担当者任せにしていた業務についても、問題点（良くする余地）や部下の指導のポイントが見えてくる。

4. 改善意識が高まり、管理サイクル（PDCA）が回る

　管理・間接部門の中でコミュニケーションが悪い職場では、発生している問題点がわからない場合が大半であるが、見える日常業務管理を導入することで問題点が顕在化する。こうすることで改善意識が高まり、管理サイクル（PDCA）が回り始めると同時にコミュニケーションの機会が増える。

　すなわち、担当者別の業務分担の見直しによる負荷のバランスが整い、残業や休出が減少し、日々の業務の平準化が進むことによって時間を生み出すことができ、さらなる業務改善や付加価値の創造に取り組むことができる。

5. 担当レベルまで目的・目標を設定できる

　直接部門であれば生産、受注、売上に関する目的・目標を担当にも共有する目的・目標を設定しやすいが、管理・間接部門では、経営目標（業績）に直結する目的・目標を担当者レベルまで設定できていない企業、職場が多い。見える日常業務管理により、担当者まで目的・目標を設定できるようになる。

　具体的には、VM対象管理業務選定資料（第4章2項の図表2）の3. 管理業務別管理基準・道具立て一覧の管理指標が目標となり、次項で説明する担当別業務日程の本日の計画が本日の目標となる。これにより、担当者レベルで目的・目標を明確にして業務を遂行することで、業務の質や効率の向上を意識した業務遂行がなされ、職場の活性

化や目標の達成率の向上、ひいては業績の向上が実現できる。

見える日常業務管理の道具立てイメージ

　VMによる日常業務管理の重要性、効果を理解したら、見える日常業務管理の道具立てを作成する。**図表2**にVM本賞※を獲得し、VMが完全に定着したVMボード（経理）の例で解説する。

　本VMボードの企業は、生産部門も含め全部門でVMを導入し、生産現場も経営企画、経理、技術、生産管理、品質保証、製造機能部門が競い合うようにVMに取り組み、VM本賞を受賞している。受賞するまでは多くの従業員がVM先進企業を見学し、改善を重ねてきた。海外の生産拠点である中国、タイ、インドも本社工場を見習い、順次導入されている。

　次にVMの道具立てとして、見える日常業務管理を確立するための要点を以下に示す（番号は図表2の番号に同じ）。

(1) 方針、役割・使命、中期経営目標のVM化

　会社方針、部方針、役割・使命が色と番号で連鎖する形で示され、高所にあるため目線に合わせてボードには角度が付けられている。四半期ごとの振り返りでは、方針に対する振り返り、役割・使命に対する振り返りを行い、次期に対する重点をボードの前で、打ち合わせ、レビューとコーチングがなされているため、方針の理解と役割・使命への認識が確実に高まっている。

(2) 目標テーマ別管理で月・週サイクルコーナー

　テーマ別に縦で月次、週次そして問題点対策管理、根本対策管理のコーナーである。最初にテーマ、担当、達成状況、進捗状況のひと目管理、次に目標管理表、週次管理と問題点対策管理の構成で、このボードの前でPDCAを回し、週次で課長レビューとコーチング、2週ごとに部長も加わったレビューとコーチング、月は事業部長も加わったレビューとコーチングがなされている。

(3) 見える日常業務管理の担当別業務日程管理

　方針・目標を達成し役割・使命を果たすための

※ VM本賞：一般社団法人中部産業連盟が制定する賞。VM活動を推進して企業の体質革新を図って成果を上げた企業に授与する。VM部門賞、VM推進賞、VM本賞、VMプレミアム本賞、VMプレミアム本賞継続賞がある。

6 見える日常業務管理

図表2　VMで仕事を回し、定着したVMボード例

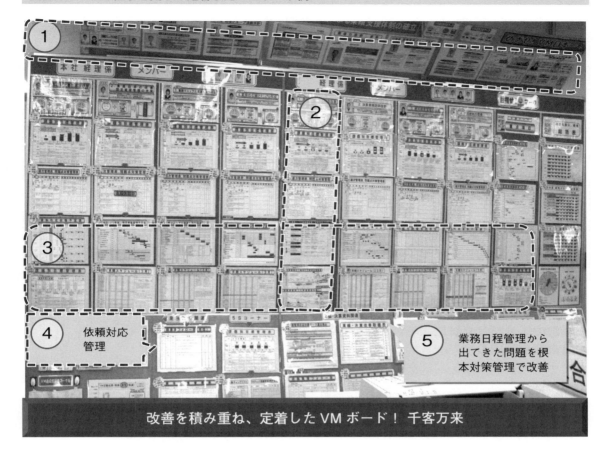

改善を積み重ね、定着したVMボード！ 千客万来

実行計画に対する実施状況や、担当者ごとに業務日程管理表で定型／非定型／改善業務の区分でPDCAを回している。担当業務の項目に方針・目標や役割・使命を果たす仕事が盛り込まれているか、レビューとコーチングで指示したことが受け止められ計画されているかどうか、業務間の関連が見やすいため、遅れの原因業務がわかり、残業に至った原因もつかめるようになり、応援・受援、多能化が進むと残業も削減され、価値創造業務に注力できるようになる。

(4) 依頼対応管理

依頼対応管理は、他部門からの依頼内容、希望納期に対する回答納期、対応時間、実際納期、納期順守状況などが見えるようにして、依頼から対応までの基準日程を設定し、順守したり、依頼内容からより良いサービス提供へ改善したり、依頼内容が依頼部門で本来行う業務として差し戻しをする。目標テーマの実行計画管理、依頼対応管理、担当別業務日程管理からいろいろな問題点、改善ネタが発見される。問題点が見えると改善も進み、管理・監督・担当者の問題意識と改善意識は格段に高まるのが、見える日常業務管理である。

(5) 問題点対策管理、根本対策管理

抽出された問題点は図表3に示す問題点対策管理表に書き留め、処置方法を決めて進捗を管理する。この問題点対策管理が見えることによって、再発している問題、類似した問題などの予防管理を実施する。根本対策が必要な重要問題については、図表4に示す根本対策管理表で根本原因を追究し、的を射た対策を取り、効果確認、歯止めまでをVMボードで完結する。根本対策を取ることによって本質的な改善が進むのである。

なお、「すべての問題点（良くする余地）は、進度管理から発見される」という格言があり、問題点の見えない管理は見える管理とは言えない。

図表3　問題点対策管理の例

問題点対策管理表　　　　　　　　　　　　　　　　　　　　　職場名　

> 問題の大きさとして、ロス時間、やり直し時間など

> すべての問題点は進度管理から発見される
> □実行計画管理、□担当別業務日程管理、
> □依頼対応管理、□納期管理

No.	発生		問題	問題点・原因	処置方法	処置の実施			根本対策	
	月 日	担当者	大きさ			予定月日	実績月日	完了確認	要	不要
				○○部品の納入が遅れ、製品△△の組立作業ができない	生産計画を急遽変更し、製品□□を組み立て、購買課に至急手配要請				○	
				製品AのB測定値に規格外れがでて、3個ロットアウトした	至急、3個分の追加生産を行い、出荷納期に間に合わせた				○	
				αラインにおいて、計画の時間内で10個の生産未達成が生じた	残業を2時間行って対応した				○	

> 応急処置ばかりで、根本的な問題解決につながっていない

経営機能分類とVMによる日常業務管理の例

経営機能分類（部門）別に代表的なVMによる日常業務管理項目の例を**図表5**に示し、以下に要点を解説する。

①の全部門対象となるのは、業務日程管理、スキル管理、依頼対応管理、問題点対策管理などである。次項で業務日程管理、本章3項にてスキル管理、依頼対応管理、商談管理について解説する。

②の営業機能部門は、新たな付加価値獲得、お客様との定期コミュニケーションを目的とした訪問活動管理、週間行動管理、受注確度を高める商談管理、仕様変更管理などをVMによる日常業務管理で進めると、一匹オオカミ的な営業スタイルから組織だった営業に変わり、お客様を計画的に訪問することによって関係づくりも進み、新規受注、付加価値増が実現できる。VMはいろいろな機能部門に有効であるが、属人化が進んでいる営業機能部門が本気になってVMに取り組むと上長と担当間のコミュニケーションが進み、前述のように組織的営業により新規の受注が取れるようになり、人と組織が活性化するので、ある意味、営業部門のVMは極めて効果が上がる。

③開発・設計機能部門のVM導入前は、専門性も要することから、営業に続いて暗黙知的な管理とマネジメントが行われているケースを数多く見てきた。特に重要なのは、試作、設計の日程管理から開発・設計スキルの向上、設計ミスの低減の必要性から設計ミス管理板などの道具立て、出図管理から前述のような問題点を芋づる式に抽出することができるが、事後的になりやすいので予防管理に反映することが肝要である。

④購買機能部門は、所要量計画、発注計画、発注、受入、カムアップ、保管、出庫、在庫と数々のプロセス、仕入れ先、生産管理分など関係先も多岐となる。また、生産タイプにより管理重点も変わってくる。一品個別受注生産タイプでは、特に購買機能の部品集結管理、事前督促システム（カムアップ）である。

⑤品質管理機能部門は、顧客に対する品質保証機能として、品質仕様（新規、変更）の取り交わし、クレーム処置・対策、企業内を中心とした品質管理・改善が主な機能となる。さらに品質管理機能も各測定、監査検査などであり、経営層からの期待として、不良低減活動に対しても生産現場にリーダーシップを発揮し、目標達成してほしいといった期待が高まっている。

⑥物流機能部門は、顧客満足の確保をしながら自社における経済性を確保しつつ、物流コストダウン、納品・付帯サービス対応、労務などの管理が重要な職場の役割・使命である。そのため、配

図表4 根本対策管理の例

根本対策実施管理表

職場名：＿＿＿＿＿＿

No.	問題点			根本原因	根本対策	実施部門 担当者	着手月日 予定	着手月日 実績	完了月日 予定	完了月日 実績	対策評価 良好	対策評価 不充分
	発生月日	発生場所	問題点の内容									
			○○部品の納入が遅れ、製品△△の組立作業ができない	○○部品の納品リードタイムは1カ月間であるにもかかわらず、受注納期2週間でオーダーが来た。この部品は在庫を持たずに対応しているので、基準納期を把握した上で、生産管理課担当者がしっかりと納期チェックし、営業への確認と課長への相談を行うべきであった	納期チェックを一覧表で対応するのは労力がかかり過ぎるので、システムにリンクさせ、自動的に基準納期で対応できない場合にアラームが表示されるようにする	情報システム課／生産管理課／課内フォロー課長						
			製品AのB測定値に規格外れが出て、3個ロットアウトした	製品AのB測定値外れは慢性不良であるにもかかわらず、根本的な対策が取られていない。物理的に見て部品改良か形状変更のどちらかが必要なのはわかっているが、設計部門では顧客仕様確定を理由に設計見直しを拒んでいる	顧客基本スペックを再度確認し、部品改良か形状変更のいずれかの変更提案が可能な部分をリストアップする。その上で、機能低下と原価増大を招くものを除外し、仕様書改訂案を作成し、顧客との交渉を行う	設計部担当者／営業部担当者／課内フォロー主任A						
			αラインにおいて、計画の時間内で10個の生産未達成が生じた	αラインに最近入った派遣社員はまだ特定の作業しかできないため、ライン管理者の判断で巡回セル生産方式を崩してダンゴ生産を行っていた。その結果、工程間に仕掛り在庫が溜まり、生産未達が生じやすくなっていた	新しい派遣社員の多能化訓練を集中的に行い、来月からは全工程の作業を行ってもらう。ただし、最初の3日間の訓練で様子を見て、短期間での習得が無理なようであれば、派遣会社に申し出て代わりの人材派遣を要請する	αライン責任者／課内フォロー課長						

問題点の本質的原因を追究（自職場の枠にとらわれない）

他部署も巻き込んで根本対策を実施（必要あれば横断的な改善チームを結成）

車計画表で計画的かつ予防的な管理体制を確立し、日々の配車・運行管理板で日常管理し、物流コストダウン対策管理板でコスト管理とコスト低減のための改善を進めていくことが重要である。

　⑦情報システム機能部門のVMによる日常業務管理は、システム開発大日程計画、案件別システム日程管理表、第二次改善対策管理表、問題点対策管理表などで見えるPDCAを回すことにより、情報システムの開発、運用・保守、トラブルの処理などが組織的かつ予防的に機能するようになる。情報システム処理に長けた人はデジタルで管理したくなるが、トップの意向やユーザー部門の状況を考慮して機能を発揮する必要がある。

　そのほかの機能部門における見える日常管理業務の例については、第8章「VMによる業務革新の着眼点」でリードタイム短縮、工数低減、費用削減、一人ひとりが活躍する職場づくり、全部門生産性向上を目的としたVMの取り組みの中で事例を掲載しているので、そちらを参考にしていただきたい。

　次項では、全経営機能の中から、見える日常業

図表5 経営機能分類とVMによる日常業務管理例

①全経営機能
- 業務日程管理
- スキル管理
- 依頼対応管理
- 問題点対策管理

②営業機能
- 訪問活動管理表
- 週間行動管理表
- 商談管理表
- 仕様変更管理表

③開発・設計機能
- 試作日程管理表
- 設計日程管理表
- 設計ミス管理板
- 出図管理表

④購買機能
- 受入検査不良対策管理表
- 進度管理BOX
- 部品集結管理表

⑤品質管理機能
- 不良発生一覧表
- クレーム対策管理表
- 新製品立ち上げ管理表

⑥物流機能
- 配車計画表
- 配車・運行管理板
- 物流コストダウン対策管理表

⑦情報システム機能
- システム開発大日程計画
- 案件別システム日程管理表
- 第二次改善対策管理表

務管理で共通かつ重要な担当別業務日程管理、スキル管理について、狙いと進め方について解説する。

（小坂 信之）

2 担当別業務日程管理の効果的な進め方

P O I N T

● VMによる担当別業務日程管理は、一人ひとりが活躍する職場へのパスポート、定着は管理・監督者のコミットメント次第である

全部門で取り組む担当別業務日程管理の意義

全経営機能を果たすために、各機能の中で重要なハタラキを最大限に引き上げることである。そのためには、各機能のPDCAを回すことが重要であり、一人ひとりが担当業務におけるPDCAを見える形で回していくことに尽きる。それが全部門で実現できれば、例えば、指示待ちから能動的行動へ変わり、燃える集団となるなど多大な効果を得ると同時に、VMの定着が実現できる。

このように、担当別業務日程管理（個人週間スケジュールとも言う）は、VMによる日常業務管理の浸透と定着のバロメータである。

担当別業務日程管理の手順

1. 計画（Plan）

担当別業務日程管理のフォームとして**図表1**に月間業務日程、**図表2**に週間業務日程の例を掲げる。月間・週間の両方をつくる必要はない。「月間業務日程」は、定形業務の比率が高く、月初に立てた計画が月末まで比較的変更の少ない業務を担っている担当者に適した書式である。一方、「週間業務日程」は、計画を立てても変更が多い業務に向いている。

この帳票の特色は、いわゆる飛び込み（非定形）業務が浮き彫りになり、計画外業務の比率を低くしていくことにある。いずれも担当者ごとに業務日程計画を立てさせ、計画段階で管理者がチェックして、業務の優先順などをアドバイスする。さらに、日別や担当別に負荷（仕事量）調整

を行い、日レベル、担当者レベルの業務の平準化を図るようにする。加えて、多能化や業務二人制、応・受援の取り組みから新たに業務を遂行する際は、その業務を遂行するために必要とされるスキルが備わっているかどうかを確認の上、指示し、計画を立てる。

なお業務の軸として、経営機能分類（業務分類）コードを管理項目として設定すると業務工数集計・分析に便利で、業務革新・改善に便利である。

2. 実施（Do）

担当者は業務日程計画に基づいて効率良く業務を遂行し、実績を記入する。

実績の示し方は、計画に対比して線、工数もしくは色で表す。必ず期間の合計工数も対比する形で記入する。図表2の事例では、色は正常を青、異常を赤で区別し、ひと目で異常がわかるようにしている。また、未実施については同様に、ひと目で異常がわかるようにピンクのマーカーペンで示すことで、次の確認（C）と処置・対策（A）につなげていくことが大切である。

3. 問題点、原因究明（Check）

実施記入の際、異常発生・発見として工数過不足、遅れ・超過、未実施については、振り返り覧に改善する余地のある問題点や良かったこと、その原因を記入する。

次に問題点・原因について、担当者としてどうしていきたいかを改善欄に記入する。

この振り返りと改善の欄がたくさん記入され、改善が活発に行われるようになるかどうかは、上長のコミットメント次第である。すなわち、必ず上長が日々、実情や問題の大きさを確認し、担当

6 見える日常業務管理

図表1　月間担当別業務日程管理表（個人別月間スケジュール表）

部門：＿＿＿＿＿＿　氏名：＿＿＿＿＿＿　　　作成：　　年　　月　　日

凡例　　計画：黒　実績：赤

No.	業務名	区分	日程 合計時間	1	2	3	4	5	6	7	8	9	10	11	12	13	14	15	16	17	18	19	20	21	22	23	24	25	26	27	28	19	30	31
1		計画																																
		実績																																
2		計画																																
		実績																																
3		計画																																
		実績																																
13		計画																																
		実績																																
14		計画																																
		実績																																
15	残業時間	計画																																
		実績																																
16	合計時間	計画																																
		実績																																

反省

改善

上司コメント

掲示期限：　　年　　月　　日

図表2　週間担当別業務日程管理表（個人別週間スケジュール表）

部門：　　資材部　　　　氏名：○○○○　　　作成：　　年　　月　　日

凡例　　計画：黒　　実績：青（計画どおり）、赤（遅れ、超過）

No.		区分	コード	業務 名称	P D 区分	日程 合計時間	月（　／　）	火（　／　）	水（　／　）	木（／）	金（　／　）
1	定形業務		5211	生販会議 所要量計画準備、確定取入確認	計画 実績	6 2	会議				準備
2			6133	発注計画 作成、更新、発注、カムアップ	計画 実績	10 6	更新	カムアップ 更新 4	カムアップ 発注		4
3			6811	在庫管理 実地棚卸し、在庫照合	計画 実績	6 12			在庫照合	10	
4	非定形業務		7553	受入不適合の処置	計画 実績	 2	2				
5			6623	入出庫　応援	計画 実績	 2	2				
6	改善			5S、プラスワン、改善提案	計画 実績	2 2		プラス 2			

振り返り（良かった点、反省・問題点）

曜日	コード	内容
月	7753	△△工業　板金部品　寸法不良　ロット全数12個発生、応援業務により発注計画ができなかった。
火	6133	発注計画の更新を行い、残業で実施棚卸しし、挽回できた。

改善

月	発注計画の更新を火曜日にやるため、棚卸しは残業で実施予定である。
火	－

上司コメント

月	了解　残業して火曜日中に挽回するように！

掲示期限：　　年　　月　　日

123

者だけで解決できる問題、自職場だけで解決できる問題、他部署の協力を得て解決していく問題に分け、担当者だけでは解決できない問題は職場のVMボードの問題点対策管理表（第6章1項の図表3）にピックアップして処置、対策を実施する。再発している場合は根本対策管理表で原因究明を図っていくことが肝要である。

4. 処置、対策（Action）

処置の結果、対策の方向性などを決めて、上司コメント欄に記入する。上司コメント欄には、時には励まし、ねぎらいの言葉やマークを添えることもよい。要は「見ているよ」ということが伝わるのが重要であり、職場のコミュニケーションと意思疎通を豊かにしていく。

ところで、上司コメント欄について誰が記入するかであるが、上司が直接記入してもよいし、担当が上司コメントを受け止め代筆してもよい。定着できている職場は、いずれも朝礼やミーティングの際、その場で次の担当の振り返り説明の際に担当が記入している職場であり、継続することによって管理と改善レベルを上げている。

■ 担当別業務日程管理の運用ポイント

全社全部門で担当別業務日程管理が定着できている企業は、VM賞本賞受賞企業ぐらいではなかろうか。担当別業務日程管理が定着できているということは、職場で担当者一人ひとりが日々のPDCAを回し続けることであり、そのポイントを**図表3**に示し、以下に解説する。

1. 大日程、年間業務予定を整備する

仕事の基本は計画主義と重点主義であり、各部門で定例的な業務、行事などの年間業務予定を立てる。また、開発・設計部門および生産技術部門では、開発設計案件、プロジェクトの大日程計画を立ててVMボードに掲示し、担当別業務日程管理の計画のインプットとし、進捗管理の際に対比できるようにする。また月間業務予定も整備し、行事、会議日程を見えるようにして、情報共有を図る。

2. 担当別業務日程管理表の様式の設計、トライ

担当別の業務日程管理表の設計する際のチェックポイントは、以下のとおりである。

①業務日程管理表の目的は明確であるか

②担当別に日々、やるべきことがわかるか

③日々計画は、上位の年間、月間予定納期を順守するように計画されているか

④計画の内容には、目標管理テーマの業務、定形業務、非定形業務、改善業務の区分で漏れなく計画されているか

⑤計画に対する実施状況、予定時間、実績時間がわかるか

⑥ひと目で進捗と工数差異がわかるか

⑦異常（未実施、遅れ、大幅な工数差異などの問題点）が見えるか

⑧異常の原因がわかり、処置（いつまでに挽回するなど）と対策が見えるか

⑨担当別業務日程管理表1枚でPDCAすべてが見え、回せるか

図表2に示してあるようなガントチャートタイプの業務日程管理表は、大日程計画との対比もしやすく、開発・設計、生産技術部門などのプロジェクトや案件などの業務日程管理に適している。

このように、担当者別の業務日程管理表の書式を設計し、トライしつつ運用しながら、目的にかなうように改善していく。

3. VMボードでのミーティングで日々の朝礼、ミーティング、引き継ぎの革新

見えない、伝わりにくい朝礼、引き継ぎ、ミーティングから、人間の得る情報の8割は目からであることを活かしたやり方へ革新することが最大のポイントである。そのためのポイントを列挙する。

①記入要領、記入ルール（**図表4**）、凡例を作成し、理解し、運用する

②VMボード前ミーティングを毎日できるだけ定時刻に行う

③VMボード前ミーティングの内容

・担当者から昨日の業務実施、振り返り報告

・担当者から本日の業務計画説明

・上長から問題点の確認、指示

・週末には翌週の業務計画に対して担当者間の業務分担見直し、担当者レベルでの仕事の平準化を実施する

④これらVMボード前ミーティングルールを決

図表3　担当別業務日程管理表記入要領

【VMコーナーにてミーティング】
◆担当：昨日までの業務進捗、問題点報告＆挽回計画
◆上司：レビュー＆コーチング
◆仲間：応援申出「コミュニケーション向上」

(1) 大日程、年間業務予定を整備する
(2) 担当者別の業務日程管理表の様式を設計し、試行する
(3) 様式の決定チェックポイント
　①担当者ごとにやるべきことがわかるかどうか
　②ひと目で進捗と工数差異がわかるかどうか
　③異常（未実施、遅れ）なども問題点が見えるかどうか
　④その原因がわかり、処置と対策が見えるかどうか
　⑤依頼事項についても受付・誰が、いつまでにといった計画と実施状況が見えるかどうか

図表4　担当別業務日程管理表記入ルールの例

 一日の実績・コメントは当日中に書く（実績評価も）

 時間帯が決まっていない業務も、まず内容を計画欄に記入する
（計画線は決定してから追記）

 時間帯、日程の決まっていない業務は非定型業務の最下段に書く

 週末には一週間の合計時間を記録する（赤色）

 実績の合計時間に対しての反省・課題・所感を「一週間のまとめ」に書く

 反省・課題・所感は自分の業務（計画・実績）に対してのコメントを書く

 改善事例は赤マーカー、課題の残る業務は青マーカーで識別

 自分の業務の中で工数改善できることがないかを常に意識する

 残業実績は 黄色ペン で識別して、理由を書く

め、ルールどおりに実施する

　　⑤日常業務管理の運用ルール（**図表5**）を作成
　　　して標準化を図り、VMによる生産性の向上
　　　（第7章）およびVMによる業務革新（第8
　　　章）を実現する

　次項にて、VMによる担当別日常業務管理で残
業時間、総労働時間短縮の進め方について解説す
る。

担当別業務日程管理による残業時間および総労働間の削減の進め方

　生産年齢人口が減少していく先進国にとって、
総労働時間の短縮を図っていくことは多くの企業
のテーマであり、VMによる業務日程管理で残業
および総労働時間を削減していく進め方につい
て、以下に紹介する。

1. 残業削減の3原則（図表6）

　残業や休日出勤は申請に基づき承認されて実施
されるが、他の業務との因果関係や職場全体の業
務状況が十分に把握されていない中で、どちらか

図表5　VMによる日常業務管理ルールの例

作成　20XX.XX.XX
改訂　20XX.XX.12　※1

目的:　日常業務の把握をし、問題点を洗い出し業務改善をする為

目標:
　　①業務時間の短縮化
　　②突発業務の削減

週間スケジュール表運用ルール:

　　①週末には次週の計画を作成すること
　　　・優先順位の高い業務から順に書き出す（ランク付け）　※1
　　　・業務分類コードとの関連を意識する　　　　　　　　　※1

　　②業務実績は即日記入し、終業時には1日の業務に対する
　　　コメントを記入すること

　　③課題に対しては改善策を自分なりに考えて記入する

　　④業務の中にQ（品質）の内容も入れる　　　　　　　　　※1

　　⑤改善案・活動案で改善取り組みが必要な物は
　　　「問題点対策管理表」に記入する　　　　　　　　　　　※1
　　　・改善案は提案制度に申請していく

課題解決に向けて:

P　①週間スケジュール表の計画を作成する

D　②業務を行いながら実績を記入する
　　　（問題点、気づきも書き出す）

C　③1週間（1カ月）の結果を見て問題点（業務内容、やり方）
　　　を洗い出す

A　④問題点から改善策を検討する
　　　（週刊スケジュール表の計画に入れる）

掲示期限　次回更新まで

というと慣例的、事後的、処置的に行われている
ケースが多いのではないか。

　それは、残業削減の3原則に照らしても容易に
わからず、残業に至っている。例えば、「いつ残
業しているか？」「誰が残業しているか？」は、
先述した見える担当別業務日程管理を実施してい
る職場では、VMボードに行けば即座にわかる。
さらに「どの仕事で残業しているか？」は、VM
で担当別業務日程管理を実施していないと、業務
日報、タイムカードを照らし合わせ、ミーティン
グを実施しないとわからないが、**図表7**に示すよ
うなVMボードに掲示されている担当別業務日程
管理表の月間スケジュールを診れば、担当者ごと
にいつ、誰が、どの仕事で残業に至ったのか、他
の仕事との因果関係も含めて容易に把握すること
ができ、削減するための対策を立案していく。図
表7の残業集計グラフは、月の残業計画時間に対
して、日々、計画以内か超過しているかがわか
り、職場の管理・監督者はじめメンバー全員が意
識することにより関心が高まり対策立案を進める
ことができる。

2. 残業削減計画の作成

　生産性向上を目的とした業務工数の低減と連動
した残業削減計画、目標を作成、設定する。以下
に施策を考える上での着眼点について事例を交え
ながら紹介する。

　図表8はVMボードに業務集計・分析を貼り出
し、部員で共有し、計画を立ててPDCAを回し
ている。具体的には第5章1項の図表2の目標管
理表が計画のストーリーであるので、参照される
と概要がわかる。

(1)「誰が」「いつ」残業しているか

　「誰が」残業しているかに着目すると、負荷集
中が見えてくる。生産業務部出荷グループでは、
VMボードの業務日程管理を導入したところ、O
さんの残業が多く、曜日別には週末金曜日が多
く、ある日は深夜に及ぶことがわかった。

(2)「どの仕事で」残業しているか

　VMボードのOさんの担当別業務日程管理表で
週末の残業時間帯の業務を診ると、輸出梱包業務
で残業、深夜残業していた。また、メンバーから
はVMボード前ミーティングの際、「Oさん、輸
出梱包業務のやり方を教えてください。今度手伝

6 見える日常業務管理

図表6　残業削減の3原則

　残業を削減するには次の3原則を知り、実際の仕事に適用して分析し、削減方策を立てて改善を実施する

【残業削減の3原則】
①いつ、残業しているか？
　日と曜日、週、月、年（曜日）で診る
②誰が、残業しているか？
　担当別に診る
③どの仕事で残業しているか？
　考察する（その業務はどうして残業しているか？）

残業の原因は、職場全体を看て対策を立案する

図表7　残業グラフを追加した月間スケジュール例

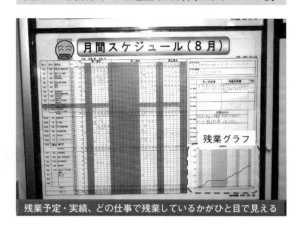

残業予定・実績、どの仕事で残業しているかがひと目で見える

図表8　VM業務改善残業削減ボードの例

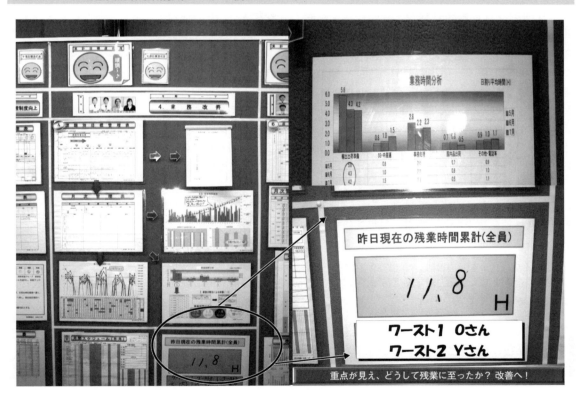

重点が見え、どうして残業に至ったか？改善へ！

いますよ」と応援の申し出があり、次週より二人制で実施し、深夜残業がなくなった。

(3) 輸出梱包業務の棚卸し、標準化と改善

　Oさんの業務、その前工程の手続きを知るために、新たにフローチャート、マニュアル、手順書をつくりながら棚卸しを行った。週末に集中する原因として、出荷する製品の遅れから事前梱包、積み込み順の決定と準備などがほとんどできていなかったため、根本対策管理表で生産部と連携を取りながら生産日程計画どおりの生産を依頼し、ムリ、ムラを排除できた。マニュアル、手順書は応援や育成者から、よりわかりやすいマニュアル、手順書となるよう改善を重ねた。

　現在では、VMを活用して総労働時間短縮に邁進している。

(小坂　信之)

3 VMによる日常業務管理の要点

POINT

● VMによる日常業務管理の要点は、活用しながらより使いやすく効果を上げる道具立てにしていくことである。その取り組みが管理技術を向上させる

VMで仕事を回す

VM企業や職場を見学する機会に、必ず方針・目標管理から日常業務管理のVM道具立ての設計、製作、VMボードへの書き込み、ミーティングなどから、「どれだけVMに時間を要しているのか」と尋ねられる。活用し定着している企業では、「時間ですか？　気にしてないですね。仕事を進めるためにVMボードでPDCAを回しています」と答える。質問者は通常の仕事時間に上乗せしてVMの時間をとらえ、やり切れるかどうか心配で質問されているのだろう。

VMも管理とマネジメントの手法であるため、VMをやることが目的化してはならない。目的である役割・使命を果たし、方針・目標を達成するために予防管理サイクルと根本改善サイクルを見えるようにして、確実に回すためにVMを導入し、仕事を回していく目的を絶えず明確にして進めることが要点である。

人が育ち、管理とマネジメントのレベルを向上させる

VMを導入し、VMの道具立てで管理とマネジメントを実施することによって部下が育ち、職場の管理とマネジメントのレベルが向上させられるかどうかが重要となる。

人の育成に関しては、「企業は人なり、人の考え方と行動が重要なり」と言われているとおり、いつの時代でも重要な経営課題であるので、次にVMによるスキル管理（多能化）について説明する。

1．多能化の狙い

多能化とは、業務を遂行する各人が一つの仕事のみの専任でなく、担当以外の業務領域に対し、必要なスキル（能力）アップを図り、多くの業務に精通していくことである。

多能化のメリットは、次のとおりである。

（1）個人としてのメリット
　①スキルの幅を広げることができる
　②スキル（能力アップ）につながる
　③多彩なマルチ人間になれる

（2）職場としてのメリット
　①職場の仕事量（負荷）のアンバランスを解消できる
　②多業務持ちが可能となり、業務の流れ化を進められる
　③流れ化により、仕事の停滞や遅れが少なくなる
　④担当者の潜在能力を引き出すことができる
　⑤職場の中に助け合いの精神が生まれ、チームワークが良くなる

2．多能化の進め方

（1）スキルマップの作成

後の第8章5項の図表1で示す「経営機能分類表をベースにしたスキルマップ例」のように、職場の機能を縦に、担当について横にスキルマップに表す。担当ごとにできる仕事、できない仕事を明確にするとともに、教育訓練させたい要素を明らかにする。スキルマップができたら職場のVMボードの多能化コーナーに貼る。

（2）多能化の目標設定

多能化率で目標を設定する。多能化率とは、その部門における機能要素について、すべての従業

6 見える日常業務管理

図表1　教育訓練計画・実績表

承認	作成

期間：　　年　　月　　日～　　年　　月　　日　　●：指導できる（1.2）　　○：一人でできる（1.0）　　△：援助があればできる（0.5）　　▲：訓練中　　無印：できない

No.	業務・作業名	指導受者	指導者	スキル		区分	月			月			月			備考
				計画時	目標		上旬	中旬	下旬	上旬	中旬	下旬	上旬	中旬	下旬	現状スキルと今後の進め方
						計画										
						実績										
						計画										
						実績										
						計画										
						実績										
						計画										
						実績										
						計画										
						実績										
						計画										
						実績										
						計画										
						実績										
						計画										
						実績										

掲示期限：　　年　　月　　日

員が「指導できる」多能状況を100％として、現状の各人が修得しているスキルの比率のことである。

（3）教育訓練計画・実績表

　目標が設定できたら、**図表1**に示すような「教育訓練計画・実績表」を用いて、機能・作業ごとに、誰が指導者になって、いつまでに、どのレベルまで、誰をスキルアップするのかの計画を作成し、VMボードの多能化コーナーに見えるようにする。

（4）教育訓練（多能化）の実施

　計画に従って教育訓練を実施し、実績を書き込み、定期的にVMボードの多能化コーナーにて関係者が集い、進捗管理を行い、計画どおりの多能化を推進する。

（5）多能化の推進ポイント

　①多能化の意義を十分理解する

　②有能な人からマルチ人間にしていく

　ややもすると、いろいろな仕事を覚えることは便利屋の印象がある。職場のチーフ、リーダーからマルチ人間を目指していく。

　③多能化は計画的に進める

　④多能化はVMで進める

　スキルマップ、教育訓練計画・実績表などはすべてVMボードに展開することで、指導を受ける

図表2　依頼・対応管理表

対応部署：＿＿＿＿＿＿＿

No.	依頼					対応			評価
	受付日	部署	氏名	依頼内容	納期	担当者	予定納期	実績納期	

人も指導する人もお互いが成長し、職場が活性化される。

3．依頼・対応管理で管理レベルのアップ

　「後工程はお客様、良いか悪いかはお客様が決める」という格言がある。生産技術の保全・修理・改善機能を有する部門や総務・経理機能では、各部門から都度さまざまな依頼が発生しているが、依頼が部門の管理・監督者を経由せず直接担当者に来て、対応する部門の管理・監督者が把握できずに適切な負荷管理が行えず、本来は依頼元で遂行すべき仕事に対する依頼などのケースが散見される。一方、依頼部門もいつ対応してくれ

129

るのかわからず、成り行き管理に陥っていること
もあるため、図表2のような依頼・対応管理表を
受付側で見えるようにして、納期を決めて依頼元
の満足度を高めていくようにする。依頼内容や対
応状況が見えてわかると、手続きの標準化や対応
納期に対する正常／異常が見え、一段と管理レベ
ルを上げることができる。

成果を上げる

　成果の伴わない活動は長続きしない。VM活動
も同様である。全部門全員力で新たな価値を創造
することが求められている時代に、ますます新規
のお客様、新規の受注などの付加価値創造が経営
者、管理職、社員の期待でもある。企業の目的は
「利益を確保し、存続する」ことであり、そのた
めには、成長投資の原資を生み出す生産性（付加
価値／投入工数）の向上が重要な指標である。詳
しくは第7章の「VMによる管理・間接部門の生
産性向上の効果的な進め方」を参照していただく
として、以下に経営機能別に生産性向上に効果を
上げているVMの道具立てを紹介し、その要点を
取りまとめる。

1．新規受注を獲得する商談管理表
　図表3に商談管理表の例を示す。新規受注獲得
のプロセスと現時点の受注ランク状況を共有し、
ランクをどのように高めていくか戦術を練り、受
注確度を上げていく管理帳票である。具体的に
は、営業機能部門のVMボードに展開し、週の
ミーティングなどで担当から現状のプロセスとラ
ンクからどのようにしてランクを上げるか意見交
換する。これにより、営業先との関係を知る上司
などがアドバイスしてくれたり、時には同行や営
業先に一報を入れたりするなど、後押ししてくれ
る。このようにVMで組織的な営業展開をタイム
リーに実施することが可能となる。

2．売れる新製品を迅速に投入する日程管理
　設計・開発機能を有する企業では、新たな付加
価値を増やすため新製品・サービスを投入し、顧
客の期待に応えることにより、新製品・サービス
の受注増で付加価値を増やしていくことが重要で
ある。しかし、計画どおりに新製品・サービスを
投入できずに時機を逸する、もしくは顧客の期待

に達する内容ではないなど、新製品・サービスが
付加価値増に寄与しないケースを見てきた。この
ような残念な状況に陥らないためにも、図表4の
ような設計・試作日程計画をしっかり立てて、
VMボードで進捗管理、目標管理を実施していく
必要がある。

3．可動率で製造部門の信頼を得る施設部長の管理板
　モノづくり企業の中で少品種連続生産タイプの
企業は、設備故障停止は稼働率を低下させ、業績
に直結する。
　図表5は、設備の稼働率向上を目的・目標とし
ている施設部門のVMコーナーである。部門とし
て非稼働（主に設備故障停止）時間を重要管理指
標に設定し、VMボードにて全員参画で展開して
いる。図表5の道具立ては、施設部長の管理とマ
ネジメントの道具立てで、A0サイズの迫力のあ
るボードと管理帳票である。上部については、当
該年度は手書き追加とし、更新は年1回でアップ
デートしている。下の部分は、完了すべき突発故
障の進捗のため、当月、次月の月次で更新してい
る。実績記入はすべて手書きで更新している。
　以前はA3まとめに長けている方で、当初は
VMボードに掲示していたが、先輩コンサルタン
トから「見えない、わからない資料を貼っても、
見たくもない」と指摘され、奮起して見える、わ
かる内容にし、突発故障に対するPDCAを回し
きるボードにしてから故障件数および停止時間が
低下し、着実に成果を上げている。

4．約束どおり、効率よく、お届けする出荷・配車管理板
　モノづくり企業の主なプロセスは、受注・生
産・出荷である。よく生産現場は生き物であると
言われる。入荷予定の材料・部品、人員の出勤状
況、製造条件など刻々と変化している中で、顧客
納期を順守するためにさまざまな取り組みがなさ
れている。特に顧客に一番近い倉庫・出荷・配送
機能を有する職場は、生産遅れや変更などの影響
を受けやすい職場である。変更があるからこそ出
荷3日ローリング作業計画と、図表6に示す日々
出荷作業進捗管理板を行っていくことが成果に直
結する。

（小坂 信之）

図表3　商談管理表の例

営業担当者：東京　一郎

【進捗状況】各項目完了日を記載（年．月）

【予測ランク】
決定：注文書入手（100%）　Aランク：内示（受注確率90%以上）
Bランク：見込み（受注確率60%以上）　Cランク：候補（受注確率30%以下）
Dランク：薄（受注確率30%未満）失注

	顧客名	売込商品	予想数量	見積金額	受注予定月	単発・継続	情報収集	新規訪問	提案・見積り	調整	受注決定	納期	区分	10月	11月	12月	1月	2月	3月
1	○○工業	人員輸送用車両	1式	10百万円	20XX年2月	単発	10月10日	11月5日	11月25日	12月5日	12月19日	3月20日	計画	C	B	決定			
													実績						
2	○○建設	資材搬送用車両	一式	6百万円	20XX年4月	単発	11月25日	12月5日	12月25日				計画		B	B	失注		
													実績						
3	○○製鉄	鉄鉱石搬入用車両	一式	20百万円	20XX年6月	継続	1月9日	1月19日	1月25日				計画				B		
													実績						
4													計画						
													実績						
5													計画						
													実績						
12													計画						
													実績						

図表4　試作・設計日程管理の例

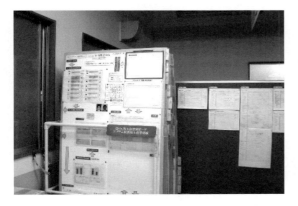

図表5　施設部長のVM道具立て

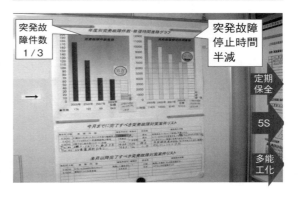

図表6　日々出荷作業進捗管理板

第7章 VMによる管理・間接部門の生産性向上の効果的な進め方

1 管理・間接部門の生産性向上手順

POINT

● 分母を小さくし分子を大きくする2Way・4Patternアプローチで管理・間接部門の生産性向上を図り、全社の生産性向上に寄与する

管理・間接部門における生産性向上の必要性

第7章では管理・間接部門における生産性を向上する手順を具体的に説明する。第1章1項で説明したとおり、生産性は付加価値／投入工数で算出され、生産性向上のためには分子を大きく、分母を小さくする必要がある。これまで多くのモノづくり企業においては、生産現場を中心に投入工数の削減に精力的に取り組んできた。しかし、部品や材料の納入が納期を過ぎる、設計変更の情報がタイムリーに生産現場への周知が遅れるなど、生産現場で発見される生産性阻害要因が管理・間接部門にあることは決して少なくない。言い換えると、管理・間接部門の付加価値が直接部門および全社の付加価値を左右していると言える。

また管理・間接部門の基本的な役割・使命は「製造部門がより安定的に製造できるようサポートする」ことが付加価値向上である。したがって、自職場の付加価値を向上することが他職場、すなわち全社の付加価値向上に波及する意味で極めて重要である。

2Way・4Patternアプローチとは

生産性を向上するためには、分母である投入工数を小さくし、分子である付加価値を大きくする2wayアプローチがある。さらに、管理・間接部門においては、分母、分子ともに直接的（Direct）、間接的（Indirect）に生産性を向上させる4パターンが考えられる。これを2Way・4Patternアプローチ（図表1）と呼ぶ。

管理・間接部門では、自部門の付加価値を高める（図表1①－a）ことは、「他職場（全社）の付加価値を高め」（同①－b）、「他職場（全社）の工数を低減」（同②－b）し、「自職場の工数を低減する」（同②－a）といった波及効果を与える関連性がある。

生産性向上の手順

ここでは付加価値を高める手順と工数を低減する手順に分けて述べる。

1. 付加価値向上アプローチ（分子増大）

モノづくり企業において、付加価値を高めるためのアプローチは以下の3つが挙げられる。

①新製品・新規事業開発

自社製品がある場合は、差別化された新製品の開発により売上を高める。

②自職場の価値（図表1①－a）

自職場が求められ期待されている役割・使命を果たすことが該当する。例えば、「研究開発部門

7 VMによる管理・間接部門の生産性向上の効果的な進め方

図表1　管理・間接部門における生産性向上2Way・4Patternアプローチ図

Direct/Indirect 役割区分		付加価値向上 ① （分子大）	投入工数削減 ② （分母小）
a Direct	自職場生産性への貢献	①−a 自職場の付加価値向上	②−a 自職場の工数低減
b Indirect	他職場生産性への貢献	①−b 他職場（全社）の付加価値向上への貢献	②−b 他職場（全社）の工数低減への貢献

アプローチ区分		管理・間接部門による自職場付加価値を高めることによる波及効果（品質管理部門の場合）
①−a	自職場の付加価値向上	自職場の付加価値「不良・クレームを撲滅することである」これにより、以下へ波及する
①−b	他職場（全社）の付加価値向上への貢献	①−aの結果、「製造部門では生産高が向上する、全社では売上が向上する」といった付加価値向上に貢献する
②−b	他職場（全社）の工数低減への貢献	①−aの結果、「製造部門の不良対応工数低減、材料の再手配工数低減」に貢献する
②−a	自職場の工数低減	①−aの結果、自職場（品質管理部）の事後的・負の業務工数が低減する

図表2　管理・間接部門における付加価値の例

区分	大分類機能	組織	付加価値	
			自職場の価値	全社へ貢献する価値
政策樹立機能	総合企画	総合企画部	環境変化に応じた中期経営計画を策定、実行、検証して計画を達成する	全社的な売上・収益向上を図ること
	研究開発	研究開発部	市場や顧客ニーズを的確にとらえた新商品を開発し市場に提供する	新製品売上占有率・生産高を向上する
管理間接機能	購買	購買部	品質の良いモノを、安く、納期どおりに納入する	計画的な単価交渉による材料費削減
	生産技術	生産技術部	新規製品の立ち上げを計画どおりに推進する、計画的な治具改良を推進する、保全により故障停止時間を低減する	製造現場での非稼働工数を削減し、生産高を向上する
	品質管理	品質管理部	不良およびクレームを低減する	不良低減による生産高増、製造部門の工数低減
	生産管理	生産管理部	変更の少ない、精度の高い生産日程計画の立案	材料・仕掛り品・製品の在庫数量の適正化、製造現場の工数削減
補助経営機能	経理	経理部	正確な経理情報を短期間に経営層・管理層に提供する	組織全体や各部門の状況判断および対策を早期に実施することで収益向上につなげる

では、市場や顧客ニーズを的確にとらえた新商品を開発し、市場に提供する」ことである。

③全社へ貢献する価値（図表1①−b）

自職場に求められる役割・使命の価値が、結果として製造、営業部門など他部門（全社）の付加価値の向上に貢献することに該当する。

図表2に管理・間接機能別の②と③の付加価値の例を示す。ここでは②、③の観点で付加価値向上手順を以下で説明する（図表3）。

手順1：現状把握（ギャップ分析）

付加価値向上アプローチにおける現状把握は、各機能のあるべき姿に対する実態・実績とのギャップを分析することが該当する。

a．ギャップ分析のためのインプット情報

第3章3項で作成した「機能分類表」を軸として、中小分類レベルで部門の本来あるべき姿とその実態・実績の情報がインプット情報となる。具体的には、職場および管理・監督者が求められ、期待されている役割・使命とそのKPIの目標値に対する達成が該当する（第5章2項参照）。その他、方針・目標に対する達成度や業務や改善の計画の進捗度もインプット情報となる。

b．課題・ギャップの明確化

a．で明確にした役割・使命および目標の管理指標（KPI）の目標値と実態とのギャップを明確にする。

手順2：革新テーマ、目標設定、改善計画

重要度の高いギャップに関してテーマ、目標、計画を設定、立案する。現状分析により重要度の高いギャップに関するテーマに絞り、その革新目標と達成のための計画を立案する

手順3：要因解析

要因は、いわゆる生産の4Mをもとに、管理・間接部門では、インプット（情報、前工程）、プロセス（標準、手順）、アウトプット、マネジメント（目的・目標、計画、管理サイクル）、人、ツール、事務現場の観点でのギャップ要因を解析する（図表4）。

手順4：対策立案・実施

手順3で挙げられた一つひとつの要因に対する対策を立案し、その対策による予想効果をVMボード上で見えるようにする。

手順5：効果確認

手順2で設定した目標に対する結果を評価する。目標を達成できない場合は手順3：要因解析に戻る。

手順6：歯止め

変更になった手順・ルールについて標準化を図り、必要な教育を実施、その実施状況・結果をフォローしていく。

2．工数低減アプローチ（分母削減）

分母である投入工数を低減するアプローチは、図表1では②−aに該当する。この手順について説明する（図表3）。

手順1：現状把握（工数分析）

工数低減アプローチにおける現状把握は、機能分類表を軸にして機能別に工数低減を集計・分析し、改善の重点を明確にすることを目的とする。このためには、職場の背景として職場全体の総労働時間、残業時間、人員数の過去の推移を調査し、一人当たりの労働時間や残業時間が職場や事業環境の変化との相関を把握する。

その上で、担当別業務日程管理により担当別、機能別に業務量を調査、分析する。これにより、どの機能の工数が多いか、複数の人が同業務を遂行する場合は、担当者別の業務量やその効率にどの程度バラツキや偏りがあるのか、それは業務のミスが多くやり直しが多いからなのか、など工数過多となっている問題点を特定する。

手順2：革新テーマ・目標設定、計画立案

現状分析により明確になったテーマに絞り、その改革目標（工数低減目標など）と達成のための計画を立案する。

例）機能大分類：◎◎

　　機能中分類：○○に関する業務工数の低減

手順3：要因解析

手順1で特定された機能とその条件に絞り、工数が過多となっている要因を探る。要因の切り口としては、付加価値向上アプローチの手順3の要因解析と同じである（図表4）。

手順4：改善策立案・実施

前項の要因に対して、ECRS（除結交単）の観点で、まず止められないか（E）、組み合わせること（C）により工数が低減されないか、また入れ替えること（R）やシンプルにすること（S）

7 VMによる管理・間接部門の生産性向上の効果的な進め方

図表3　管理・間接部門における2Wayアプローチの手順

No.	ステップ	付加価値向上手順	工数低減手順
1	現状把握	【ギャップ分析】 (1) インプット情報 　①役割・使命に基づくKPIの目標値に対する達成度ギャップ（第5章2項） 　②方針・目標との達成度ギャップ 　③業務および改善日程計画に対する進捗度ギャップ 　④5S・フォルダリングの目標レベルに対する評価ギャップ (2) 機能評価 　あるべき付加価値レベルに対する課題・ギャップを評価する	【工数分析】 (1) インプット情報 　①総労働時間、残業時間の目標に対する実績 　②機能別業務工数分析結果 　③担当別業務日程管理表 　④問題点対策管理表 　⑤根本対策実施管理表 　⑥担当別業務調査票 (2) 問題点特定 　業務工数が大きい機能を特定する
2	活動計画	ギャップに関して、(1)重点テーマ、(2)目標、(3)計画を設定、立案する	工数分析結果に関して(1)重点テーマ、(2)工数低減目標、(3)実施計画を設定、立案する
3	要因解析	1. 現状把握における付加価値と実態のギャップの要因を4Mの切り口で解析する	特定した業務工数が多い機能に関して、その要因を4Mの切り口で解析する
4	対策立案・実施	①機能の廃止（やめる）、②機能レベルの向上、③継続実施の3つの方向で判断し、VMで管理・改善を推進する	基本的にE（やめる）、C（組み合わせる）、R（順序を入れ替える）、S（簡略化する）の切り口で対策を立案・実施する
5	効果確認	2 (2) の目標に対する効果を確認する	
6	歯止め	標準化、教育、フォローアップを実施する	

図表4　管理・間接部門における生産性に関する要因体系例

区分	内容
プロセス	インプット（前工程、情報）、標準、手順、アウトプット
管理	PDCA予防管理サイクル、CAPD根本対策サイクル
マネジメント	目的、目標、計画、組織体制
ツール	OA機器、ソフトウェア
人	教育、理解度、意識、リーダーシップ
事務現場	5S

によって工数が低減しないかをVMで業務改善を計画、実施する。

手順5：効果確認

手順2で設定した目標に対する結果を評価する。目標を達成できない場合は手順3：要因解析に戻る。

手順6：歯止め

変更になった手順・ルールについて、標準化を図り、必要な教育を実施してその実施状況・結果をフォローしていく。

（佐藤 直樹）

2 機能分類を軸とした現状把握と活動計画

POINT

● 付加価値向上アプーチと工数低減アプローチに分け、VMボード上での現状把握により業務革新に向けた問題点を絞り込む

前項において管理・間接部門における生産性向上における2Wayアプローチの手順を説明した。本項では2つのアプローチに分けて、現状把握の方法を説明する。

付加価値向上アプローチにおけるギャップ分析

管理・間接部門において付加価値とは何か。それは言い換えると、顧客要求に応え、結果として業績を向上するために会社側から期待されている「役割・使命」「方針・目標」に該当する。つまり、付加価値を高めるということは役割・使命を果たし、目標を達成することに値する。

したがって、付加価値を向上する目的の現状把握は、あるべき姿である役割・使命をどの程度果たせているかのギャップを確認し、それを果たすための重点課題を明確にすることが該当する。以下、その手順を説明する。

(1) あるべき姿の明確化

第3章3項で作成した機能分類表を軸として、自部門の本来あるべき姿を明確にする。この役割・使命は、Q（Quality：品質）、C（コスト）、D（納期、リードタイム）、P（Productivity：生産性）をはじめ、S（Safety：安全）、S（Skill：育成）などに分けられる。

例えば、**図表1**にあるように生産技術部門では、生産準備、設備導入、設備保全、改善の区分に分けられ、まず自職場の付加価値である役割・使命を明確にする（第4章2項および第7章1項参照）。その結果として、全社（他部署）に貢献する付加価値を明確にする。それに加えて、自職場

の方針・目標も求められている姿の一つである。

(2) あるべき姿に対する達成度の確認

(1)で明確にした部門の役割・使命や方針・目標に対する実績のKPIの目標値に対する達成度を把握する。

(3) 機能評価

(1)および(2)で明確にした役割・使命および方針・目標のKPIの目標値に対する実績とのギャップを分析、評価する。

図表2に、購買部門の役割・使命に対するギャップとその要因と対策の例を示す。つまり、ギャップは役割・使命に対して、○：期待どおり果たせている、×：十分に実施できていない・機能していないギャップ、つまり機能を評価する。そして、複数あるギャップから重要なギャップ事象に絞り、次のステップである要因解析につなげる。

これらの改善ステップをVMボード上で見えるようにして改善を進めていく（**図表3**）。

投入工数削減アプローチにおける工数分析

このアプローチの現状把握は工数分析に該当する。工数分析の目的は、職場全体および各担当レベルの工数を低減するために、工数実績の事実を明確にして工数低減に向けた重点を明確にすることである。まず、工数分析のためのインプットである工数実績データを調査し、分析する。

1．工数分析のためのインプット情報の入手

工数分析にあたってのインプット情報の例を以下に挙げる。

7 VMによる管理・間接部門の生産性向上の効果的な進め方

図表1 生産技術部門の役割・使命の例

機能大分類	機能中分類	自部署役割・使命	全社（他部署）へ貢献する役割・使命
生産技術	生産準備	・生産準備の日程計画を立案し、進捗管理を行うことで、初期の目的・目標（品質、稼働率）を達成するようにすること	稼働率向上 不良削減 製造工数低減 生産高向上
	設備導入	・設備導入の日程計画の進捗管理を行うことで、予定どおりに生産が開始できるようにする	
	設備保全	・設備保全を計画し、稼働率および品質の維持に努めること ・設備が安定稼働するために定期・日常点検を実施すること ・設備の突発故障に対して迅速な対応と再発防止を図る	
	改善	・計画的な生産現場の改善を実施する	

図表2 購買部門の役割・使命（あるべき姿）に対するギャップ評価とその要因と対策一覧（例）

機能中分類	役割・使命	KPI（目標/実績）	ギャップ評価	ギャップ要因	付加価値を高める改善策
―	指定納期どおりに安価で良質な部材を調達し、工場内の後工程が計画どおりに実行できるようにすること	―	○特に問題なし	―	―
発注	適切な数量を適切なタイミングで発注し、部材在庫を削減すること	材料保有日数（15〜20日/20〜25日×）	×発注LTを確保できていない	自部門の営業・生産管理間の共有不足	生・販・購・製の一体化に取り組む
納期管理	部材を指定納期どおりに納入させ、後工程に影響を与えないこと	納期遵守率（95%/85%×）	×一部仕入れ先で遅れ多い	事前督促できていない	事前督促の仕組み再導入
調達リードタイム（LT）	調達リードタイムを短縮すること	主要材料LT（10〜15日/15〜20日×）	×遅れ事象らLT長大化している	基準の調達LTが設定されていない、納期遅れ多発	発注、納期の仕組みをまず改善していく
調達コストダウン	材料費・外注費の低減を図ること	材料費（○/△）	○協力度あり	―	―
指導・育成	部材・外注によるQCDレベルを向上するために、計画的に仕入れ先を指導・育成する	―	×納期管理に関して充分指導できていない	定期訪問の仕組みがない	重点仕入れ先に対して定期訪問し、指導する機会を計画する

(1) 職場別・個人別の総労働時間および残業時間

まず大局的に自職場の総労働時間および一人当たりの平均総労働時間、残業時間を把握する。今後の工数低減の成果指標にもなり、改善前の現状を把握する。

(2) 機能別業務工数実績（本章4項参照）

工数低減にあたっては、最終的に工数が多い機能分類を特定してその要因を解析し、対策を講じていく。このため、機能分類（大分類・中分類・小分類）別の工数集計結果が極めて重要なインプット情報となる。

(3) 担当別業務日程管理表（本章4項参照）

(2)での機能別業務工数を把握するためには「担当別業務日程管理表」を活用し、一定期間、日々どの機能分類の業務で何時間費やしたかを把握する必要がある。このデータが今後の分析の元データとなる。

(4) 担当別業務調査票

(3)で業務工数が多い機能について、より詳細に調べる際に活用する。これにより、いつ、誰が、何をインプットとして、どのような手順で・何分かけて、どのようなアウトプットをしているかを確認する。

(5) 問題点対策管理表、根本対策管理表

VMにより日常業務管理を推進することで、KPIの達成状況や進捗状況が見えるようになっている。その結果、未達成や遅れといった事実をもとに、どのような異常・ムダ・問題点が発生しているのか、それによってどの程度のロス時間が発生したのか、その原因と処置・対策状況を「問題点対策管理表」や「根本対策管理表」で管理している。これらが、工数が多くかかっている原因のインプット情報として活用できる。

2. 工数分析の方法

工数分析の結果、誰が、いつ、どの機能で、どの程度の工数がかかっているのかを特定して、その後の改善の重点を決める。ここでは3つの分析の観点を紹介する。

(1) 業務工数のパレート分析

a：機能の分類別（大分類・中分類・小分類）工数を集計する。

b：中分類機能別の工数のパレート分析を行い、工数が多い機能（ワースト機能）を特定す

る。同様に、ワースト中分類機能の中で小分類機能別に、さらに単位業務別のパレート分析を行って、工数ワースト機能を絞り込む（**図表4、5**）。

c：特定された工数ワースト小分類機能について複数の担当が同業務を担当している場合は、個人別に工数を調査し、バラツキなどを把握する。

(2) 機能別の計画・目標工数と実績、差異分析

機能別に工数の計画・目標値が設定されている場合は、それと実績、差異を分析し、達成度の低い機能分類を特定して改善につなげる。

(3) 過去からの工数推移による分析

機能別工数の過去数年前からの推移を調べる。この結果、増加傾向の事象があれば、そこから工数増の問題点が特定できる。

活動計画の立案

現状把握の次のステップは活動計画であり、次の(1)〜(4)で構成される。

(1) テーマ選定

現状把握によって改善の重点が絞られたら、今後進めるテーマ名を設定する。例えば、購買部門では、「仕入れ先の指導・育成によるQCD向上」と目的を示すテーマ名を設定する。

(2) 目標設定

(1)のテーマについてKPIとその目標値を設定する。

(3) 推進組織化

選定したテーマを実行し、目標を達成するための推進組織を構成する。必要に応じて他部門の協力を得られる組織とする。さらに、これら複数の部門に影響力を持つ経営幹部、管理者も推進組織の一員とすべきである。

(4) 施策の実行計画

(2)の目標を達成するための施策・ステップとその実行計画が必要となる。例えば、これまで述べてきた現状把握、上記の(1)、(2)、(3)の後、「目標管理表」（第5章1項）を活用して、要因解析、対策立案・実施、効果確認、歯止めの各ステップは、誰が、いつ、何を実施するのかを計画し、実行計画のPDCA管理サイクルを回していく。

（佐藤 直樹）

7 VMによる管理・間接部門の生産性向上の効果的な進め方

図表3　付加価値向上アプローチのVMボード例

購買部　付加価値創造VMボード

テーマ名：調達リードタイムの短縮による材料在庫削減

1　経営戦略
(1) 強固なサプライチェーンに向けての原点回帰
(2) サプライヤーとの互恵関係の強化・見直し

2　部の役割・使命
極力在庫を持たずに、指定納期どおりに安価で良質な部材を調達し、工場内の後工程が計画どおりに実行できるようにすること

3　部方針・目標
方針：仕入れ先のQCD向上における指導・育成体制を確立する
目標：
①納期遵守率95%以上
②納入不良1%以下
③平均リードタイム10%短縮

4　ギャップ分析

No.	あるべき姿	KPI	評価
1			
2			
3			
4			
5			
6			

6　要因解析①
重点：納期遅れが多い

No.	要因区分	なぜ	→	なぜ
1	プロセス		→	
2	管理		→	
3	マネジメント		→	
4	ツール		→	
5	人		→	
6	現場		→	

6　要因解析②
重点：主材料のリードタイムが長い

No.	要因区分	なぜ	→	なぜ
1	プロセス		→	
2	管理		→	
3	マネジメント		→	
4	ツール		→	
5	人		→	
6	現場		→	

8　歯止め
発注在庫基準表・更新版

7　効果・成果
（購買部における付加価値成果のグラフ：調達リードタイム・材料在庫量（保有日数）1Q・2Q・3Q）

6　対策立案・実施

No.	要因	対策	責任	期限	実施日
1					
2					

図表4　単位業務別業務工数・コスト分析表

所属　総務人事部　　　　調査機関 X年Y月1日～30日

機能		単位業務	業務工数		賃率	コスト	改善の優先順位
中分類	小分類		時間	%	円/時	千円	
人事労務	給与	賃金制度	5	4%	5000	25	―
		給与計算	40	33%		200	②
		源泉徴収	10	8%		50	―
		賞与計算	45	38%		225	①
		通勤手当	15	13%		75	―
		退職金	5	4%		25	―
合計			120	100%		600	―

図表5　単位業務別　パレート図

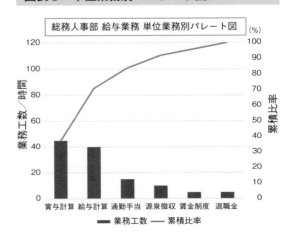

139

3 全体最適で進める業務プロセス分析

POINT

● 全体最適の観点で業務プロセス分析を行うことにより、プロセスの前後関係や他部署との関連を見えるようにして問題点の重点を特定する

業務プロセス分析とその目的

管理・間接部門は、自部門で完結しない業務が多くを占め、直接部門における付加価値を間接的に高める極めて重要な役割を持つ。このため、組織における全体最適の観点で問題点を発見し、生産性向上に向けた改善が必要となる。

前項では個別の機能分類の付加価値や工数の結果系に焦点を当てたアプローチであったが、ここではプロセスの前後や他者・他職場との関連を明確にして現状を分析する業務プロセス分析を進める。

業務プロセス分析とは、業務プロセスの流れ、インプット、アウトプット、組織との相関関係を明確にして、組織全体の観点での問題点を摘出して業務の革新につなげる「現状把握」のステップである。

業務プロセス分析手順

これらの業務プロセス分析ステップと、その後の特定した問題点の要因解析、改善、成果へのステップをVMボードで見えるようにして、複数部署の関係者がVMボード前に集まり、打ち合わせを行い運用することにより、大きな効果が期待される（図表1）。

業務プロセスの分析手順は以下の4つの手順で構成される（図表2）。

手順1：業務プロセス分析の目的の明確化

業務プロセス分析の目的は以下の5つに分けられる。

(1) アウトプットの活用度を評価して業務の整理につなげる

プロセスの結果であるアウトプット（書類・データ）の活用度を評価し、その結果、十分活用していない場合は、アウトプットそのものとそれに関する業務、インプットもなくし、業務の整理につなげる目的がある。

(2) 業務リードタイムが長い要因を解析してリードタイム短縮につなげる

業務のリードタイムを長くしているプロセスを特定して、業務の分担やその結果としての停滞の実態を把握してその原因追究につなげる目的がある。

(3) 工数が多い要因を解析して工数低減につなげる

業務の工数が多いプロセスを特定して、その要因として前工程からのインプットの仕方や業務の分担の実態を分析し、工数過多の原因追求につなげる目的がある。

(4) 業務ミス・修正となる要因を解析して品質向上と工数低減につなげる

業務ミスや修正が多いプロセスを特定して、工程内で品質のつくり込みができていない、つまり標準に基づいて業務を遂行しチェックして後工程に不良アウトプットを流出させない業務の流れになっているかを確認し、原因追求につなげる目的がある。

(5) アウトプットの有効性評価により付加価値の向上につなげる

プロセスの結果としての個々のアウトプットの目的を果たせているかといった有効性の評価によって、さらなる付加価値向上に向けた改善の余地を探る目的がある。

7 VMによる管理・間接部門の生産性向上の効果的な進め方

図表1　部門横断　生産性向上VMボード

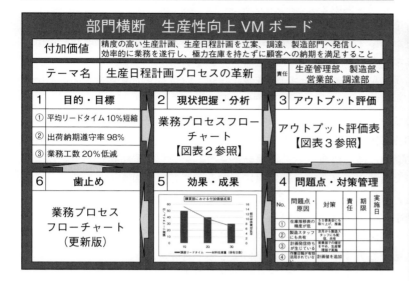

図表2　業務プロセス分析の手順

図表3　横断業務プロセスフローチャート例

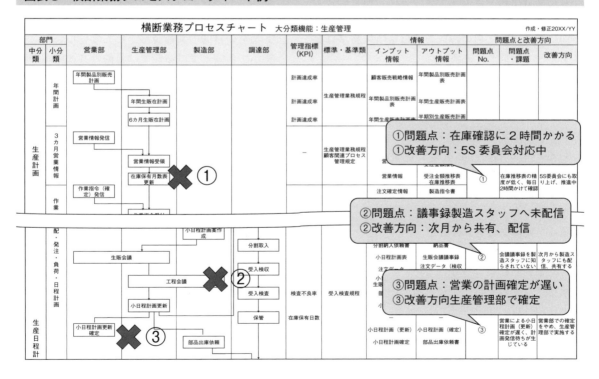

手順2：業務プロセスフローチャートの作成

目的、対象によって分析の種類と方法を選択する。複数の部署にまたがる業務の問題点を摘出するには、(1)横断業務プロセス分析を選択して大まかな業務の流れを把握して問題点を特定する。また、単一の部署における業務の効率化を目的とする場合は、(2)特定部署業務プロセス分析を選択する。そこで、業務量の調査結果を合わせて職務分担や業務そのものの改善を実施していく。

(1) 横断業務プロセスチャートの作成方法

横断業務プロセスチャート（**図表3**）は、機能分類の小分類、単位業務のレベルで業務の流れを上から下に流れるように表現する。横軸は部署別の業務に加えて、業務の標準・基準、インプット情報、アウトプット情報、問題点・課題と改善方向の欄をつくり、VMボード上に見えるようにして、関係者で問題点と改善方法を特定、記入を話し合いながら推進する。ここで挙げられた問題点は、問題点対策管理表（図表1）と連鎖させて改善につなげる。

(2) 特定部署業務プロセスチャートの作成方法

特定部署業務プロセスチャートは、横断業務プロセスチャートの横軸が部署別だったのが業務担当別になり、その他の作成方法は横断業務プロセスチャートと同じである。

手順3：アウトプットの活用度評価による業務の整理

「アウトプット評価表」（図表4）に基づいて、アウトプットがその後のプロセスで有効に活動しているかを評価し、活用していなければアウトプットをなくせないかを判断する。アウトプットがなくせれば、その業務そのものも不要となりインプットもなくせるため効果的である。

手順4：業務プロセスの分析

手順1で決めた分析目的に基づいて問題点を摘出し、業務の革新につなげていく。以下に目的別の業務プロセス分析と業務革新への着眼点を述べる。

(1) 業務リードタイムが長い要因を解析してリードタイム短縮につなげる

リードタイムが長いプロセスについては以下の観点で問題点を摘出する。

①複数部門に業務がまたがっていないか

②一人ひとりの担当者が分業し過ぎていないか

③1部門に一連の業務が集中し過ぎて停滞していないか

④担当間の仕事量にムラがないか

⑤特定の管理者に責任・権限が集中して仕事が停滞していないか

⑥承認、確認、照合などの業務が必要以上に多くないか

複数の部門や担当に分業し過ぎたり、逆に1つの部門や担当に集中し過ぎることで停滞が発生し、リードタイムが長くなる傾向がある。以上の問題点に対する革新方向を図表5に示す。

(2) 工数が多い要因を解析して工数低減につなげる

①業務頻度が少なく、まとめ処理していないか

月末にまとめて処理すると、特定のタイミングで工数が過多となる。

②業務の修正が多くないか〔(3)へ〕

(3) ミス・修正となる要因を解析して質向上につなげる

①業務手順・方法が標準化されていない

様式や手順書により、間違えにくい標準化ができているか。

②業務の目的の共通認識が持てていない

指示する側と受ける側で、目的の共通認識が持てていないとミス・修正につながる。

③チェックの機能が働いていないか

早めにミスに気づけるチェック機能があるか。

(4) アウトプットの有効性評価により付加価値の向上につなげる

①アウトプットの質は目的を果たしているか

②アウトプットの作成にかかる工数に見合った活用ができているか

③管理帳票の場合、正常／異常が見えるか（目標、計画、基準／実績／差異）

④PDCA管理サイクルが回っているか（目標、計画、基準／実績／差異原因／処置・対策）

以上の業務革新への着眼点により問題点を摘出して、図表1のVMボード上で原因追究、対策立案・実施、成果の確認、歯止めのストーリーを見えるようにして展開していく。歯止めでは、改善後の業務プロセスフローチャートを見えるようにする。

（佐藤 直樹）

7 VMによる管理・間接部門の生産性向上の効果的な進め方

図表4　アウトプット評価表

所属：生産技術部

大分類機能名称（コードNo.）　　　生産技術（5）　　　　　　　　　　　　作成日　　20XX/YY/ZZ

| No. | 機能分類（コードNo.） | | | | アウトプット名称 | 活用目的 | 作成時期 | 作成担当 | 配信・配付先 | | | | 活用度および有効性評価 | | |
	No.	中分類	No.	小分類（単位業務）					部内	製造	資材	開発	総合評価	事由	改善方向
1	2	設備導入	2	工事管理	現場工事記録	外注工事業者の工事内容の記録	随時	工事業者	部長	部長	部長	部長	△	e	資材部門、開発部門では活用していないため、配付を止める
2	3	設備保全	1	定期保全	設備別保全日報	定期巡回により、設備異常を工場内に共有するため	日	保全担当者	…	…	…	…	△	a	実績だけが書かれているので、計画・基準値と対比して見えるように改善する
3	4	改善	3	週次管理	週報	スタッフ業務における困り事を早期に浮き彫りにして生産現場の改善を促進する	週	製造スタッフ	…	…	…	…	△	c	週ごとのまとめ報告となっているが、「日々」記入することでPDCAを早く回す

【評価凡例】総合評価　　　　○：必要・継続、×：不要、△：改善の余地あり

△の場合の事由　　a＝様式、b＝名称、c＝作成時期、d＝作成担当、e＝配付先・部数、経由先

図表5　生産性向上に向けての問題点と革新の方向性

区分	主な問題点	革新の方向性
過度な分業	①複数部門にまたがる問題点 一連の業務を完遂するのに複数の部門を通すことによって、リードタイムが長くなりコストもかかっている	①業務の統合化を図る 複数の部門への分業化を極力廃止して統合化を図る
	③担当者間の分業化による問題点 一連の業務が担当者ごとに分業化が行われているためリードタイムが長くなり、前後の調整業務が増える	③多業務持ち化を推進する 多能職化を図り、1人の担当者に多くの業務を担当させることで1人が一連の業務の大部分を担うようにする
過度な統合	②1部門に一連の業務が集中する問題点 ある1部門に一連の業務が集中しているため業務が停滞する	②業務の分散化を図る ある1つの部門に専門的な一連の業務のすべてを集中させるのをやめ、製造や営業部門の最前線に分散化させる
業務量のムラ	④担当者間の業務量のムラの問題点 担当者別の業務の平準化が図られていないため忙しい人と暇な人が発生し、工数のムダが生じている	④業務の平準化を図る 担当者間の業務量の計画、負荷を見えるようにして平準化を図り、各人の業務量の均一化を図る。
権限集中	⑤業務や権限の委譲ができていない問題点 業務や権限の委譲ができていないため業務の質低下や遅れが発生し、かつ人材の有効活用が図られていない	⑤業務・権限の下位移譲を図る 管理者は部下の量的・質的能力を把握した上で、部下に任せられる仕事は移譲してやらせる。
多い手続き	⑥承認、確認、照合が多いことによる問題点 承認、確認、照合が必要以上に多く、リードタイムを長くし、業務工数も増大している	⑥承認、確認、照合などの仕事を極力少なくする 承認、確認、照合の必要性を見直し、なくせるところはなくす。また、システム化によりスピードアップを図る

143

4 工数を小さくする 工数低減活動の進め方

POINT

● 機能分類表をもとにした担当別業務日程管理を実施して業務工数を分析し、対象業務を選定して工数を低減する

工数低減活動の進め方

工数低減活動は、生産性を向上する2Wayアプローチのうち、分母を小さくする活動である。現在どの業務で工数がかかっているのか、どの業務の工数を低減すべきか、また低減できるのかを調査・分析し、演繹的な観点から現在業務を革新することを視野に入れ、対象業務の革新や改善を実施し、業務工数の低減を図っていく。

具体的には、まず目的を定め、実態を把握し、目標を設定する。そして、機能分類表をもとにした担当別業務日程管理を実施し、定期的に業務工数を集計して現状を把握し、構成比の高い業務（革新対象）や効率化が可能な業務（改善対象）について工数を低減していく。

なお、工数低減活動を進めていくには、第2章の5Sでムダの徹底的な排除、第3章のフォルダリングで仕事で必要な情報の共有化を図った上で取り組む必要がある。

以上の進め方をもとに、工数低減活動の手順を図表1に示す。

目的・目標設定

工数低減活動を始めるにあたり、まずは目的を設定する。例えば、全社的に残業時間を短縮することを目的とするならば、職場別や個人別に残業時間の実態を把握し、方針・目標のテーマになっていれば、その目標達成状況を把握する。そして、これらを成果指標とし、工数低減活動の目標を設定する。

担当別業務日程管理の実施

担当別業務日程管理表を利用して担当者別に業務日程管理を実施する（詳細は第6章2項）。日々、時間単位で業務計画を作成し、計画に沿って業務を行い、1日が終了したら、その日の振り返りを行う。ここで重要なのは、各業務にかかった時間を記入することである。次の手順で各業務にかかった工数を集計・分析するためである。加えて、計画より時間がかかってしまった業務について問題点と原因を明確にし、対策を打つためでもある。対策が大がかりになる場合は、後出の業務工数低減管理表を活用する。

担当別業務日程管理により時間を意識して業務を行うと、改善すべき業務を見つけやすくなる。そういう業務が見つかった場合も「問題点と改善点」に記入し、随時改善を実施して工数低減を図っていく。

担当別業務日程管理表は、図表2のような工数低減VMボードに掲示し、日々見えるようにして管理を実施することで、PDCAが確実に回り、業務改善が進み、工数低減が実現する。

業務工数の集計・分析と実行計画の作成

担当別業務日程管理表をもとに、3カ月に1回など定期的に各業務の工数を集計し、「単位業務別業務工数・コスト分析表」や「単位業務別パレート図」（本章2項の図表4、5）などのような表やグラフにまとめる。担当者別の工数も集計しておくと詳細な分析ができる。

工数を集計する月は、特異な月ではなく平均的

7 VMによる管理・間接部門の生産性向上の効果的な進め方

図表1　工数低減活動の手順

手順0	工数低減基本要件（5S、フォルダリング）確立
手順1	目的・目標設定
手順2	担当別業務日程管理の実施
手順3	業務工数の集計・分析と実行計画の作成
手順4	業務革新・改善の実施
手順5	革新・改善効果の確認、標準化

図表2　工数低減VMボード

※点線は帳票の流れを示す

手順3で選定した工数低減対象業務を詳細に分析し、図表4の工数過多要因や対応策につなげる

145

な月を対象として集計する。年に数回しか行わず集計期間内に発生しない業務は個別に工数を集計する。

当初設定した目的・目標を達成するために、工数のかかっている機能の業務から工数低減対象を選定する。例えば、工数が上位の業務の中から工数を減らすべき業務を全体最適および演繹的な視点で選定し、計画的に革新を図っていく。

選定の観点として、以下が挙げられる。

○本来すべき業務ではない
○将来減らしていく業務である
○目的が不明である
○他部署も同じようなことをやっている
○長年やり方を変えていない
○処理量が多い
○やり直しが多い
○確認すべき人が多い
○標準が定まっていない　など

上記の観点で工数が上位の業務から工数低減対象業務を選定し、優先順位をつけて実行計画を作成し、業務改革・改善を実施する。実行計画は、各工数低減対象業務について要因解析、対策立案、対策実施、効果確認、歯止めをいつまでに誰が行うかを明確にして作成する。

業務革新・改善の実施

実行計画に基づき要因解析や対策立案を行うが、その際には、**図表3**のような担当別業務調査票を利用し、手順3で選定した工数低減対象業務を詳細に分析する。

担当別業務調査票は、工数低減対象業務のうち定形業務に適用する。各業務をまとまり仕事まで落とし、現在の仕事の手順と方法、取り扱う書類・伝票・帳簿名、頻度、所要時間などを明確にしていく。

詳細に分析をしたら工数過多要因や対策案を検討し、**図表4**のような業務工数低減管理表を利用して、業務革新・改善を進めていく。業務工数低減管理表には、対象業務ごとに機能分類、機能分類コード、業務工数、工数過多要因、対策案、低減効果を記入する。

工数過多要因は本章1項でも述べたが、生産の4Mをもとに、インプット（情報、前工程）、プロセス（標準、手順）、アウトプット、マネジメント（目的・目標、計画、管理サイクル）、人、ツール、事務現場の観点で記す。

対策案は、どこかの作業をなくせないか（Eliminate）、他の作業と同時にできないか（Combine）、他のやり方に変えられないか（Rearrange）、簡素化できないか（Simplify）とECRSの視点で検討し、記述する。単純作業の繰り返し部分があれば、RPAの活用なども検討するとよい。

低減効果は工数のため、人数×時間の結果を効果として記入する。具体的には、この業務は何人の人が携わり、それぞれ何時間かけているかを明確にし、その上で削減できる人数や短縮できる時間を考慮して、低減効果を記入する。

革新・改善効果の確認、標準化

対象業務を革新・改善し、工数低減が実現できたら、改めて革新・改善後の担当別業務調査票を作成する。そうすると、それが標準となる。標準が整備されると、継続的な工数低減をしやすくなり、今まで以上に業務革新が進むようになる。

また、工数低減活動はVM手法を活用して毎日、工数低減VMボード（図表2）前でミーティングを行うことにより、以下の効果が確実に表れる。

(1) 定量的な効果
　①業務工数の低減
　②残業時間の短縮
　③総労働時間の短縮

(2) 定性的な効果

部署内でなく、他部署との重複業務の調整や他部署との連携による工数低減なども、関係者を集めてVMボード前で協議することにより、部署間のコミュニケーションも向上する。

その結果、他部署と連携した革新・改善も活発化し、全社的な視座でより効果の高い工数低減を行うことができる。　　　　　　　　　（伊東 辰浩）

7 VMによる管理・間接部門の生産性向上の効果的な進め方

図表3 担当別業務調査票

所属	経営管理部	氏名	◇田 ◇男			入社	XX年4月	勤続年数	10年6ヶ月
	総務人事課	生年月日	XX年3月20日生 35歳			現仕事就任日	XX年10月	経験年数	2年

小分類機能	まとまり仕事		まとまり仕事の内容	取り扱う書類・伝票・帳簿名	頻度		所要時間	仕事の担当					
		手順No.	仕事の手順と方法		日/週/月/年	ピーク	（分）	決裁	主務	協力	補助	責任	備考
1 新卒採用	採用準備	1	役員会議で決定した新入社員採用計画を課長より文書で示される	新入社員採用計画	年	9月上旬	10		○				
	募集	1	職業安定所に新卒者採用予定人数を通知し、紹介を依頼する	新卒者紹介依頼状			60		○				
		2	大学、高校へは安定所を通さないで依頼する				600		○				
		3	人材採用広告業者へ広告を申し込む	求人広告申込書	年	9月上旬			○				
		4	場合によっては社内へ掲示し、知人などの紹介を求める	通達			60			○			
		5	職業安定所、学校、人材採用広告業者からの採用関係書類（履歴書、戸籍謄本、卒業証明書、成績証明書、写真など）を受け付ける	履歴書、戸籍謄本、卒業証明書、成績証明書、写真など			60						
	選考	1	選考日の案を決め、課長の承認を得る	選考通知状		9月中旬	30						
		2	選考日を入社希望者に通知する		年		60		○				
		3	試験問題の案を作成し、課長の承認を得てから印刷する	試験問題		9月上旬	960		○				

> 時間のかかっている部分に的を絞ると効果的である

この仕事について不便に思う点または改善したい点

> 担当別業務調査票は、工数低減対象業務のうち定形業務に適用し、業務革新・改善を進める。革新・改善後、効果があったら改めて作成し、標準とする

※1小分類機能ごとに1枚作成

図表4 業務工数低減管理表

No.	機能分類				単位業務	業務工数／月	工数過多要因	対策案					低減効果	
	大分類	中分類	小分類	機能分類コード				ECRS区分	内容	責任	期限	実施日	予想	実績
1					賞与計算	45	計算方法が複雑で時間がかかっている	S	計算方法を簡素化できないか検討する	人事課長	9月30日	9月27日	10	12
2	人事	人事労務	給与	8-1-3	給与計算	40	全従業員の給与を計算しているため時間がかかっている	E	チェックと準備をどう行っているか現状を把握し、改善を図る	人事課長	12月31日		40	
3	購買	発注管理	発注	7-2-3	材料発注	42	在庫管理表から材料発注を行うが、材料点数が多く発注書作成に時間がかかっている	R	一部の材料を定量発注できないかを検討する	購買部長	10月31日		15	
4	…	…	…	…	…	…	…	…	…	…	…	…	…	…
5														
6														

147

5 業務手順書（マニュアル）の作成・活用方法

POINT

- 生産性向上の歯止めとして業務手順書を作成・活用し、業務標準化と継続的に改善できる組織体制を構築する

生産性向上後の歯止めとしての業務手順書

本章の1〜4項で管理・間接部門の生産性向上をQCストーリーの展開で明記してある。本項は、歯止めとして業務手順書（マニュアル）の作成、活用について明記する。

なぜ、業務手順書が歯止めになるかと言えば、その時点で改善した手順で教育、確認が可能になるからである。また、業務の見直しやさらなる生産性向上を目指す場合に業務手順書を活用して、スパイラルアップで継続的改善の礎にもなる。

具体的な進め方は以下に明記する。

業務手順書の作成・活用手順

手順１：業務手順書作成対象業務の選定

生産性向上が図られた業務から歯止めとして、業務手順化を図るが、管理・間接部門全体での標準化として業務手順書を作成するには、第3章の「経営機能分類表」の単位業務を参考にするとよい。

ただし、単位業務の大半は書類・文書が明確な業務であるため、書類・文書のない定常業務が抜け漏れている場合がある。そのため、部門内でヒアリングし、経営機能分類表にない定常業務も選定する。

手順２：業務手順書フォーマットの統一

業務手順書作成にあたってフォーマットがバラバラだと、情報や記述にバラツキが発生する。さらに、業務手順書を活用した引き継ぎや業務改善にも支障をきたす恐れがある。そこで、業務手順書はフォーマットを統一する（図表1）。

フォーマット作成にあたっては、標準化、教育で使用することを想定し、業務の目的や狙いを示して業務習熟の意欲を高めることを目指す。

処理手順は開始から終了までの工程を明記し、判断が必要な手順であれば判断のポイントを明記する欄を設ける。また、アウトプットイメージを明確にするためにアウトプット例も添付する。

業務タイミングを示すことで業務停滞を未然に防ぎ、業務時間も示すことで時間意識も持たせる。さらに、業務上困ったとき、調整が必要なときの連絡先も明記しておく。

手順３：業務手順書の計画的な整備と運用

部門の単位業務を担当者に割り振り、誰が、いつまでに作成するかの計画を立て整備する。

整備にあたっては、仮作成、レビュー、本作成、承認の順で行う。具体的には、担当者がいったん作成したものの内容説明をする場を設け、処理の手順や判断基準のわかりにくい点をレビューする場を設けて修正、更新したものを、本作成として部門長が承認する。

手順４：業務手順書による業務チェック

業務手順書の遵守のためには、業務チェックをすることが必要である。組織立ったものだと業務監査が該当するが、業務チェックは部門長、上長が担当者と業務手順書を読み合わせ、手順どおりかをヒアリング、アウトプットを確認することである。

業務チェックによって、組織として業務手順書を重視していることを担当者に伝えることになる。

業務チェックは、単に遵守の有無だけでなく、

7 VMによる管理・間接部門の生産性向上の効果的な進め方

図表1 業務手順書（マニュアル）例

承認	作成
佐藤	伊東

作成日：20××年〇月〇日
改訂日：20××年△月△日

①

業務番号	72	業務名	出　納

目的・定義	② 小口現金を正確に管理し、残高不足を未然に防ぐため

③ 処理・判断手順　　　　　　　　　　　　　　④

順番	期日	時間	区分	内容（どこに、何を、どのように）	アウトプット
1	毎日午前中	10分	処理	経理システムの小口現金出納に入り、前日までの入出金を入力する	小口現金出納
2	〃	5分	判断 *1	小口現金出納結果の残高確認をする	小口現金出納結果
3	翌月3日9時まで	5分	処理	翌月に入ったら、前月末までの小口現金出納結果データを経理システム振替データに移行する	小口現金出納結果
4	翌月4日9時まで	5分	処理 *2	本社からの「承認」連絡があれば、出納処理を継続し、「修正」があれば、出納履歴を確認、修正し、手順3で修正報告をする	本社承認結果
連絡先	本社経理担当　田中　　　　　⑤ システム担当　渡邊				
注意事項	＊1　手順2で残高が10万円未満になった場合には、経理責任者に報告し、残高確保についての判断を仰ぐこと ＊2　出納履歴を確認、修正は、必ず経理責任者の立ち合いで修正を行うこと　　　⑥				

業務手順書（マニュアル）の着眼点（業務手順書内の〇付数値と対応）
　①業務機能分類表の小分類または、まとまり仕事別に作成し、連動させる
　②業務の定義、目的を明確にし、担当者に理解させる
　③アウトプットの完成、分岐で処理、判断を区切り、目標とする期日、時間を明記する
　④アウトプットは、管理帳票、システム画面を明示し、マニュアルに例を添付する
　⑤連絡先は、業務上、不明点や疑問点などがあった場合の連絡先を明記する
　⑥注意事項は、判断基準や処理上必要なことについて明記する

担当者から業務のやりにくさ、困り事を聞き、改善の糸口を見出すことにもなり、さらに、部門長や上長から見てムダと思われることを指摘し、改善のきっかけにもなる。こうした活用については次項で詳細を明記する。

業務手順書の活用

1. 業務チェックによる業務改善で工数を減らす

業務手順書の整備段階では、標準化が主目的となり、業務のムダ・問題点が見えにくい場合がある。しかし、業務手順書を活用していくと不備も見えてきて、業務チェックで顕在化する。業務手順書を活用した業務チェック、改善の実施ポイントを以下に示す。

(1) ECRSの視点で業務手順を見直す

業務手順書を見ただけでは不必要な業務を見出すことは難しい。そこで、複数人が集まり、E（Eliminate：その業務をなくせないか？）、C（Combine：一緒に、同時にできないか？）、R（Rearrange：順番、やり方を変えられないか？）、S（Simplify：単純化、簡素化できないか？）の視点で業務手順書を確認、問題点、改善策をまとめる（**図表2**）。

一番改善効果の大きいのは、そもそも業務をなくすEの視点であるが、C、R、Sの視点を積み上げても業務改善効果は十分得られる。

(2) 確認・調整業務をなくす

付加価値を生まない「〜確認する」「〜調整する」といった業務手順に着目する。

慣例的に行っている確認・調整業務は、前工程の業務の品質の悪さ、問題があるために行っているケースが多い。例えば、旅費精算が正しく申請されているかの確認業務を経理部門が行っている場合、旅費精算申請内容が社内基準と合っているかを照合し、申請者に誤りを指摘、再提出をさせることがある。こうした確認業務をなくすためには、前工程の業務品質を高めるための改善を行う。具体的には、共通する間違い内容をフィードバックし、旅費作成時の再発防止策を徹底させ、業務品質向上を図り、確認業務と指摘、再提出業務を減らしていく。

2. 業務手順書で付加価値を高める

業務チェックによる業務改善で、第1章で提唱している「定常業務8割、創造性ある業務2割」の状態を目指すことになる。

そのため業務改善を行うときに、あらかじめ改善して浮いた時間で、付加価値を高める仕事として何をするのかを想定しておくとよい。例えば、総務部門であれば、本来の社内サービス部門として他部門や従業員のサポート、企業PRのための工場見学のお客様対応時間などに余裕を持って対応したい、などのイメージを持ちながら進めることが考えられる（**図表3**）。

また、業務手順書が整備、活用されている状態は、分業、協業、多能工化を進めるための基礎となる。そのため、以下のポイントで業務手順書を活用して、付加価値を高める取り組みを行う。

管理職の本分は、的確な判断をタイミング良く行い、リードタイム短縮、機会損失をなくす役割である。また、新規業務の構想、段取りなどの前向きな調整業務の比率を増やすことも重要である。しかし、担当している処理業務に追われ、前記の取り組みが十分にできないケースがある。

そこで、処理手順を明確にした業務手順書を作成し、メンバーまたは他部門、外部への委譲を図る。ただし、委譲されたメンバー、他部門の業務量がそのままであれば、労働負荷が高まるだけなので、メンバーの業務量も見ながら行う必要はある。

3. IT化による業務手順書活用度を向上させる

業務手順書を作成しても活用しきれない原因の一つに、紙でのファイリングと参照のため検索性やアクセス、理解がしにくい点が考えられる。

そこで、第3章のフォルダリング機能やデータベース機能を活用して業務手順書を電子媒体で保管し、検索性を高める。また、紙ではなく、写真や動画機能を活用して理解を高めることを目指し、業務手順書の活用度を向上させる（**図表4**）。

（丸田 大祐）

図表2　業務手順書によるECRS改善例

No.	業務内容	時間(分)	改善ポイント	E（除外）なくせないか 時間	E（除外）なくせないか 改善内容	C（結合）一緒にできないか 時間	C（結合）一緒にできないか 改善内容	R（交換）やり方を変えられないか 時間	R（交換）やり方を変えられないか 改善内容	S（単純化）もっと楽にできないか 時間	S（単純化）もっと楽にできないか 改善内容
1	旅費精算（月次）	90	R S					△30	ペーパーレス化ができないか	△60	前回申請分を活用できないか
2	部門内チェック	20	C			△20	勤怠管理と一緒にできないか				
3	部門内申請、承認	—	R					—	電子決済にできないか		
4	経理チェック	360	E	△360	記入ミス削減し、確認作業をなくす						
5	部門予算振替	30	R					△30	経理システム内でできないか	△60	入力項目を半分にする

図表3　管理・間接部門の付加価値向上のイメージ例

業務手順書での標準化を徹底し、誰もが仕事ができる環境で定常業務を改善

改善した時間で、他部門からの相談、支援業務などの付加価値を上げる仕事へ

例：総務・経理部門
・他部門の業務上の手続の相談、支援

例：情報システム部門
・情報リテラシー向上の教育

図表4　紙の業務手順書とITを活用した業務手順書の比較イメージ

紙の業務手順書だと検索、更新、理解しにくい

タブレットを活用すると検索性が高く、伝えやすく、理解が高まる

6 分子を大きくする 価値創造活動の進め方

POINT

● 分子を大きくする価値創造活動は、プロセスを見えるようにし、関係部署で組織横断的に取り組むことがポイント

　管理・間接部門から発動する生産性向上の2Wayアプローチについて、本項では、分子の付加価値を大きくする活動の進め方について説明する。

価値創造のマネジメント課題とその解決方向

　管理・間接部門が分子である価値創造を進める上で、3つの課題がある。

　1つ目は、プロダクトアウトからマーケットインに考え方を転換することである。そのためには、社内の多様性を尊重し、新たな気づきが生まれる風土と制度構築が必要である。

　ただ、企業文化や風土は短期間では変わらないので、解決方向としてはまず、第2章の5Sと第3章のフォルダリングシステムで文化や風土変革を醸成する。その後に、顧客にとっての付加価値を新たなビジョンに取り込み、中長期計画や年度方針に落とし込んで展開する。そして、価値創造の源泉は人の考え方と行動であるため、その理念を浸透させ、一人ひとりが持てる能力を発揮し、活躍できる職場環境を整備することで、自主・自律した業務遂行が行われる組織をつくっていく。

　具体的には、属人的になりがちな管理・間接部門の職場環境や仕事のやり方を、5S、フォルダリングシステム、VMで仕事がお互いにわかる環境にしていく。すなわち、仕事の目的、手順、状況（順調、遅れなどの正常／異常）を見えるようにし、わかるようにして相互理解を深め、異常の未然防止、異常発生時の協力や解決ができるようにする。

　2つ目は、従業員の価値創造のための時間確保である。そのために、現在の仕事の時間の中から時間をひねり出す必要がある。

　具体的には、価値創造するために必要な時間の使い方として、既存仕事を80％で遂行し、残りの20％は、価値創造の仕事に取り組む「82（ハチニイ）」の考え方を従業員の意識に根づかせることが重要である。「82」の考え方を確実に実践し、習慣化するためには、日々のタイムマネジメントのやり方を変える必要がある。従業員がこれを理解し、浸透すると、その時間を活用し、自主的、能動的に動き、能力を発揮する基盤ができる。

　3つ目は、リーダー、メンバーに価値創造の考え方をつけることである。そのために、価値創造の目的、進め方を理解させ、一人ひとりが活躍する職場づくりと、自主・自律した仕事の遂行を促し、定着させる必要がある。そのためには、まず、形骸化した活動を整理し、すべての活動を一元化してベクトルを合わせる。次に、一元化した活動に全員を参画させ、一人ひとりの能力を引き出すコミュニケーションとリーダーシップを取りながら進める。

　個人で価値創造することは難しく、各部署と連携し、関係者がそれぞれの役割を果たすことで創出されるものである。そのためにも、1つ目に述べた相互理解を深める過程で、気配り、目配りしながら、能力を引き出す指示、評価、フィードバックといったコミュニケーションを展開する。

価値創造活動の進め方

　価値創造活動の全体像とイメージを**図表1**の「価値創造活動体系図」に示す。

7 VMによる管理・間接部門の生産性向上の効果的な進め方

図表1　価値創造活動体系図

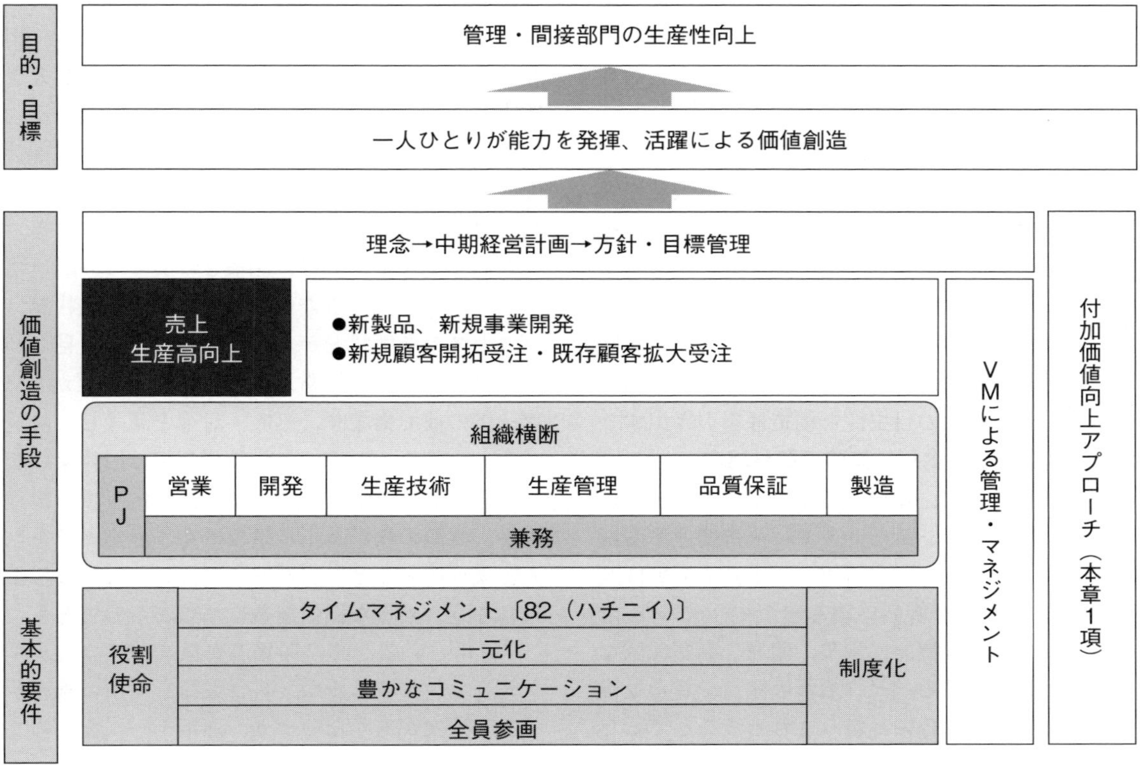

目的・目標	管理・間接部門の生産性向上

一人ひとりが能力を発揮、活躍による価値創造

価値創造の手段

理念→中期経営計画→方針・目標管理

売上生産高向上	●新製品、新規事業開発 ●新規顧客開拓受注・既存顧客拡大受注

組織横断

PJ	営業	開発	生産技術	生産管理	品質保証	製造
	兼務					

VMによる管理・マネジメント

付加価値向上アプローチ（本章1項）

基本的要件

役割使命	タイムマネジメント〔82（ハチニイ）〕	制度化
	一元化	
	豊かなコミュニケーション	
	全員参画	

図表2　プロジェクトの目的、役割例

1. プロジェクトの目的

リーディングカンパニーとなるべく、顧客価値の高い新製品を開発し、当該新製品の市場占有率を高める

2. プロジェクト目標：新製品売上高○○円以上

3. 実施テーマの具体的活動（プロジェクト）と役割・使命

参画部署	役割・使命	目標
開発課	1. 開発リードタイムの短縮 2. 開発担当者の知識、技能レベルの底上げ 3. …	1. 開発LT 2. スキル率 3. …
営業課	1. 市場ニーズの把握と後工程の統制 2. 新製品販売力の強化 3. …	1. プロジェクト進度順守率 2. 新製品受注率 3. …
技術課	1. コア技術の開発 2. 量産試作、製造移管のリードタイム短縮 3. …	1. 技術開発件数 2. 移管LT 3. …

153

分子を大きくするための価値創造活動は、本章1項の「付加価値向上アプローチ」に、前述した価値創造のマネジメント課題の解決方向を取り込んで進めていく。具体的な手順は、以下のとおりである。

1．理念と価値創造活動の連鎖

価値創造活動は、中期経営計画の営業戦略や開発戦略と紐づけたアクションプランを策定し、その目的と進め方を明確にする。具体的には、営業戦略では「新規顧客を開拓し、受注拡大を図る」、開発戦略では「顧客に付加価値の高い新製品を開発し、市場占有率を高める」といった内容を示し、メンバーの自主性と創造性を引き出す。

2．プロジェクト化し、兼務で取り組む

価値創造活動は、遂行するプロジェクトチームを立ち上げ、プロジェクトメンバーは関連する部署から兼務する形で広く集める。「アイデアは既存の異なる要素の新しい組み合わせ」であるため、兼務で異なる機能（営業、開発、品質保証など）の従業員を集め、それぞれの観点や新たな視点から意見を出し合い、組み合わせることで新たな価値を生み出すことが狙いである。また、兼務で身につけたスキルや経験は、仕事の前工程、後工程といった相互関係を学ぶ機会となり、本業でも全体最適の仕事の進め方ができるようになり、他部署へ貢献する価値向上が期待できる。

メンバーには、**図表2**のようにプロジェクトの目的に連鎖して、それぞれの部署の立場からプロジェクトに対する期待を役割・使命に明確にし、認識させることで、単なる参加で終わらせず、プロジェクト貢献に対する創造性と自主・自律性を促す。

3．タイムマネジメント

プロジェクトは、メンバーの部署長が「82」の考え方を徹底し、メンバーの兼務の時間を確保するマネジメントを行う。具体的には、「担当別業務日程管理表」にプロジェクト活動の時間を明記させ、活動時間を優先した仕事の指示、分担を行う。メンバーは、部署内でプロジェクト活動の内容について定期的に報告し、部署長や他のメンバーとコミュニケーションを取ることで、改善する姿勢を持ち、アイデアを洗練させ、さらなる創造性を引き出していく。

4．VMによる活動の管理・マネジメント

価値創造活動は、複数の部署と関係者が各自の役割使命の下、組織横断的に課題に取り組み、相互連携して進めていくことがアウトプットを大きくするポイントである。そのためには、以下の2つを見えるようにして、活動を管理・マネジメントする。

（1）付加価値向上プロセスを見えるようにする

新商品開発であれば、**図表3**のように、関連するプロセスを見えるようにし、目標の達成状況、プロセスの進捗状況から正常／異常を目で見てわかるようにする。異常があれば、関係部署がVMボードの前で集まり、処置・対策を議論し、決定する。決定事項についての役割分担は口約束になりがちだが、誰が、いつまでに、決定事項を担うのか、課題の指示と指示事項の完了評価までを見えるようにすると、課題解決が確実に行われるようになり、大きな価値創造につながるのである。

VMは、必要な時に関係者が集まってコミュニケーションが取れるが、日常業務を理由に管理サイクルに穴があかないよう、運用ルールを決めておくことが重要である。

（2）検討プロセスを見えるようにする

価値創造は、現存しないモノの創作活動であるため、それぞれの考え方やアイデア、モックサンプルがいつでも、誰でも言える、見えるようにする。そのためには、検討コーナーを設け、試作品を見ながら意見やアイデアを出し合い、そのロジックを見えるようにしたり、デザイン思考のプロセスを見えるようにしたりして、取り組むべきことの意志決定や新たなアイデアを引き出す環境づくりを行う。具体的な実施イメージは、**図表4**のとおりである。

5．制度化

価値創造活動の中で効果のあったあらゆるアウトプットは、会社にとってすべてが財産（新規の顧客、市場、商品・製品、仕組み、など）であるため、製品化登録だけでなく、開発の制度やルール化、定着までの工夫が必要不可欠である。

例えば、開発された新商品やサービスがいつでも事業化できるように社内ベンチャーを制度化して、継続的に価値創造ができる風土をつくるといったことが重要である。

（小島 康幸）

7 VMによる管理・間接部門の生産性向上の効果的な進め方

図表3 VMによる価値創造の管理イメージ

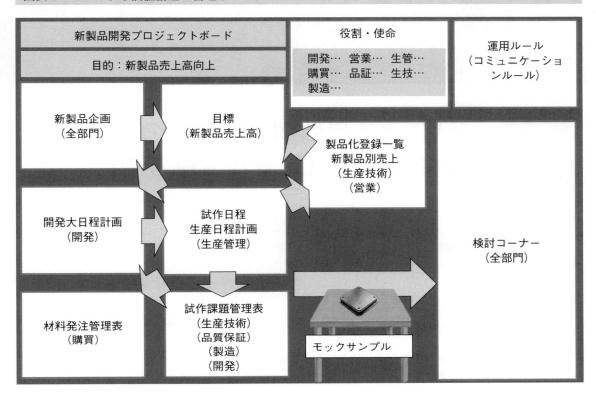

図表4 価値創造の検討実施イメージ

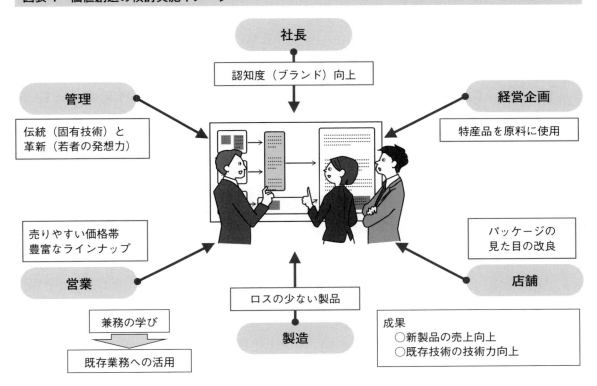

155

第8章 VMによる目的別業務革新の着眼点

1 VMによる目的別業務革新の具体的着眼点（見方と活用方法）

POINT

● リードタイム短縮、工数低減、費用削減、活性化の4つの視点で業務革新を進めて管理・間接部門の生産性向上と価値創造させる

VMによる業務革新とは

VMによる業務革新を説明する前に、業務改善と業務改革について明記する。業務改善は、業務従事者の困り事、アイデアで現状のやり方を日々の活動の中で継続的に変えることである。業務改革は、管理者が現状の制度、組織の仕組みの問題点を把握、組織内で討議し、より良い方向に変えることである。

VMによる業務革新は、経営機能分類をベースに、付加価値を生まない停滞、調整、ロス、ムダを見出し、見える形で抜本的な改善と付加価値向上を図ることである。3つの違いとVMによる進め方については、図表1、2に明記している。

目的別の具体的着眼点

図表1の業務革新の課題でも示したが、革新が強調されると変えることが目的化する恐れがある。例えば、十分な経営機能分類・分析をせずに、「現状業務をIT化する」と変えることが優先され、現状の仕組み、進め方の問題点が解消されず、導入されたIT化も十分に機能しないことになる。そこで、業務革新で何を目指すかの目的をはっきりとさせ、進めていくことが肝要である。

以下に目的別の4つの視点を明記する（図表3）。

1. リードタイム短縮

管理・間接部門のリードタイムとは、定型的業務であれば、決められた手順の着手から完了までの時間・日数、突発的な業務、非定型業務であれば、仕事の依頼から受渡しまでの時間・日数である。

リードタイムが長いことによる問題点としては、停滞、手戻りが多いために付加価値を生まない調整業務が増えることである。

進め方は、第3章の経営機能分類、業務プロセスフローチャートを活用して、業務の着手から完了まで、業務プロセス間で付加価値を生まない停滞、調整、手戻り、問題点を把握する。その上で、なるべく前工程、準備段階での業務を見直して手戻り、停滞を少なくする。部門、担当の役割・使命を見直して調整業務を少なくするなどの抜本的な改善を行う。

効果確認と歯止めは、当初と比べてリードタイムがどれだけ減ったのかを確認し、標準リードタイムを設定して歯止めとする。リードタイムが短くなったことによる機会損失をなくし、新たな付加価値創造を目指す。

2. 工数低減

工数低減とは、経営機能分類の定型業務時間、複数で行っていれば定型業務時間×人数の総時間を低減することである。

図表1　業務改善・業務改革・業務革新比較表

	業務改善	業務改革	業務革新
定　義	・現状業務の困り事、ムダを担当者が主体的に問題点と改善案を提起する	・業務プロセスに関わる制度、組織を経営層、管理者が主体となって変える	・業務の枠組み、あり方などを抜本的に見直し、価値創造まで目指す
進め方	・日々の業務の中で、担当者が発案し、上長が承認し、改善を実行する	・中長期的な視点で、現状の仕組みを変更し、大きな成果を目指す	・業務改革と進め方は同じであるが、新しい視点で価値創造も目指す
活動方法	・部門内活動 ・改善提案制度	・業務改革プロジェクト ・中期経営計画	・業務革新プロジェクト ・中期経営計画
主な効果	・ムダ時間の削減 ・業務品質向上	・省人化 ・業務時間削減	・業務効率化 ・価値創造
課　題	・業務プロセスはそのまま残るので、部分的な改善に留まるケースが多い	・業務改善に比べ成果は大きいが、価値創造への抜本的な取り組みが不十分になるケースが多い	・革新が強調されると変えることが優先されるので、目指すべき目的を明確にする

図表2　VMによる業務革新のイメージ

業務革新の問題点、課題、新発想をVMにより見出す

業務革新の推進をVMで実行する

　工数が多いことによる問題点は、担当者の残業増大、業務負担感による疲弊になる。また、工数低減意識に乏しいと時間をかけてムダなやり方で仕事をこなすクセがつき、改善・改革・革新の機会を失うことにもつながる。

　進め方としては、定型業務の総時間、総人数を把握する。革新の視点は、一回当たりの時間のかけ方・方法、人数のかけ方、誰が行っているかで分析する。つまり、今までの時間、人数、業務担当者を根本的に見直すことである。

　工数低減によるムダ時間が減ったことで、時間的な付加価値を高める仕事の進め方、意識向上を図る。

3．費用削減

　管理・間接部門の費用削減の対象は、主に労務費と経費である。費用増大の問題点は収益悪化であるが、それ以上に、管理・間接部門のコスト意識低下によるムダな業務を温存する体質である。

　基本的な進め方は、工数低減同様に業務の実態把握を行った上で、算出した時間を金額換算してかかった費用を集計する。革新の視点は、見えないコストをVMで見えるようにし、従来の仕事の進め方、手段、方法を見直して費用削減と価値創造を目指す。効果確認は、自部門だけでなく他部

図表3　目的別活用一覧表

No.	目的内容	〈革新前の問題点〉	〈革新内容〉	〈革新成果〉
		現状把握・分析	改善立案・実行	効果確認
1	リードタイム短縮 （本章2項）	・着手から完了までにどれだけの時間、日数なのか ・停滞、手戻り、調整のムダがどれだけあるのか	・なるべく前工程、準備段階での業務を見直して、手戻り、停滞を少なくする ・部門、担当の役割、使命を見直し、調整を少なくする	・着手から完了までの時間がどれだけ短縮したのか ・停滞、手戻り、調整に対する問題意識が高まったのか
2	工数低減 （本章3項）	・業務、作業にどれだけの時間がかかっているのか ・工数のムダ、ロスがどれだけあるのか	・業務プロセスを見直し、ムダな業務をなくす ・業務、作業分析により、付加価値を生まないロスをなくす	・定型的な業務時間およびムダ、ロス時間がどれだけ短縮したのか ・付加価値を生まない業務、作業に対する問題意識が高まったのか
3	費用削減 （本章4項）	・労務費、経費などのコストがどれだけかかっているのか ・見えないコストがどれだけかかっているのか	・従来のやり方を見直すことで、かかるコストを見直す ・付加価値の高い業務に取り組めるようにする	・労務費、経費などのコスト、見えないコストがどれだけ下がったのか
4	全員参画・ 全部門生産性 （本章5、6項）	・業務改善、改革活動の参画度が高いか ・部門間連携が図られ、全部門の生産性を高める活動になっているか	・一人ひとりの能力の見える化、成長する場をつくる ・部門間での業務の進め方を見直し全体最適にする	・仕事のやり方を変えて、組織、人が活性化されたのか ・部門間、組織横断的な取り組みになっているのか

門、組織全体の波及効果も確認する。

4. 一人ひとりの活躍、全部門生産性向上を目指す

　業務革新を推し進めるためには、実行主体が一部の人に偏る、また、部門利益を優先してムダな業務を他部門に押し付けるような全体最適を考えない取り組みを防ぐ必要がある。

　そのためにまず、一人ひとりの能力が成長する場をつくり、組織、人を活性化することを目指す。

　さらに、部分最適にならないように、部門間で業務革新の目的を共有して全部門生産性向上を目指す。

本章の見方と活用方法

(1) 第1章から第7章の基本に立ち返る

　本章は本書の最終章にあたるが、独立した章ではない。第1章から第7章の考え方、取り組みが大前提となる。例えば、工数低減、費用削減の実態把握としては、第6章「見える日常業務管理」で紹介した「個人別業務日程管理」での個人、組織全体での業務時間集計、分析が前提となる。そのため、この章を読み進めるにあたっては関連する章を確認しながら、または実際に業務革新を進めるに際しては前章の基礎を固めてから実施した方が、「急がば回れ」で成果は大きくなる可能性が高い。

(2) 目的別に活用

　業務・仕事の停滞、手戻りが多いことについては「リードタイム短縮」、残業時間が多い、多忙になっている場合には「工数低減」、全社的なコストダウンを進めており管理・間接部門も進めたいという場合には「費用削減」などと、目的別に見ていただきたい。また、業務革新を全員参画、全体最適で進めたい場合には、「一人ひとりが活躍する職場づくり」「全部門生産性向上」の項目を見ていただきたい。

(3) 部署・部門に応じて活用

　業務革新事例は、総務、経理、生産技術などの部門で実際に実践したものを明記している（**図表4**）。部門の改善ニーズに沿って、該当事例を参考にして自社への取り込みを検討、実践していた

8 VMによる目的別業務革新の着眼点

図表4　部門別活用一覧表

No.	部門名	革新ニーズ	該当事例		頁
1	全部門共通	・業務革新を進めたいが、進め方の基本を知りたい ・一人ひとりの能力を最大限に発揮した業務革新を進めたい ・業務革新を進められる組織風土にしたい ・全員参加でボトムアップ的な業務革新を進めたい ・業務革新をするための基礎・基盤づくりを知りたい ・全部門が参画し、組織横断的な業務革新を図りたい	本章1項　具体的着眼点 本章5項　革新事例1 本章5項　革新事例2 本章5項　革新事例3 本章6項　VMの進め方 本章6項　全部門生産性向上全体		P156 P180 P180 P182 P184 P184
2	総合企画部門	・案件管理、残業時間抑制などに取り組みたい ・全体最適で会社全体の付加価値を生む業務革新を進めたい	本章4項　革新事例1 本章6項　総合企画部門		P174 P186
3	研究・開発部門	・着手から完成までの案件のリードタイムを短くしたい ・他部門と連携した研究開発を行い、付加価値を高めたい	本章2項　革新事例2 本章6項　研究・開発部門		P162 P186
4	生産技術部門	・見積り工数を削減し、付加価値の高い業務にシフトしたい ・設備保全の改善で修繕費削減を体系的に見える形で進めたい ・他部門と連携した設備保全、コストダウンを図り付加価値を高めたい	本章3項　革新事例2 本章4項　革新事例3 本章6項　生産技術部門		P170 P176 P186
5	購買部門	・調査リードタイムを短縮させたい ・材料納入品質向上、コストダウンを図り製造、品質管理部門に貢献して付加価値を高めたい	本章2項　革新事例1〜3 本章6項　品質管理部門		P162 P188
6	生産管理部門	・受注から生産、出荷までのリードタイムを短縮させたい ・負荷計画、生産日程計画を製造部門と連携して作成、運用し、工場全部門の付加価値を高めたい	本章2項　革新事例1〜3 本章6項　生産管理部門		P162 P188
7	品質管理部門	・検査リードタイムを短縮させたい ・品質不良による機会損失を防止し、他部門と連携して全社の付加価値を高めたい	本章2項　革新事例1〜3 本章6項　品質管理部門		P162 P188
8	総務部門	・業務工数を削減し、付加価値の高い業務にシフトしたい ・全社の残業時間削減により費用削減、生産性を向上させたい ・会議体を見直して費用削減、コミュニケーションを向上させたい ・一人ひとりのスキルと成長を把握し、定着率を向上させたい	本章3項　革新事例1 本章4項　革新事例1 本章4項　革新事例2 本章5項　革新事例1		P166 P174 P174 P180

だきたい。

(4) 経営者、部門長、革新推進担当者の活用

　管理・間接部門の業務革新をどのように進めていいかわからないという声をよく聞く。こうした声に応えるために、課題設定方法、現状把握、対策の進め方をまとめている。この考え方で、部門ごとに目標設定し、実行計画を立て進めていけば、実のある業務改善・改革・革新になる。

(5) IT化、DX準備の活用

　管理・間接部門の業務革新には新たな仕事の進め方として、IT化、DX対応は避けて通れない。しかし、IT化、DX導入が目的化して自社の実態に合わない取り組みとなってしまい失敗するケースがよく見られる。

　そうならないように、現在の業務のムダ、問題点はどのようなものがあり、処理・判断・調整の困り事の把握をきちんと行い、業務改善・改革を進めていき、「どうしてもこの業務は、人的な処理、判断では高速化が難しい」となったときに、IT化、DXによる業務革新の検討、導入を図る。つまり、本章の事例を実践して、十分に自社の業務内容を把握した上で、ITベンダーと話をすれば業務実態に合ったIT化、デジタル化が可能になる。

（丸田　大祐）

159

2 リードタイム短縮

POINT

● 業務の停滞、手戻りをなくし、調整業務のムダを削減し、短いリードタイムで価値創造を目指す

リードタイム短縮の要点と基本手順

リードタイム短縮の要点は、業務日数を短縮し、手離れの良い仕事にすることである。

具体的には、業務の完了を起点に業務プロセスを遡って全体でどれだけの日数がかかっているのか、どの業務プロセスでリードタイムが長くなっているのかを把握するところから始める。そして、停滞箇所（ボトルネック）から順に分析、改善を始め、次に処理スピード向上も行い、リードタイム短縮を目指す。処理スピード向上は、別項の工数低減と重なるところもあるので、本項では停滞箇所の分析と改善を中心に、下記に基本手順を明記する。

1. 現状把握

全体リードタイム、業務プロセス間リードタイムの実態を把握するために、業務プロセスフローチャート作成から始める（**図表1**）。作成にあたっては関係する社内外の部門を抽出し、業務プロセス、そのプロセスごとの基準・手順、インプット、アウトプット、リードタイムを明記していく。特に業務プロセスは、第3章の経営機能分類を参考にすると短期間で抽出が可能になる。

リードタイムの把握は、客観的な情報として作成日承認日などがある管理帳票、担当者からのヒアリングで業務実態を確認する。

2. 分析・改善ポイント

数日間停滞しているところをボトルネックとして、停滞要因を下記の視点で分析する。

（1）VMで討議、問題点を把握する

業務革新として進めるには、革新対象となる業務の関係する人の考え、新発想を掴むことが重要

である。そのためには、図表1の業務プロセスフローチャートを大きく印刷し、手書きでの追記、停滞箇所を付箋で討議しながら貼り、停滞要因の掘り下げ、業務日数短縮のアイデア出しを行う（**図表2**）。

（2）手戻り業務の改善

仕事や業務に着手する前に目的やゴールイメージを明確にしないことで、検討や調整に時間がとられて停滞する。初期段階での仕様決め方法を分析した上で、仕事の進め方の問題点を改善していき、合意形成を常に取りながら進められるように改善して手戻りを未然に防ぐ。

（3）前後工程のバランス改善

前後工程での業務分担状況を分析し、ボトルネック工程業務の一部を前後工程に振り分けるなどで負荷分散を図る。また、停滞を未然に防ぐために業務進捗状況を工程間で共有し、業務の引き渡しタイミングを適正にする。

（4）確認・承認時間の改善

起案から決裁までリスク管理と情報共有を過剰に行うために、案件が部署間を行き来し停滞することを改善する。部署間、役職者の確認、承認プロセスを権限委譲で見直し、停滞をなくしていく。

3. 効果確認・歯止め・価値創造

効果確認は、シンプルに改善前と改善後のリードタイムを比較し、短縮した日数の実績も確認する。

歯止めとしては、業務プロセスフローチャート、マニュアルの改訂、周知を図り、新しい進め方を社内に浸透させる。また、VMで標準業務リードタイムを整備、運用し、リードタイムを意

8　VMによる目的別業務革新の着眼点

図表1　業務プロセスフローチャート（受注〜設計〜調達〜製造〜出荷）

部門／段階	顧客	業務部 営業課	技術課	生産管理課	設計部 設計課	調達部 資材課	製造部 製造課	品質管理課	取引先／外注先	LT	基準・標準類	インプット	アウトプット
受注プロセス	顧客要求										—	—	要求仕様書、図面
		顧客要求確認								60日前	顧客要求確認手順書	要求仕様書、図面	要求仕様書、図面確認済
革新事例1		要求仕様検討会議								57日前	要求仕様検討会議	要求仕様書、図面確認済	議事録
		仕様書・見積り書作成								50日前	仕様書・見積り書作成手順	要求仕様書、図面確認済、議事録	仕様書・見積り書
		仕様書・見積り書確認、提出								50日前〜45日前	—	仕様書・見積り書	仕様書・見積り書確認済
	仕様書、見積り書承認、発注							革新事例3		45日前〜40日前	—	仕様書・見積り書確認済	発注書
		受注								50日前〜45日前	受注手順書	発注書	発注書確認済
設計プロセス 革新事例2					概要設計					45日前〜40日前	設計基準	仕様書、図面、発注書確認済	概要図
		製作準備会議								40日前	製作準備会議行手順書	概要図	議事録
					詳細設計					40日前〜35日前	設計基準	概要図、議事録	詳細図
調達プロセス						資材発注				35日前〜30日前	発注基準	詳細図	資材発注書

161

識した仕事の進め方に根本的に変える。

　価値創造として、付加価値の低い調整業務削減によるモチベーションの向上と組織活性化、早期対応による機会損失リスクの低減を目指す。

革新事例1：受注リードタイム短縮

1．革新前の問題点

　図表1より、受注リードタイムが顧客からの依頼があってから受注するまで、平均すると15日間であった。そのため、仕様確定と納入を早く望む顧客からはリードタイムが長いため不満を持ち、他社に切り替える例も出てきた。

　問題点の要因は、①営業担当者によって顧客要求仕様の聞き取り項目にバラツキがあった、②そのため、技術、設計、調達部門からの再確認要望が発生し、その都度、顧客への聞き取りを行っていたためである。

2．革新内容

(1) 顧客要求確認シートの運用

　顧客によって要求が違うので聞き取り項目の標準化は難しいという営業部の慣例、意識を見直し、営業部のお客様は、顧客だけでなく業務、設計、調達、製造部門の後工程でもあるとの発想で、図表3にある「顧客要求確認シート」を導入し、営業担当者による聞き取り内容のバラツキをなくした。

(2) 再確認要望事項の削減

　受注リードタイムを長くする要因である技術、設計、調達部門が営業を通して再確認する回数を記録し、その削減を目指した。そのため、営業担当者の顧客からの要求事項を把握するスキル向上や、迷っている顧客に対して小提案を行い、顧客側の停滞をなくす取り組みを開始した。

3．革新成果、価値創造

　受注リードタイムは、要求仕様確認が明確になり、営業担当者の顧客へのヒアリング力向上、停滞が少なくなり、案件によっては最短で従前の半分のリードタイムで受注という成果も出た。

　また、顧客側からすると自分たちでも悩んでいる点を営業担当者が小提案で明確にしてくれるため、商談の付加価値が向上して受注確度も高まった。

革新事例2：設計リードタイム短縮

1．革新前の問題点

　新規案件の設計リードタイムが長いため、顧客への仕様・納期回答の遅れが生じていた。また、図面作成が遅れることで後工程の業務リードタイム割れが発生し、納期に間に合わせるために調達、製造部門が無理な残業、休出が発生していた。

　問題点の要因は、①顧客要求仕様の営業部門の聞き取りが不十分なことによる手戻り業務の常態化、②営業、設計、調達、製造の部門間の業務区分が曖昧で、設計部門の業務負荷が相対的に高くなっていた、③部門間コミュニケーション不足による確認、調整業務が多くなっていたためである。

2．革新内容

　1-①の顧客仕様確定による手戻り業務の常態化は革新事例1で解消済みであり、設計業務の負荷改善と部門間コミュニケーションの見直しが革新のポイントである。

(1) 業務分担状況の見直し

　設計部門がボトルネックになっていることはわかっていたが、具体的な業務負荷状況は把握できていなかった。そこで、「設計業務負荷時間削減」を目標に、設計前後工程の業務を洗い出し、営業、調達、製造で本来やるべき業務の移管を行った（図表4）。

　ただし、単純な業務移管だけでは、技術的な理解、スキル不足により対応が難しいこともあった。そこで、業務移管に合わせ、設計部門が図面の読み方や固有技術の社内講習を実施して技術の壁を取り払うことも並行して実施した。

(2) 組織横断VMで同時並行、進捗管理を行う

　受注案件がスタートすると、どこの部門が何をどこまで行っているか把握するのが難しかった。そこで、受注・設計・調達・製造のスケジュールを相互にVM（見える管理）で公開し、後工程が並行して行うべきことがないかを協議しながら、課題を同時並行的に進めていき、リードタイム短縮を目指した。

3．革新成果、価値創造

　設計部門の負荷低減が目標どおりに半減され、

8 VMによる目的別業務革新の着眼点

図表2　VMによる業務革新ボード前での検討イメージ

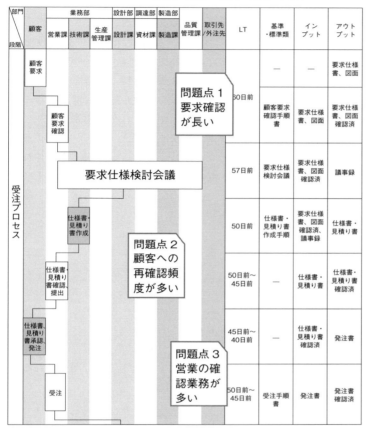

図表3　顧客要求仕様確認シート例

（個別受注生産・工作機械製作の事例）　　　　　　　　　　20XX年〇月〇日　確認：山田　太郎

No	部位	要求確認項目	標準	カスタマイズ	カスタマイズ詳細事項
1	投入部	角度、穴位置、高さの要求	ー	〇	角度は標準のまま、穴位置は5mm上方、高さは3cm上方を要求
2	投入部	投入品の落下角度、衝撃度の要求	ー	〇	落下角度は5°傾斜を見直し、衝撃度は標準のまま
3	投入部	取り外し、取り付けに対する要求	〇	ー	
4	シール部	シール部の高さ、幅の要求	〇	ー	
5	シール部	シール機の温度、時間の条件に対する要求	ー	〇	温度上限は90℃設定、時間は5秒以内
6	シール部	取り外し、取り付けに対する要求	ー	〇	清掃しやすいように取り外し部を見直し

大幅に設計リードタイムの短縮が図られた。その
ため、調達、製造も余裕を持って対応でき、製造
品質も向上した。

さらに、設計担当者も余裕を持って対応できる
ようになったことでVE提案などの件数も増え、
顧客満足度向上にもつながった。

革新事例3：確認、承認、押印業務削減によるリードタイム短縮

1．革新前の問題点

図表1から全体的に「〜検討会議」「〜確認」
と、次の業務ステップに行くための確認、承認業
務が多いことがわかった。また、組織文化として
起案から決済までリスク管理と情報共有を目的
に、申請書・稟議書が上長、関連部署を渡り、最
終決裁者に行くまでにいくつもの判子が押される
スタンプラリーのような管理で長リードタイム化
による機会損失、説明、調整のムダが発生してい
た。

問題点の要因は、①無用な責任分散と情報共有
を疑問に持たず慣習的な業務の進め方をしてい
た、②説明、調整を個別で行っていたため時間が
かかっていた、③複数部門、関係者に渡る中で、
どこで停滞しているかがつかめず、早期に流すた
めの指示統制が取れていなかったためである。

また、確認、承認といった業務が儀礼的で、付
加価値を生む内容なのか精査が不十分であった。

2．革新内容

(1) 権限移譲、責任明確化で確認、押印数を減らす

図表1の業務プロセスフローチャートをもと
に、申請・押印業務の現状把握を行うところから
始めた。そして、目的なく慣習的な押印ではない
か、過剰に上位者に責任が集中していないか、関
連部署との役割分担に問題がないかなどを分析し
た。その上で、責任権限移譲や部門間の責任権限
を明確にして確認業務、押印数を減らし、受注〜

出荷までのリードタイム短縮を目指した。

(2) 説明、調整を一元化して時間を減らす

個別の確認、押印数を減らしても、役員、部門
ごとの決裁を得るために個別説明することで停滞
が発生していた。

そこで、申請案件を定期的に関係者が一堂に会
して、説明、質疑応答、検討、承認、決裁をその
場で一気に行う「一発査定決裁」の仕組みを導
入、運用した。案件担当者は、一発勝負なので準
備、説明に相当な緊張感を持って臨まなければな
らなくなるが、検討や決裁が短時間で決まること
でリードタイム短縮が図られた（**図表5**）。

(3) 電子決済システムの導入

(2)の一発査定決裁システムが導入・運用されれ
ば本来は必要ないが、どうしても事務的な手続き
として、また決裁権限者が出張や会議などで多忙
で、申請書類の確認、承認の伝達がしにくいこと
がある。

そこで、電子決済システムを導入、活用して、
いつでも、どこでも申請、稟議内容を見ることが
でき、隙間時間で承認、決裁できることを目指し
た。システム上で進捗状況を把握することで確認
するムダも減り、さらにペーパーレス化も期待で
きる。終局的には、停滞している案件については
確認承認を促して、早く流すことも期待される。

3．革新成果、価値創造

案件の立ち上がりから確認、承認の数と停滞日
数と時間が減ったためでリードタイムが短縮さ
れ、説明、調整業務時間も削減された。

次工程で確認、承認を得ることを前提で業務品
質の低い仕事の進め方を改め、後工程に負担をか
けないようになった。

また、権限委譲と役割・使命が明確になること
で組織が活性化され、一発査定決裁システムが定
着したので説明者のプレゼン力向上、意思決定ス
ピード向上という組織的な価値創造を図ることが
できた。

（丸田 大祐）

8 VMによる目的別業務革新の着眼点

図表4　部門間業務把握、検討表例

作成日：20××年○月○日
作成者：林次郎

No	部門	業務内容	標準時間(分)	手順	移行	業務移管課題
1	営業部門	引き合い情報まとめ入力	20	○	—	—
2	営業部門	要求仕様確認	30	○	—	—
3	営業部門	要求仕様に対する技術対応回答	60	×	○	本来、営業業務であるが設計担当で対応しているので、手順を明確にして営業担当へ移管
4	設計部門	仕様書作成、顧客確認	60	○	○	顧客確認業務の一部を営業に移管し、顧客とのやり取りの手戻りをなくしていく
5	設計部門	詳細図面作成	120〜240	○	—	
6	設計部門	検図	60	○	—	
7	設計部門	調達品目リスト、部品選定	60	×	○	本来、調達業務であるが現在、設計で行っているため、手順を明確にして調達部門へ移管
8	調達部門	相見積り業者選定	20	○	—	
9	調達部門	見積り依頼書作成、送付	20	○	—	
10	調達部門	見積り比較検討	30	○	○	比較検討時に設計部門への意見や確認が多いため、調達部門内で完結できるようにする

図表5　一発査定決裁の集合イメージ

165

3 工数低減

POINT

● 業務にかかっている工数（時間）を明確にして、工数低減対象の業務を選定し、VM手法を活用して見えるようにして革新を推進する

工数低減の要点と基本手順

工数低減の要点は、業務工数を把握し、構成比の高い業務や効率化が図れる業務について工数を低減し、残業時間や総労働時間の短縮や業務負担感の軽減を実現することである。

業務工数は、業務にかかった時間×業務にかけた人数であり、時間、人数の両面を見ていく必要がある。

工数低減の基本手順について、以下にポイントを記述する。詳細については第7章4項を参照してほしい。

手順０：工数低減基本要件（5S、フォルダリング）確立

工数低減の基本要件として、第2章の5Sでムダの徹底的な排除、第3章のフォルダリングで仕事で必要な情報の共有化を図っているかを確認する。

手順１：目的・目標設定

工数低減活動を始めるにあたり、まずは目的を設定する。

手順２：担当別業務日程管理の実施

担当別業務日程管理表を利用して担当者別に業務日程管理を実施する。日々、時間単位で業務計画を作成し、計画に沿って業務を行い、各業務にかかった時間を記入する。

手順３：業務工数の集計・分析と実行計画の作成

担当別業務日程管理表をもとに、定期的に各業務の工数を集計し、単位業務別業務工数・コスト分析表や単位業務別パレート図などのような表やグラフにまとめる。

工数のかかっている機能の業務から工数低減対象を選定し、優先順位をつけて実行計画を作成する。実行計画は、各工数低減対象業務について要因解析、対策立案、対策実施、効果確認、歯止めをいつまでに、誰が行うかを明確にする。

手順４：業務革新・改善の実施

業務工数を低減するための革新・改善を行う際には、担当別業務調査票や業務工数低減管理表を利用して工数低減を進めていく。

手順５：革新・改善効果の確認、標準化

対象業務を革新・改善し、工数低減が実現できたら、改めて革新・改善後の担当別業務調査票を作成して標準とする。

革新事例１：総務部門の業務工数低減

手順０：工数低減基本要件（5S、フォルダリング）確立

工数低減の基本要件として、5Sの整理・整頓によりムダを徹底的に排除し、フォルダリングの機能分類表やフォルダーツリーにより仕事に必要な情報の共有化ができていることを確認し、工数低減を行う基盤ができていることを確認した。

手順１：目的・目標設定

担当業務が明確に分かれているため各人が責任を持って仕事を進められるが、反面、業務の属人化となり、分担や協力ができなくなり、その結果、残業や総労働時間が増えてしまっていた。

目的として、残業時間の削減を設定し、目標を昨年度の半減（180時間減）とした。これを達成するために、残業規制、帰宅時間宣言なども行うが、特に体質強化につながる業務の革新による残業時間の削減を重視し、業務工数低減の目標とし

166

8 VMによる目的別業務革新の着眼点

図表1 担当別業務日程管理表

部門：総務人事部　　氏名：○○　○○　　作成：○○年 ○○月 ○○日

凡例　計画：黒　実績：青（計画どおり）、赤（遅れ、超過）

各業務の工数を明確にして、定期的に集計し、工数低減対象業務を選定する

問題点と改善点

○/21（月）
備品発注のための在庫確認に時間がかかった。一部、置き場の変更があったため。在庫確認時間を減らしたい

○/22（火）
Aさんが突然めまいがして病院まで連れていった

対策

○/21（月）
備品の発注は、発注点管理を採用したい

○/22（火）
残業1時間については、今月残業計画4時間内に納まるよう来週以降で調整する

上司コメント

○/21（月）
非常に良い案です！計画的に進めてください

○/22（火）
了解しました。△△さんに手伝ってもらってください

掲示期限：○○年 ○○月 ○○日

図表2 業務改善VMボード

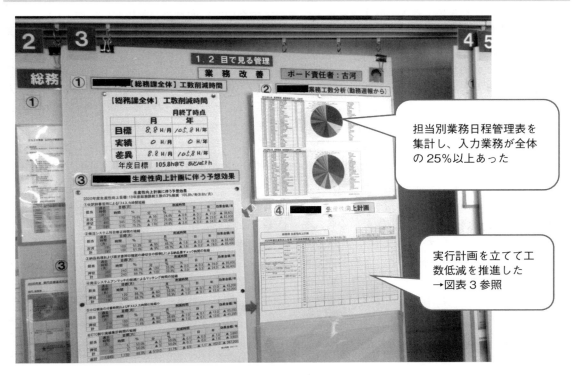

担当別業務日程管理表を集計し、入力業務が全体の25％以上あった

実行計画を立てて工数低減を推進した
→図表3参照

て150時間減を掲げた。

以下は、この業務工数低減に絞って説明する。

手順2：担当別業務日程管理の実施

機能分類表で総務部門の業務全体が見えているため、メンバーが日々どの業務を行うのか、担当別業務日程管理表（図表1）で予定を立て、実績を管理した。目的は2つあり、一つは日々の業務が順調に進んでいるかを確認し、遅れている場合に対応すること、もう一つは業務工数を把握することである。

週末に翌週の業務予定を担当別業務日程管理表に記入する。日々の予定は時間単位で業務予定を立て、実績も時間単位で進捗を評価する。また、週次で業務にかける時間（工数）の計画を立て、実績を評価する。予定より時間がかかった業務、突発的に問い合わせや依頼が来たときは、実績欄に赤字で記入する。

毎日のVMボード前の朝礼で、昨日の業務進捗状況をメンバー全員で共有し、予定より時間がかかった業務について問題点、原因、対策案を協議し対策を行うことで、業務工数の低減や残業時間の削減を図ることができた。

手順3：業務工数の集計・分析と実行計画の作成

担当別業務日程管理表は、日々の業務管理だけでなく、一定期間の業務工数を集計することで、工数の多い業務を把握できる。集計結果をVMボード上で見えるようにし、工数の多い業務など革新対象業務を選定し、詳細に分析することで工数低減が実現できる（図表2）。

担当別業務日程管理表の3カ月の工数集計結果を円グラフやパレート図などで表し、工数のかかっている業務を明確にし、その中で特に付加価値を生まない業務や、全社的に見ると重複業務にあたる業務などを革新対象業務として選定し、実行計画を作成した（図表3）。

具体的には、総務部門では取引先からの購入品の納品書の入力業務にかかる工数が全体の約25％を占めていた。よく調べると、業務部門でも同じ内容の入力をしていることがわかり、情報システム部門と相談した結果、業務部門が入力したデータを総務部門でも流用できるようなシステムの構築が可能とのことで、革新対象業務に選定して工数低減を図ることにした。

手順4：業務革新・改善の実施

実行計画をVMボード上で見えるように管理して着実に進め、大幅に納品書の入力工数を低減することができた。

また、納品書の入力工数以外にも8つほどの業務革新テーマがあり、実行計画に沿って担当別業務調査票や業務工数低減管理表（第7章4項）を活用し、工数低減を実現した。

工数低減により空いた時間を利用して、演繹的な発想で全社事務用品の発注業務（在庫確認、発注対象品の選定、発注手続き、受入・保管）を、発注点管理（第2章7項）を導入して総務部門で一括して行うことを提案・実践することにより、さらなる工数低減を実現できた。

提案の背景としては、事務部門の各部門がそれぞれ事務用品の発注を実施していたため、全社的に工数がかかっていたことと、発注の仕組みが不十分であり、各部門で欠品や過剰在庫が頻発していたことからである。

総務部門が事務部門の事務用品を一括して購入することで、発注業務の工数低減ができたことに加え、欠品や過剰在庫の削減も実現できた。

手順5：革新・改善効果の確認、標準化

（1）定量的成果

購入品の納品書入力業務および他8項目で合計160.9時間／年を低減し、当初の目標である150時間を見事に達成した。

また、さらなる革新として、発注業務の一括化では、各部署から1人、計7人の発注業務を1人で行うことから、その1人の発注業務工数は1.5倍（平均月3時間×12カ月＝36時間／年）になったが、もともとの7人分の発注業務工数（平均月2時間×12カ月×7人＝168時間／年）と比較すると、トータルで132時間／年の低減となった（図表4）。

（2）定性的成果

今回の工数低減は総務部門のテーマであったが、総務部門だけでなく業務部門、情報システム部門をはじめとする他部門とコミュニケーションを取りながら実施した。今までは部門をまたいで革新・改善を行うことがなかったため、モデルケースとなった。

また、これらをVMボードの前で関係者全員と

8 VMによる目的別業務革新の着眼点

図表3 工数低減の実行計画

No.	革新対象業務	担当者	工数割合	計画/実績	4月	5月	6月	7月	8月	9月
1	納品書の入力業務	浅井	27%	計画	要因解析	対策立案	対策実施		効果確認・歯止め	
				実績						
2	発注システム科目修正業務	伊東	12%	計画			要因解析	対策立案	対策実施	
				実績						
3	納品書確認業務	上田	10%	計画			要因解析	対策立案	対策実施	
				実績						
4	小口現金の付番業務	江崎	8%	計画					要因解析	対策立案
				実績						
5	ETC割引実績集計業務	奥瀬	7%	計画						要因解析
				実績						
6	…	…	…	計画	…	…	…	…	…	…
				実績						

工数の割合を示すと優先順位をつけやすい

図表4 総務部門での事務用品一括発注

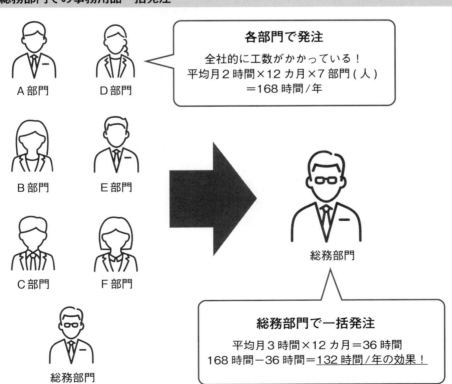

各部門で発注
全社的に工数がかかっている！
平均月2時間×12カ月×7部門(人)
＝168時間/年

総務部門で一括発注
平均月3時間×12カ月＝36時間
168時間−36時間＝132時間/年の効果！

問題点の共有、要因解析、対策立案、対策の進捗管理などを行い、質の高い革新ができた。

（3）効果の確認と標準化

今回、納品書の入力業務、事務用品の発注業務の革新で効果を確認できたため、それぞれの業務手順書を作成し、標準化を図った。

革新事例2：見積り業務の工数低減

手順0：工数低減の基本要件（5S、フォルダリング）確立

管理・間接部門における5S活動の推進組織を設置し、社長が委員長、思いのある取締役が事務局長を務め、活動を開始した。5Sでは物と書類の整理、整頓を中心に精力的に進め、探すムダ、歩行のムダ、動作のムダなどを省き、フォルダリングでは機能分類表やフォルダーツリーにより仕事に必要な情報の共有化を行った。

手順1：目的・目標設定

営業部門、設計部門において、見積り業務の工数が多くなっている。必要不可欠な業務であるが多大な工数がかかっているため、効率化を図りたい業務である。特に設計部門は、親会社や海外子会社から営業部門を通さず直接見積り依頼が届いており、営業部門がそれを把握しておらず、機能的にも本来あるべき姿にはなっていない。

目的として、見積り業務の適正化による工数低減を設定し、目標を360時間／年（30時間／月）の低減とした。

手順2：担当別業務日程管理の実施

管理・間接の全部門で担当別業務日程管理を実施した。日々、時間単位で業務計画を作成し、担当別業務日程管理表に反映した。計画に沿って業務を行い、後で工数を集計するために各業務にかかった時間を記入していった。担当別業務日程管理表をVMボードに掲示し、一日が終了したらボードの前で全員集まり、その日の振り返りを行い、計画どおりに進まず遅れた業務についてその都度対策を打っていった。

手順3：業務工数の集計・分析と実行計画の作成

担当別業務日程管理表から業務工数を集計した結果、営業部門、設計部門において見積り業務はトップ3に入る業務であった。また、見積り業務

は生産管理部門、海外管理部門も関係しており、こちらもそれぞれトップ5に入っていた。

見積り業務の革新方向は、次のとおりである。見積り依頼を受ける部署を営業部門に一本化し、依頼内容を把握して、営業部門から設計部門、生産管理部門または海外管理部門（海外子会社の生産管理を担う部門）に見積り依頼を行うようにする。依頼内容によっては、設計部門、生産管理部門または海外管理部門には依頼せず、営業部門だけで見積り書を作成し、回答できるようにして全社的に見積り工数を低減する。

上記の革新を6カ月間で実施する実行計画を作成し、VMボード上で進捗を管理した。

手順4：業務革新・改善の実施

現在、顧客、親会社、海外子会社からの見積り依頼を受け、すべての案件に対して設計部門、生産管理部門または海外管理部門が連携して見積り書を作成し、営業部門で一部加工して顧客に回答していたため、工数が非常にかかっている。

見積り依頼内容によっては、営業部門が過去の実績で回答できるものもあるため、見積り依頼を受ける窓口を営業部門に一本化することにより、営業部門が依頼内容を見て、重要度の低い案件については営業部門単独で見積り書を作成できるように革新した。

手順5：革新・改善効果の確認、標準化

（1）定量的成果

見積り業務の工数は、420時間／年（35時間／月）を低減し、見事に目標を達成した。

（2）定性的成果

演繹的な視点で今後の当社のあるべき姿を描きながら、全体最適の業務革新を行うことができた。また、見積り業務の工数が低減したと同時に、回答のリードタイムも短縮し、お客様からの信頼度も向上した。

（3）効果の確認と標準化

見積り依頼の窓口を営業部門に一本化したことを示すために、横断業務プロセスフローチャート（図表5）を更新し、関係者に通達し、親会社、海外子会社にもご理解いただいた。以降、営業部門に見積り依頼が来るようになった。また、営業部門単独で見積り書を作成する案件の判断基準を設け、関係者に通達した。

（伊東 辰浩）

8 VMによる目的別業務革新の着眼点

図表5　横断業務プロセスフローチャート

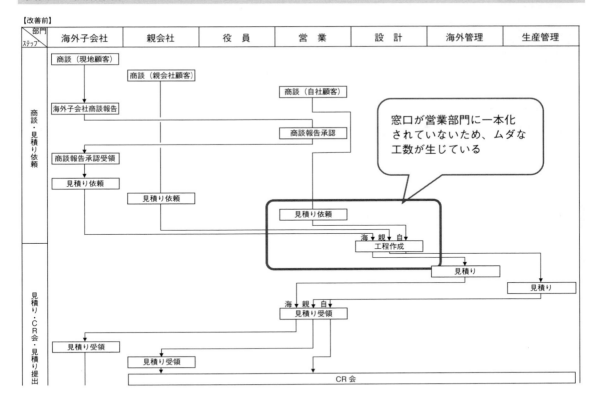

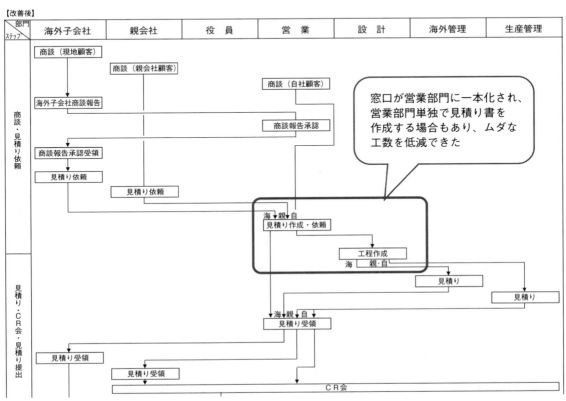

4 費用削減

POINT

● 費用削減の取り組みは、見えない費用を見えるようにして、費用につくムダを抜本的に改善することがポイント

費用削減の要点と基本手順

　管理・間接部門における費用削減の具体的な着眼点は、人件費と経費である。しかし、費用削減の取り組みとして、残業規制や単純なコストカットでは業務品質の低下やモチベーションダウンにつながり、企業体質自体を弱めてしまう。費用削減の要点は、見えない費用を見えるようにして、そこに潜む調整やロスなどのムダを抜本的に改善し、業務を革新することで費用を削減することである。

　ここで述べる見えない費用とは、決算書の勘定科目に明確に記載されない費用である。具体的には、会議にかかる工数やクレーム対応に関する工数などの人件費である。

　また、見えない費用には、関連する費用や波及する費用が付随している。具体的には、会議に参加するための旅費交通費やクレームに関する補償費などの経費である。これらも見えない費用として抽出し、対策立案・実施と効果を確認することが必要である。

1. 現状把握

　現状把握は、見えない費用を見えるようにするために以下の手順で実施し、ターゲットを明確にして取り組むことが重要である。

(1) 費目別期間比較

　まず初めに、決算資料などから図表1のように当該費目の過去からの推移を一覧化し、傾向を把握する。売上高と各費目の相関関係を見て、ムダのありそうなターゲット費目に当たりをつける。

(2) 費目別の現状把握とターゲットの絞り込み

　次に、(1)で当たりをつけた費目を詳細に現状把

握する。人件費は、第7章4項に示したVMによる担当別業務日程管理で、どの業務にどのくらいの時間をかけているか詳細に現状把握を行う。業務量調査を行って現状把握する方法もあるが、改まった調査になると個人の心象によって正しい現状把握ができなくなるため、VMによる日常業務管理の一環として現状把握を進めるとよい。一定期間、業務別の工数を把握したらパレート分析を行い、業務別の総工数と部署内で行われている業務割合の全体像から優先的に取り組むべきターゲットを絞り込んでいく。

(3) 関連する費用、波及する費用の棚卸

　(2)でターゲットとした費用に関連する費用や、そこから波及する費用を棚卸しする。具体例を図表2に示す。見えない費用の中には複数の人が関わっているものもあるため、VMボードの前で関係者が参加して棚卸しと費用算定することによって、抜け漏れなく見えない費用を抽出することができる。抽出された費用と、(1)で当たりをつけた費目とに因果関係がないか確認しておく。関係性があれば、ターゲットの妥当性を確認できる。

(4) 費用の算出

　(2)でターゲットとした業務と、(3)で棚卸しした費用を算定する。(2)でターゲットとした業務は、業務工数と人工数、時間チャージを掛け合わせて費用算定する。(3)で棚卸しした費用は、それぞれ積算して図表2に記入して、総費用を算出する。

　このような現状把握を進めて見えない費用を見えるようにして、業務革新につなげていく。

2. 分析・改善のポイント

　費用削減を効果的に進めるためには、現状把握で見えるようにした費用について以下の手順でム

8 VMによる目的別業務革新の着眼点

図表1　費用の費目別期間比較の例

凡例　⮕：良化傾向　⬊：悪化傾向　　　　　　　　　　　（百万円）

費目	N-2期		N-1期		N期		傾向
	金額	前期比	金額	前期比	金額	前期比	
売上高	1,250	−	1,350	108.0%	1,200	88.9%	⬊
変動費	500	−	520	104.0%	510	98.1%	⬊
外注費	120	−	124	103.3%	110	88.7%	⬊
消耗品費					95	100.0%	⬊
旅費交通費							⬊
修繕費	10	−	1	100.0%	1	100.0%	⬊

> 売上は減少し、消耗品費、旅費交通費、修繕費などの変動費は増えているが、費用対効果はどうか？

固定費	620	−	710	114.5%	680	95.8%	⬊
人件費	320	−	332	103.8%	335	100.9%	⬊
賃借料	1	−	1	1			⬊

> 売上の減少に対して固定費が比例して減っていないが、ムダな残業はしていないか？

図表2　関連、波及する費用と算出例

No.	費用区分	ターゲット	関連・波及費用	工数（h）	人工（人）	チャージ（円/h）	費用（円）
1	人件費	製販会議		2	10	7,000	140,000
2	人件費		資料作成	1	2	7,000	14,000
3	人件費		会場移動	1	5	7,000	35,000
4	経費		消耗品費				10,000
5	経費		貸借料（会場利用）				10,000
6	経費		旅費交通費				30,000
							0
10	人件費	クレーム対応		1	3	7,000	21,000
11	人件費		仕損費（つくり直し工数）	3	1	7,000	21,000
12	材料費		仕損費（材料費）				70,000
13	人件費		選別費	3	3	7,000	63,000
14	人件費		対策費	2	5	7,000	70,000
15	経費		補償費				100,000

ダがないかを分析し、抽出したムダの排除を課題化し、改善サイクル（CAPD）を見えるようにして、VMで組織横断的に取り組むことが重要である。

(1) 見えるムダの排除

見えるムダとは、見える行動そのものであり、そのムダを排除することで、工数およびそれに付随する経費を削減することができる。具体的には、探すムダや聞くムダ、スペースのムダなどで

ある。

見えるムダは、第2章の5Sによって多くのムダを容易に排除することができる。

(2) 見えないムダの排除

見えないムダとは、業務のアウトプットがない、活用されないムダや、業務の仕組みや制度に問題があり、人の力量や能力も相まって、やり直しや報告・調整が発生しているような潜在化したムダである。

173

見えないムダは、業務そのものが必要か（業務をなくせないか）、重複した業務はないか（業務を一緒にできないか）、別の方法に変えて費用削減できないか（業務の代替）、業務をもっと楽に、簡単にできないか（業務の簡素化）のECRSの考え方でムダを排除する。

3. 効果確認・歯止め

効果確認は、取った対策で現状把握で見えるようにした費用と比べて、改善後の費用はムダが取れてどのくらいになったかで確認する。費用削減は実施から効果が出るまでタイムラグがあるので、改善の実施時期と効果を評価する時期をあらかじめ計画し、改善策と効果の因果関係をとらえておくことも重要である。歯止めとしてマニュアル、手順書、基準に反映し、継続、改善ができるようにすることも重要である。

革新事例1：残業時間削減による費用低減（管理部門）

1. 革新前の問題点

売上が思うように伸びない中でも固定費が上昇していた。その理由は、人手不足と業務の属人化により、一部の従業員に業務負荷が偏っていたためである。結果的に、異常や問題、ムダがあっても本人以外に誰もわからないため、問題が大きくなってから後追いで処置・対策を行っており、業務時間を長くして、さらに残業や休出を余儀なくされていた。また、担当者の病欠や休職が業務の停滞を引き起こし、代役のスタッフは情報集めや仕事のやり直しなど非効率な業務遂行になり、仕事の遅れを残業で挽回せざるを得ず、他の費用に波及していた。問題点の要因は、業務の標準化が進んでいないことと、多能化が進んでおらず応援・受援できないことであった。

2. 革新内容

残業時間を低減するために、いつ、誰が、どのような仕事で残業しているかを分析し、残業の原因を特定して方策を立て、改善を実施した。

(1) 現状把握

管理部の年間業務予定から、担当別に図表3のような業務日程管理表で週間業務予定と実績を継続して記入した。その結果、月初5営業日で係長が月次決算業務で残業していることがわかった。

(2) 残業時間を増大させる原因追及

係長の第1週の業務日程管理表を分析したところ、非定型業務が複数回発生していて、定型業務を残業して行っていた。これらの定型業務は、管理部の中で係長しか行うことができない業務が多く、業務分担も偏った状態になっていた。

(3) 業務二人制の推進

改善の方策として、初めに管理部の業務を棚卸しし、全体像を明確にした。次に、業務ごとにマニュアルや手順書が整備されているか確認した。残業の原因となっている業務のうち、特定の個人に依存している業務から優先的に標準化を進めて、別の担当者に教育し多能化を図った。

(4) 担当者の役割分担の見直し

業務二人制になっても、担当業務のバランスが取れていないと一部の人に負荷がかかり、残業時間が削減できない。そこで、図表4のように業務の役割分担の現状を一覧化し、偏りがある担当業務の中で二人制になった業務は分担を見直し、業務担当の偏りを補正した。

(5) 残業時間低減目標の管理

ここまで一つの改善事例を示したが、部全体の残業時間を削減するために、削減目標を設定し、継続的に改善を進めた。前述の業務日程管理表から残業業務、残業起因業務を区分し、その原因から業務のムダを抽出して、ECRSの観点で改善策を立案し、VMによる目標管理で管理・マネジメントを行った。後は、立てた実行計画を実施、検証、標準化の順に進めて、残業時間を削減した。

3. 革新効果、価値創造

この改善で、係長の残業時間だけでなく全体の平均残業時間も低減でき、時間外手当が削減された。また、標準化を進めたことで教育が容易になり、多能化も広がった。結果、病欠や休職といった業務の停滞・停止リスクも軽減された。

革新事例2：会議の見直しによる費用低減（営業部門）

1. 革新前の問題点

営業部門はその業務の特質上、面談で仕事をすることが多く、営業所が全国にあったり営業エリ

8 VMによる目的別業務革新の着眼点

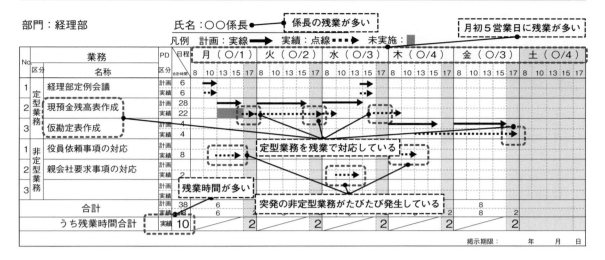

図表3　担当別業務日程管理表による現状把握

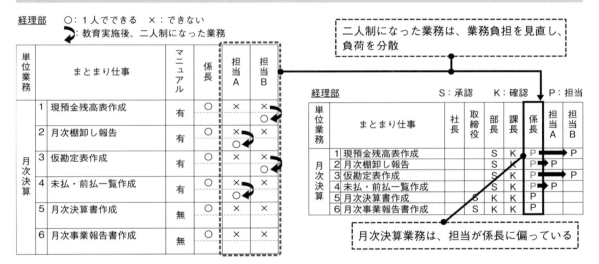

図表4　業務二人制から分担の見直し例

アが広かったりすると、会議や商談などで移動工数や旅費交通費が多額となる。リモート面談など手段の選択肢が増えたが、営業部門の仕事はリアルで議論したり商談したりすることで成果に結びつくため、旅費交通費を単純にカットする方法では本末転倒になる。

ここでの論点は、面談での仕事がすべて費用対効果を生んでいるか把握できていないことである。例えば、会議は目的に応じて適切なインプット情報をもとに議論し、明確なアウトプットが出ていなければ問題点である。俗に言う「会して議せず、議して決せず、決して動せず」になっていることである。商談であれば、商談目的が不明確な状態で顧客と会い、商談が進まないことである。

2. 革新内容

ここでは、会議に関する革新内容を紹介する。

(1) 会議体の棚卸し

図表5のような棚卸し表で会議体の棚卸しを行った結果、120人時／月と多大な工数を費やしていることがわかった。賃率5千円として計算すると60万円に相当していた。

(2) 会議に潜む問題点摘出

次に、図表6の会議体のチェック項目に基づいて、本来の会議の目的を明確にするとともに、目的に対する有効性、効率性について検証した。その結果、報告がほとんどで議論がなく、今後の方

図表5　会議体棚卸し表

No.	開催日	開催頻度	会議名称	主催者	目的	会議時間／h	参加人数	人工／h	月当たり人工／h	評価 判定	評価 検証内容
1	第1営業日	1回／月	営業会議	本部長	・営業担当者別の当月受注予定の確認 ・具体客の進捗確認	3	20	60	60	a d	・進捗内容が営業個人の判断なので、フィードバックの有効性が低い
2	第2金曜	1回／月	支店長会	本部長	・支店別の売上、利益実績と見込みの確認、営業部の運営に関する議論	1	6	6	6	e g	・会議資料の作成に膨大な工数がかかっている ・報告に対する精神論的フィードバックになっている
3	第2営業日	1回／月	製販会議	生産管理部長	・受注確定・見込みの共有 ・生産、販売、在庫計画の決定 ・部門横断課題の議論	2	10	20	20	b d g	・会議前の情報入力が行われないため、議論が進まない ・議題に関係ない参加者が多い

図表6　会議体チェック項目

○	適切かつ妥当である
a	開催時間の長さは適切か
b	参加者の職制・人数は適切か
c	開催頻度は適切か
d	適切かつ妥当なインプット情報か
e	目的に見合った適切なアウトプットか
f	他の会議と議題の重複はないか
g	議論は活発になっているか
h	その他、コストがかかっている点

向性がアウトプットされていない会議があった。また、そもそも会議の目的が明確でないまま漫然と時間をかけている会議があった。さらに、会議そのものの工数だけでなく、準備に多大な工数をかけている会議があることがわかった。

(3) 会議の見直し・改善

会議体の改善では、4つの切り口で改善を実施した。1つ目は、会議体の廃止である。目的が不明確な会議体や、有効性の低い会議、他の会議と重複している会議は廃止した。2つ目は、会議体の目的、手順の見直し・標準化である。目的に対して開催頻度や参加者、議題を見直し、会議のルールを明確にした。3つ目は、会議のやり方の改善である。営業部のヘッドオフィスにVMボードを設置し、ボード前で立ち会議にした。VMボードでインプット情報の相関と因果関係がわかりやすくなり、考察や議論がやりやすくなった。会議のアウトプットとなる決定事項や課題が増え、「誰が、いつまでに、何をする」のかをVMボードに直接書き込み、議事録を廃止した（**図表7**）。最後は、出張会議の削減である。会議体のチェック項目から、リモート会議でも支障がないものを決定した。

3. 革新効果・価値創造

これらの改善により、会議工数だけでなく、会議資料の準備や議事録の作成工数、会議に参加する移動工数の削減ができ、人件費が低減できた。また、目的を明確にした改善で会議の付加価値が高まり、リアルとリモートのメリハリもついて旅費交通費も削減できた。会議工数は商談時間に充当し、売上向上にも寄与した。

革新事例3：設備保全の改善で修繕費低減（生産技術部門）

1. 革新前の問題点

機械設備の老朽化で故障が多く、毎年、修繕費の予算を立てているものの、それ以上の負担が発生しており、収益を圧迫していた。また、修繕費に比例して交換部品などの消耗品費も増えていた。さらには、可動率の低下が手待ちのムダとなり、製造部門へムダを波及させていた。

分析結果から3つの要因が抽出された。1つ目は、壊れてから直す「事後保全」中心の設備保全体制。2つ目は、設備予備部品の探すムダと発注方法の問題による過剰在庫。3つ目は、修理スキルを持つ保全マンが少なく、故障が重ればメー

図表7　VMによる営業会議のイメージ

カーに修理を頼まざるを得ない体制になっていた。

2. 改善内容
(1) 予知保全による故障の未然予防
　まずは、壊れる前に対処する考え方に改め、生産現場には自主予防保全のルールをつくり、始業前の点検項目と方法を始業前点検表にまとめ、教育し実施させた。また、定期的に点検、給油、清掃、交換を行うルールを機械ごとに作成し、定期予防保全を行った。この2つのルールは、故障実績から再発防止策を講じ、効果があった対策を標準化し、ルールに落とし込むことで精度を上げた。

　定期予防保全は、メーカー推奨や故障履歴から耐久期間を決め、未然予防的に部品交換を行うので、まだ使える部品も交換するため不経済な面があった。そこで、予防保全から予知保全を段階的に取り入れていった。デジタル技術を活用し、機械設備から発信されるさまざまな情報（振動や温度など）を分析させ、見えるようにすることで、過去のデータや傾向から使用限度ギリギリまで使えるタイミングがわかるようになった。

　このような改善で、データから交換時期と判断したタイミングで部品発注ができるので、リードタイムが極端に長い部品以外は都度発注で対応し、予備部品在庫を削減した。

(2) 戦略的多能化の推進
　修理スキルは、継続的な教育と実践経験を積む必要がある。また、教える時間や機会も必要となり、なかなか進まなかった。そこで、生産技術部門の方針・目標と連動した戦略的な多能化を計画的に実施した。具体的には、生産技術部門の目標を達成するための施策から重点のラインや設備などを決めて、それらに関する知識や調整作業、部品交換作業を対象に多能化率をKGIとして算定し、教育訓練計画の実施率をKPIに設定してVMによる目標管理を推進した。毎月の目標の達成状況と教育訓練計画の実施状況が見え、遅れがあれば挽回策が確実に話し合われたため、完了まで計画的に多能化が推進できた。

3. 改善効果
　予防保全体制が構築され、故障前対応するようになった結果、1回の修繕費を抑えることができるようになった。予知保全に移行すると、修繕のレベルがさらに軽微で済み、設備予備部品の購入頻度も少なくて済むため、消耗品費の低減に寄与した。また、多能化によって修理の内製化が進み、外注費が削減できた。設備の可動率が高まったことで製造部門へ波及していた手待ちのムダが削減され、生産高が向上した。

（小島　康幸）

5 一人ひとりが活躍する職場づくり

POINT

● 見える方針・目標管理で会社の方向性を知り、自分を知り、多様性を認め、部門内、組織横断での活躍の場を設け、活性化された職場で業務革新を進める

一人ひとりが活躍する職場づくりの基本手順

一人ひとりが活躍する職場の要点は、自分を知り、メンバーを知り、相互に意見交換をするコミュニケーションの場を整備することである。

また、見える（VM）方針・目標管理により経営理念、方針・目標を見て共感し、VM対象管理業務選定資料で役割・使命を明確にしながら一人ひとりが活躍する場をつくることも重要である。つまり、会社の方向性をVMで見える形で共有した上で、自分を知り、他人を知り、協働する環境づくりを進めることである。

以下に基本手順を体系立てて明記する。

1. 現状把握

自分を知り、メンバーを知るためには、業務上のスキルや経験、向上すべき点などの共有が必要である。最近では、タレントマネジメントとしてITを活用した仕組みもあり、そうしたシステムの導入も一考であるが、その前に自社および自部門で以下の点で把握する。

(1) 経営機能分類表によるスキルマップ作成、運用

経営機能分類表をベースにした多能化度合いを見るためにスキルマップを作成、運用する。具体的には、経営機能分類表の小分類を軸にする。難易度は、手順だけ覚えてできるものは易として、判断や調整が伴うものは難とするなど、なるべく明確にする。さらには当該業務の遂行に加え、指導できるかなどの習熟度を明確にして、誰が何の業務ができるのかを組織内で共有する。

なお、業務の過不足も見えるようにすると、一人しかできない業務で負担をかけていないか、二人制にしてリスクを回避しなければならないかなど、活躍をしてもらうための判断ができるようにすることも重要である（**図表1**）。

(2) 過去、現在、将来を思い描く

どのような経歴をたどったのか、将来どうしたいのかを把握する。具体的には、後述する個人成長ノートで過去の業務の棚卸しを行い、現在の取り組み状況と将来像を把握させる。

2. 分析・革新ポイント

現状把握から、一人ひとり何ができるのか、どうしたいのか、また組織として伸ばすべき点が見えてくる。その点を活かして、一人ひとりが活躍する職場づくりへの革新を目指す。

(1) 個人の成長を促す

成長ノートをもとに個人が内省し、上長との面談をする。自分の過去、現在、将来を知り、上長による客観的なフィードバックで見直し、組織の一員として貢献できる人財への成長を促す。

(2) 有益なコミュニケーションを促す

コミュニケーションには、公式、中間、非公式の3種類がある。それらが有効に働き、バランス良く運営されているかを把握し、機能していないものについては見直しを図り、有益なコミュニケーションを促すようにする（**図表2**）。

(3) 一人ひとりが活躍する場づくり

具体的な事例は改善事例で示すが、全員参加の5S活動、改善提案制度などで一人一役の場を与え、活躍する場づくりを行う。

3. 効果確認・歯止め

効果確認は、従業員アンケートやモラルサーベイの仕組みがあれば、ワーク・エンゲージメント

8 VMによる目的別業務革新の着眼点

図表1　経営機能分類表をベースにしたスキルマップ例

| | | スキルマップ | | 部門名　経理課
作成日　20××年○月○日
更新日　20××年×月×日
作成者：平田一郎　承認者：岡島明信 | | | | | | | | |

【難易度】　A：高　B：中　C：低　【凡例】／：当面該当しない作業・業務　　　　　　　　　：訓練させたいもの
【スキル度】　●：指導できる（1.2）　　○：一人でできる（1.0）　　△：援助があればできる（0.5）

No.	機能番号	機能分類（小分類）	難易度	中本	上野	森上	小山	後川		必要人員	対応人員	過不足
1	4-1-1	資金計画	A	○	／		●	／		2	2	0
2	4-1-2	資金調達	A		／		●	／		2	1	-1
3	4-2-1	一般経費管理	C	●	○	○	○	△		2	4	2
4	4-2-2	外注経費管理	C	●	○	○	○	△		2	4	2
5	4-3-1	給与賞与	B	○		●	△	○		3	4	1
6	4-3-2	退職金	B			●	△	／		2	1	-1
7	4-3-3	通勤手当	B			●	△			2	1	-1
8	4-3-4	源泉徴収	B		／	●	△			2	1	-1
29	4-6-1	経理監査対応	A	△	／	○	●	／		2	2	0
30	4-6-2	経理監査報告	A	△	／	○	●	／		2	2	0
		●の数×1.2		5	3	10	10	0				
		○の数×1.0		5	5	5	10	3				
		△の数×0.5		5	3	5	5	5				
		小計（a）		13.5	10.1	19.5	24.5	5.5				
		業務数		25	20	30	30	15				
		業務数×1.2（b）		30.0	24.0	36.0	36.0	18.0				
		スキル化率（a/b）		45.0%	42.1%	54.2%	68.1%	30.6%				
		目標スキル化率		50%	50%	60%	75%	40%				

運用にあたっては、パソコン管理ではなくVMボードで共有し、相互研鑽、成長意欲、助け合いの精神を助長させ、教育訓練計画の進捗管理と一元的に見える形で運用する

図表2　コミュニケーションイメージ図

公式的なコミュニケーション

・会議、ミーティングはVMボードで説明、確認、討議し、濃厚なコミュニケーションを目指す

非公式的なコミュニケーション

・5Sやファイリングで空きスペースをつくり、雑談や相談が気軽にできるオフィスを目指す

サークル・社内交流ボード　　担当：総務部○○

サークル活動紹介　　○月○日 企業感謝祭開催

野球部	サイクリング部	茶道部	

活動毎週日曜	活動年6回	活動毎月	第30回 ○社祭り
地区予選突破	次回：大山へ	次回：○流見学	ご家族、ご近所の方のご参加お待ちしております

中間的なコミュニケーション

・活動を見えるようにし、従業員への参加を促し、交流が図られるようにする

（仕事に対するポジティブで充実した心理状態）項目が向上したかを確認する。そうした制度や仕組みがなければ個別面談で聞き取り、まとめることでも確認できる。できる限り定量的に把握することを目指す。

歯止めは、スキルマップや個人成長ノートの定期的な更新と共有、一人ひとりが活躍するためのコミュニケーション手段の手順化である。

革新事例１：成長ノート活用による組織活性化

１．革新前の問題点

個人目標管理制度はあったが、部門方針から単年度の目標、課題設定で部門への貢献度合いはわかるが、個人の成長を感じられる仕組みではなかった。そのため、個人目標管理表を使った面談も部門目標に対する役割の話題が中心となり、個人の成長を促すことが希薄であった。

そこで、個人が自らの成長を考え、また上長も部下の成長について客観的にフィードバックする仕組みに変えた。

２．革新内容

（1）個人成長ノートの導入、運用

入社してから現在に至るまでを毎年振り返り、また将来的にどのようになりたいかを思い描くための個人成長ノートを導入した（**図表３**）。過去は入社時の志と現在に至るまでの振り返り、現在は当期のやるべきこと、将来は目指したい姿を記入する。上長のフィードバック欄も設けて(2)の個人面談につなげていく。

（2）個人面談の充実

上長が個人の過去、現在、将来全体を把握した上でのフィードバックなので、個人の成長意欲と組織貢献意欲を引き出せるようになった。

具体的には、今現在、意欲が低下、また自信をなくしている様子であれば、過去の良かった点を思い起こさせ、さらには将来目指すべき自分像のために、頑張るべき点をアドバイスしやすくなった。

３．革新成果、価値創造

VMの真髄の一つにトータルマネジメントがある。過去、現在、将来を俯瞰し、今やるべきこと

を明確にすることである。この考え方を一人ひとりの成長に取り入れたことで、自分の時間軸での全体像を見ることができ、成長意欲と組織貢献意欲が高まった。

革新事例２：有益なコミュニケーションへの見直し

１．革新前の問題点

朝礼、昼礼、会議などの公式コミュニケーション、雑談、クラブ活動などの非公式コミュニケーション、社員旅行、社内行事などの中間（準公式）コミュニケーションがひと通りあったが、運用面や効果についての検証が不十分で、相互理解が進まなかった。また、コミュニケーション不足による休職や離職も見られ、社内のコミュニケーションを抜本的に見直し、有益化する必要があった。

２．革新内容

（1）公式コミュニケーションの見直し

公式コミュニケーションとは会議、朝礼、ミーティングで日時、メンバー、議題などの運用ルールが決まっているものである。

見直しの着眼点は、コミュニケーションの基本として相互理解に努めるようにしたことである。上長による一方的な連絡、伝達による情報共有時間を極力短くし、発言、討議、意思決定の場を増やすことを目指した。具体的には、VMボード前での打ち合わせを有効に活用した（**図表４**）。

（2）非公式コミュニケーションの見直し

非公式コミュニケーションとは、会社内での雑談やクラブ活動、有志による会合などである。

見直しは、話しかけやすい、話しやすい雰囲気づくりを重視するところから始めた。自由に使えるミーティングルームの設置や、誰もが利用しやすい休憩所など環境面の整備から、上長と話しやすい雰囲気をつくるために職場内を巡回しての声掛け、また、いつでも相談に乗れるようにオープンな場所に管理・監督者の席を置く工夫も行った。

（3）中間的なコミュニケーション

中間的なコミュニケーションとは、社員旅行や運動会、研修会、発表会など準公式的コミュニ

図表3　個人成長ノート例

個人成長ノート　「社員番号・所属・社員名　08003　経理課　佐藤義明」作成日20××年×月×日

入社時の思い	経理、財務スキルを習得し、企業の財務戦略をまとめる仕事に従事したい

1. 歩み

項　目	2023年度 前年度	2024年度 当年度	2025年度 次年度
スキルポイント 実績・目標	200P	220P	230P
習得スキル 実績・目標	経費管理	資金計画 資金調達	経理監査

2. 専門性　資格チャレンジ、技能習得

資格	日商簿記2級
外部研修	キャッシュフロー経営講座

本人コメント欄（前年度の成長点、当年度の成長目標の狙い）

前年度で月次決算、年次決算業務をひと通り習得し、後輩の指導や育成にも従事した。当年度は、資金計画や資金調達業務の習得を目指し、会社の資金の流れと仕組みを理解していきたい

上長コメント欄（成長の振り返り、期待すること）

昨年度は、決算業務のサブリーダー的な立場を意欲的に取り組み、組織に貢献した。経理マンとして、さらなる高みとして資金管理業務を習得し、入社時の思いである財務戦略従事への一歩を進めてもらいたい

図表4　公式コミュニケーションの変革イメージ

〈変革前の会議イメージ〉
○視覚的情報共有が不十分なため、参加者の意識や方向性が定まらない
○課題確認が不十分なため、会議後の実行度が低い

〈変革後の会議イメージ〉
○視覚的情報共有で、参加者の意識や方向性を一つにする
○その場での課題確認、メモ、意思決定を図るので実行度が高い

ケーションである。これらは新型コロナウイルス感染症の拡大防止と個人の時間尊重や福利厚生の縮小で廃れた。

しかし、普段見られない顔や考えをリラックスした場でお互いに知り、多様性と結束力を高めるのに有効であると再認識して、適切な頻度と開催時間で多くの人と交流が持てる工夫をした。また、中間コミュニケーションは開催や狙いなどを明確にし、適宜見直すように一覧表にしてまとめ定期的に評価、更新するようにした（**図表5**）。

3. 革新成果、価値創造

VMの真髄の一つにリアルマネジメントがある。現地、現実、現物の三現主義に通じるものであるが、組織内に人と人の接点のリアルの場を設けて、活性化された職場に向けた取り組みである。

この考え方を取り入れたことで、上長・管理職は伝達だけでなく公式、非公式コミュニケーションで部下、メンバーの考えを把握し、相互理解を深めるようになった。

また、準公式コミュニケーションの場で仕事とは別な顔や考えを相互に把握したことで、業務上のやり取りもしやすくなった。そのため、コミュニケーション全般が有益化し、安心できる職場にもなり、定着率も向上した。

革新事例3：改善提案活動の見直し、活性化

1. 革新前の問題点

改善提案制度はあったが、提案用紙が職場に置かれているだけで、現在の提案状況や効果などが見えない状態であった。そのため、一人ひとりの提案意欲が低下し、会社全体の提案件数が年々減少し、改善提案制度が形骸化している状態であった。

2. 革新内容

(1) 改善提案スキル向上、環境づくり

改善提案は本人の自覚や意識に頼るのではなく、スキルとして組織内で訓練するようにした。

具体的には、5Sの知識や進め方の教育で、5S

の視点での改善提案できるようにした。また、ムダ取りと業務改善手法を学ぶ場も設けた。また、改善を実行しようにもラミネート、ラベルプリンターの操作方法がわからないので表示がつくれないなどのニーズに対し、使用方法を教育する場も設けた。

(2) VMによる改善提案ボードの設置、運用

会社が改善提案活動に取り組んでから現在に至るまでの成果とプロセス、また将来目指すべき姿を一覧で見られる「改善提案制度VMボード」を設置した（**図表6**）。設置しただけでなく、新入社時には説明する場を設け、会社の改善の歩みと考え方を理解させ、ボードの内容更新時には部署ごとに説明、確認する場を設け、従業員の改善提案意欲を引き出すようにした。

(3) 改善提案コミュニケーションの見直し

改善提案については、毎月審査会を開き、採用、保留（現段階では実施しないが、将来的に実施する）、不採用（費用対効果、現状の組織体制では難しいことを伝える）で判定を行い、提案者にフィードバックを必ずするようにした。

また、改善提案制度VMボードや社内イントラネットに掲載し周知を図った。さらに、年1回改善提案発表会を開催し、優秀者への表彰を実施し、モチベーションを高めるようにした。

3. 革新成果、価値創造

VMの真髄の一つにプロセスマネジメントがある。具体的には、改善提案制度のプロセスとして、改善提案を発案できるスキル向上と環境整備を行い、実行、評価、さらなる改善へとステップアップする仕組みを見える形で行うことである。

また、VM手法で改善提案の歩みや進捗の情報を共有することで、改善意識を高めた。また、VMボード前での伝達、理解、またコンクールの場でコミュニケーションを図ることで、改善に対する相互理解を深めることになる。

つまり、一人ひとりが提案するように仕向ける仕掛けと、フィードバックを続けることで改善提案制度を活性化させ、絶え間なく改善を進める組織風土の革新を図ったのである。　　（丸田 大祐）

図表5　中間コミュニケーション一覧表

No.	範囲	名称	実施方法	狙い
1	全社	全社研修会	・毎年6月、第3土曜日実施 ・場所：○○研修センター ・会社方針説明、経営課題グループワーク、食事会	・会社の経営状況を理解し、経営者意識を持たせるため ・普段会わない他拠点、他部署の人との交流、親睦を深めるため
3	部門	納会	・毎年12月（日程は部門で選定） ・場所：当該地区で選定 ・当年度の事業説明、食事会	・1年間の社員の労を労い、来年の意欲につなげるため ・部門内の親睦を深めるため
4	部門	季節イベント	・部門内、時期、場所を設定（4月花見、7月BBQなど） ・労働組合との共催を原則とする	・季節ごとの節目に経営層、従業員とのコミュニケーションを高めるため
5	グループ	サークル	・原則、5人以上でスポーツ、学術などを一緒に行うグループ ・申請、許可されたものについては会社から大会参加費、経費などを補助（上限は、1人○円）	・業務外で一つの目的に向かって取り組むことで親睦を深めるため

図表6　改善提案制度VMボード例

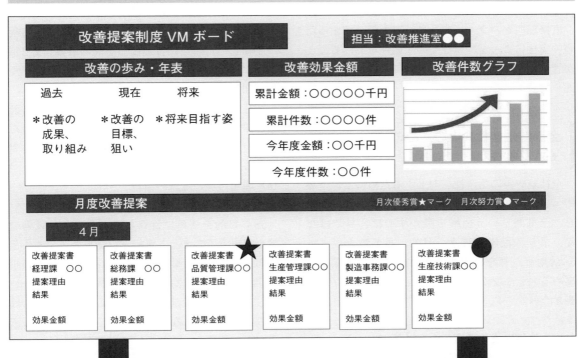

6 全部門の生産性向上

POINT

● 管理・間接部門を含む全部門が役割・使命を果たすことにより、組織全体の生産性向上が最大限発揮される

全部門生産性を向上する必要性

　組織全体の生産性を高めるために、これまでは直接部門である製造・サービス部門が中心となって改善に取り組んできた。付加価値の高い製造・サービスを顧客に提供し、さらに生産性を最大限に高めるためには、より安定かつ効率的につくる、サービスを提供することが必要である。すなわち、生産技術、生産管理、調達管理、品質管理といった、いわゆる管理・間接部門の専門的な観点での部門横断的バックアップが必要不可欠と言える。

　直接部門がパフォーマンスを最大限発揮するための支援によって、全社での生産性を高めることが管理・間接部門の役割・使命である。イメージ図を図表1に示す。

全部門生産性向上のための
VMの進め方

　全社レベルの生産性を向上するためには、全部門・全員参加での推進が必要不可欠となる。ただし、全部門という組織を動かすのは容易ではなく、最初の段階で理念、目的、重要性を説き、5S活動でムダを排除するとともに、改善意識を高めるステップが必要となる。そのステップを図表2に示す。以下に、ステップごとの手順を示す。

（1）生産性向上の理念、中期計画

　生産性向上の取り組みを全部門・全員参加で推進するにあたって、生産性向上の意義を明確にする。その理念に基づいて生産性向上に関し、3～5年先の姿を中期経営計画に位置づけ、社全体としての重要性を説く。

（2）全部門生産性向上のための推進組織化

　最初は、経営層が中心となってトップダウンで推進する必要がある。その後、現場が共感してボトムアップでの取り組みになるようにする。そのためには、事前準備の一つとして推進組織を明確にすることは必要不可欠である（図表3）。

（3）生産性向上の活動の枠組み

　生産性向上の目的と重要性のみを説くだけでは、効果的かつ効率的に推進できない。このためには次のような活動の枠組みが必要である。

　①改善を推進して8Sの考え方で既存業務を8割に圧縮して、新たに付加価値を高める業務を2割確保することで、生産性向上の活動時間を確保する（図表4）。

　②社内ベンチャー制度として、新規事業・新製品の開発などの付加価値創出を目的に各部門からメンバーを募り、推進する枠組みも整備する必要がある。

（4）職場環境と意識の革新

　①5S活動の推進（第2章）

　5Sの目的を簡単に言うと、ムダのない職場環境を実現することと、意識と行動を変革することにある。これまで製造部門では、改善活動を通じて問題意識や改善意識を高める機会があった。しかし、管理・間接部門に所属する多くの人たちはその機会に恵まれなかったため、改善に対する意識が総じて低く、重要性に対する認識も低い。このため、生産性向上などの活動にも積極的に参画して目標を達成することは難しいと言える。したがって、②のフォルダリングとともに、この取り

8 VMによる目的別業務革新の着眼点

図表1 管理・間接部門による全社付加価値貢献図

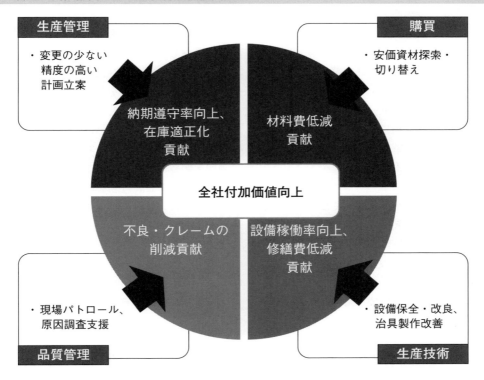

図表2 生産性向上のための推進ステップ

ステップ	No.	実施項目	具体例
(1) 理念、目的の浸透	1	目的、理念の共有	生産性向上の理念、目的の共有化
			8Sの考え方・実践
(2) 推進組織化	2	推進組織化	全部門・全員参加の推進組織の明確化
(3) 職場環境と意識の革新	3	5S活動の推進	職場のムダの削減
			改善に対する意識と考え方の改革
(4) 機能分類の体系化	4	フォルダリングシステムの確立	機能分類表の作成
			機能分類に基づくフォルダリングシステム確立
(4) 見えるマネジメントの革新	5	VMによる中期経営計画の推進	外部・内部環境分析に基づく課題明確化
			中期計画の策定、実行、検証
	6	VMによる方針・目標管理の推進	生産性に関する方針・目標設定
			目標達成のための施策のPDCA管理
	7	VMによる日常業務管理	役割・使命の明確化と管理基準の設定
			役割・使命に基づく日常業務管理の推進
	8	成果の見える化	5S、フォルダリングシステムの成果の共有
			中期計画、方針・目標に対する成果の共有
			生産性、付加価値向上の成果の共有

組み初期の半年から1年間は5S活動を推進する。これにより、全部門・全員参加の活動を定着させる。

②フォルダリングシステムの確立（第3章参照）

製造現場と異なり、管理・間接部門は仕事の状態が目で見てわかりにくい。ここでは、機能分類表をもとに自らの仕事の位置づけを見えるようになり、この機能分類を軸にして生産性向上に向けた仕事の管理と改善、革新を進めていく。

(5) 見えるマネジメントの革新

①現状分析

生産性を高めるにあたり、改めて現状分析を行う。具体的には、付加価値向上に向けてのギャップ分析と工数分析（第7章2項）、業務プロセス分析（第7章3項）が該当する。

②活動計画

①の現状分析にて重点に絞った結果から、テーマ設定、生産性目標設定、施策を立案、計画する。

③VMによる方針・目標管理

中期計画および②で設定した生産性目標を、達成するための目標管理をVMで推進していく。これにより、組織にとっての生産性向上の目的と手段が中計・方針・目標と連鎖、紐づけされることで、全従業員が重要度を認識しながら取り組むことが期待される（図表5および第4・5章）。

④役割・使命に基づくVMによる日常業務管理の推進

全社組織での生産性を向上するには、管理・間接部門における付加価値を高めることが重要であり、それは各部門の役割・使命そのものに該当するという点は述べた（第7章1項）。ここでは、その付加価値を高めるための日常の管理をVMで推進していく。具体的には、付加価値を管理指標（KPI）として、その目標・基準、実績、差異原因、対策などのPDCA管理サイクルをVMボード上で見えるようにして管理する（図表5および第6章）。

部門別生産性向上のための着眼点

部門別の中期計画、方針、目標および役割・使命に基づいて、全体最適で生産性向上する着眼点を示す。

1. 総合企画部門

総合企画部門の役割・使命は、組織が進むべき道を企画し、経営戦略および中期経営計画を策定し、推進することで社全体の収益向上を図ることである。役割・使命を果たし、付加価値を高めるために以下の点が必要である。

①外部・内部の環境分析から内部の強み・弱み、外部の機会・脅威を客観的評価し、社全体の課題を明確にする。

②課題をもとに経営戦略および中期経営計画を策定、実行、検証して計画達成率を高める。

③生産性向上の取り組み・プロジェクトの事務局的な役割を担い、各部門の活動をバックアップする。

総合企画部門は、当社の過去・現在・将来を見て、全体最適の観点で会社全体の付加価値を高めていく。

2. 研究・開発部門

研究・開発部門の役割・使命は、市場ニーズや顧客要求を的確にとらえてタイムリーに付加価値の高い製品を生み出すことである。役割・使命を果たし、付加価値を高めるために以下の点が必要である。

①より多くの新製品を開発して市場に投入することで、売上・生産高を高める。研究開発部門は、生産管理部門や製造部門などと部門横断的に連携して実機での試作・試験を積極的に進めることが必要となる。

②新製品の開発に加えて、付加価値を高めるための安価材料へ切り替える改良品開発も行う。これにより、材料費を低減して付加価値向上につなげる。

③新製品をタイムリーに開発、市場投入するには、研究開発部門が中心となって生産管理、調達、生産技術などの部門が連携を取り、開発リードタイムを短縮する。

3. 生産技術部門

生産技術部門は、人と設備の生産性を向上することを目的に、以下のさまざまな面から役割・使命を果たし、付加価値を高める。

①新製品の生産の立ち上げや新規設備の導入を計画どおりに行い、目標のQCDを達成する。

8 VMによる目的別業務革新の着眼点

図表3　全部門が参加するVM推進組織図例

図表4　82の考え方のイメージ

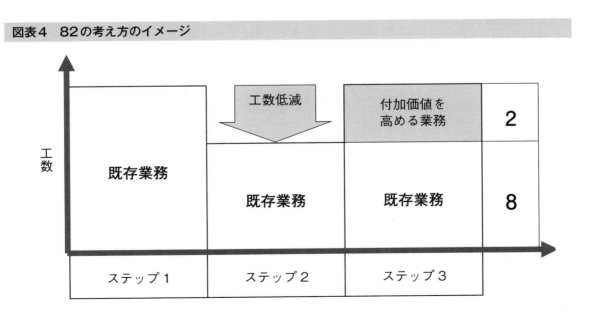

187

②自主保全を実施する製造現場と部門横断的に連携を取り、専門的な知見を活かして設備保全や設備の改良を行い、安定稼働を目指す。

③製造現場の生産性向上およびコストダウンを実現する。

その結果、製造部門のQCDを向上させ、さらに外部支払費用である修繕費を削減することによって、社または工場全体の付加価値を高める。

4. 購買部門

購買部門の役割・使命は、品質の良い部材をタイムリーに適正な価格で納入することである。役割・使命を果たし、付加価値を高めるためには以下の点が必要である。

①購買・外注先に対して指導・育成を計画的に推進し、部品・材料のQCDの管理レベルを向上させる。

②原価低減活動を推進し、材料費を低減することで限界利益を高める。このためには単価を低減し、ムダなく効率的に使用することを他部門と連携して推進することが必要となる。

③部材がタイムリーに納入するように納期管理する。

その結果、材料・部品起因のミス・ロスが削減することにより、製造部門でのムダな時間が削減されるだけでなく、生産計画を見直す生産管理部門や不良の対応を行う品質管理部門など全社に貢献する付加価値を高める。

5. 生産管理部門

生産管理部門の役割・使命は、精度の高い生産計画を、製造部門をはじめ調達、品質管理、生産技術部門などに示して安定して生産するようにコントロールすることである。役割・使命を果たし、付加価値を高めるためには以下の点を実行する。

①顧客からの受注情報をもとに負荷計画を立案し、製造部門をはじめとする各部門が余力を極力小さくする取り組みにつなげる。

②極力在庫を持たずに、顧客の要求に応える小ロット生産日程計画を立案する。

③生産日程計画の立案上の基準となる基準日程・標準時間を見直し、更新することで生産計画の精度を高める。

④顧客の指定納期に対する出荷納期遵守率を高める。

⑤工程間仕掛り品在庫や製品在庫の数量を削減し、より短い生産リードタイムでお客様に製品を提供できるよう、関係部門を牽引する。その結果、製造部門と連携して製造リードタイムを短縮し、工場全部門の付加価値を高める。

6. 品質管理部門

品質管理部門の役割・使命は顧客の要求する製品品質を実現し、一定水準を維持、管理することによって品質不良による機会損失を防止し、会社収益の向上に貢献することである。

役割・使命を果たし、付加価値を高めるためには以下の点が必要である。

①発生したクレームや不良に対して原因を究明し、再発防止を図る。

②潜在的な品質問題を浮き彫りにして、不良の未然防止を図る。

③品質管理・改善に関する標準化を推進し、関係者に周知徹底・教育する。

④日常の指導や監査を通じて品質上の問題点を浮き彫りにして、改善を実施して、効果確認までフォローする。

その結果、製品品質が向上し不良ロスを削減することで、製造、生産技術、生産管理、調達の各部門のムダな投入工数を削減し変動費を削減して、全社付加価値向上に貢献できる。

☆　　　　　☆

以上のように、管理・間接部門は、生産性、付加価値向上の理念の下、VM手法により中期計画、方針・目標管理、日常業務管理と連動させて、部門を横断的に管理・改善を行っていくことが効率的である。その結果、管理・間接部門が直接部門を支援する役割・使命を果たすことで全社の付加価値を高め、生産性を向上する意味で極めて重要である（図表6）。

（佐藤 直樹）

8 VMによる目的別業務革新の着眼点

図表5 全部門 部門横断 付加価値VMボードのイメージ

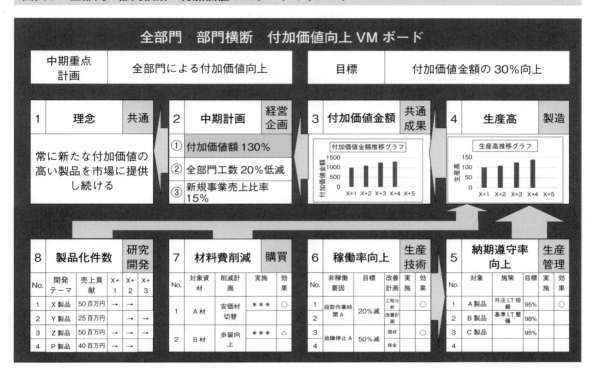

図表6 全部門生産性向上のVM手段体系

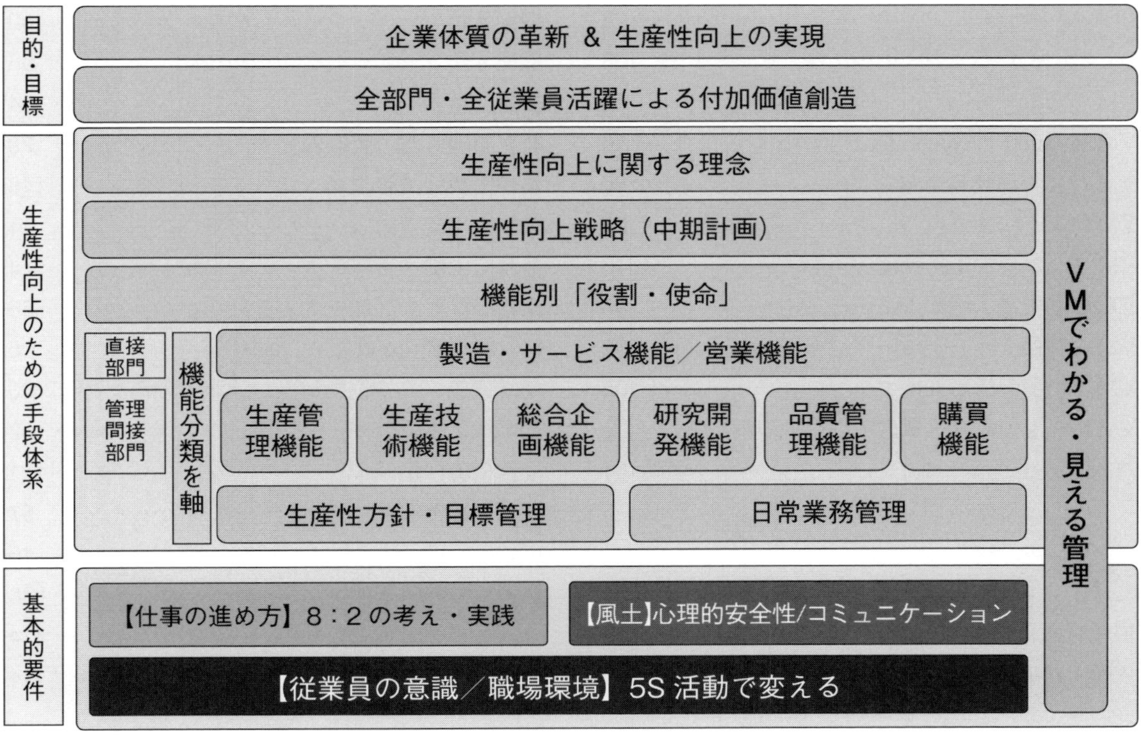

索　引

英数字

5S	24
5S活動管理板	28
5S月次計画実施表	30
5Sの狙い	25
5Sの目的	25
7つのムダ	9
82（ハチニイ）	152
CAPD	8
KGI	110
KPI	110
OVMS	20
PCマネジメント	84
PDCA	8
QCストーリー	108
VM-FMS	16
VM（Visual Management）	16
VM対象管理業務選定資料	89
VMによる収益管理	92
VMによる日常業務管理	116
VMの基本導入手順	88
VMの神髄	102
VMボードの活用五術	100
VMボードの設計・製作・設置上のポイント	101

あ

依頼対応管理	119
依頼・対応管理表	130

演繹的アプローチ	60

か

会議マネジメント	84
価値創造	152
価値創造活動	152
紙媒体の書類の整頓	42
紙媒体の書類のフォルダリングシステム	82
管理・間接部門におけるVM	86
管理・間接部門の役割	12
管理システム	16
管理書類	42
帰納的アプローチ	60
機能分類	60
機能分類コード	68
機能分類表	64
教育訓練計画・実績表	129
業務工数低減管理表	146
業務の生産性向上	14
業務二人制	174
業務プロセスフローチャート	66
経営環境変化6項目	5
経営機能	12,60
経営機能体系図	62
経営機能分類	121
現状把握チェックシート	57
広義のVM（見えるマネジメント）	16
個人机の整頓基準	38
コストダウンVMボード	114
コスト目標連鎖体系図	114

根本対策管理 ……………………………… 119

さ

参考書類 …………………………………… 42
躾 ………………………………………………… 50
躾のチェックリスト ……………………… 51
事務システム ……………………………… 16
収益管理表 ………………………………… 94
収益連鎖体系図 …………………………… 94
商談管理表 ………………………………… 130
書類の保管・保存・廃棄基準 ……………… 36
人事戦略 …………………………………… 98
清潔 ………………………………………… 50
清掃 ………………………………………… 50
清掃後ミーティング ……………………… 50
清掃点検 …………………………………… 50
清掃ルール ………………………………… 50
整頓 ………………………………………… 38
整頓基準 …………………………………… 38
整頓の3要素 ……………………………… 38
整理 ………………………………………… 32
全部門生産性向上 …………………………… 5

た

タイムマネジメント ……………………… 102
棚表示基準 ………………………………… 38
多能化 ……………………………………… 128
担当別業務調査票 ………………………… 146
担当別業務日程管理 ……………………… 122
中期経営計画 ……………………………… 96
定性評価 …………………………………… 78
定量評価 …………………………………… 78
データ移行 ………………………………… 76
データのセンター化 ……………………… 58
データの持ち方 …………………………… 58

手持ち基準 ………………………………… 34
トータルマネジメント …………………… 102

は

発注在庫基準 ……………………………… 38
表示 ………………………………………… 40
ファイル名の付与ルール ………………… 76
フォルダー基準 …………………………… 72
フォルダー体系 …………………………… 70
フォルダーツリー ………………………… 74
フォルダリング …………………………… 76
フォルダリングシステム ………………… 52
フォルダリングシステム管理チーム …… 82
物的システム ……………………………… 16
不要品基準 ………………………………… 32
不要品伝票 ………………………………… 34
不要品判定 ………………………………… 34
プリベンティブマネジメント …………… 102
プロセスマネジメント …………………… 102
方針・目標管理 …………………………… 104

ま

マネジメント・レビュー ………………… 106
見えないムダ ……………………………… 173
見える管理（狭義のVM）………………… 18
見えるムダ ………………………………… 173
目標設定の5大原則 ……………………… 110
目標の3要素 ……………………………… 110
問題点対策管理 …………………………… 119

ら

リアルマネジメント ……………………… 102
リードタイム短縮 ………………………… 14
ロケーション設定基準 …………………… 38

◆ 執筆者一覧 ◆

一般社団法人中部産業連盟

小坂　信之	専務理事　主幹コンサルタント	
佐藤　直樹	執行理事　東京事業部長　主席コンサルタント	
丸田　大祐	東京事業部　上席主任コンサルタント	
伊東　辰浩	同部　経営革新コンサルティング部　次長　主任コンサルタント	
小島　康幸	同部　経営革新コンサルティング部　所長　主任コンサルタント	
砂田　貴將	同部　コンサルタント	
菊地　俊之	同部　コンサルタント	
市川　真爾	同部　コンサルタント	

◆ 参考文献 ◆

1）五十嵐瞭、小坂信之、小林啓子著：「見える化」で管理・間接部門まるごと大改革、日刊工業新聞社
2）五十嵐瞭、田羽多昌顕著：管理・間接業務効率化の進め方、日刊工業新聞社

◆ 写真掲載企業（掲載順）◆

扶桑工業株式会社
株式会社埼玉富士
浪江日本ブレーキ株式会社
日本ブレーキ工業株式会社
王子タック株式会社
矢崎部品株式会社
株式会社エヌテック

連絡先

一般社団法人中部産業連盟　東京事業部

〒102-0083
東京都千代田区麹町3-3-8　麹町センタープレイス3F
TEL：03-5275-7751　　FAX：03-5275-7755
E-mail：tokyos＠chusanren.or.jp
ホームページ
　中産連：https://www.chusanren.or.jp
　中産連・東京：https://www.chusanren.or.jp/tokyo

管理・間接部門の新まるごと大改革
見える管理とマネジメントの強化書

NDC 509.6

2025年2月20日　初版1刷発行　　　　　　　　定価はカバーに表示されております。

Ⓒ編著者　　中　部　産　業　連　盟
発行者　　井　水　治　博
発行所　　日　刊　工　業　新　聞　社
〒103-8548　東京都中央区日本橋小網町14-1

電話	書籍編集部	03-5644-7490
	販売・管理部	03-5644-7403
	FAX	03-5644-7400
振替口座		00190-2-186076
URL	https://pub.nikkan.co.jp/	
e-mail	info_shuppan@nikkan.tech	

印刷・製本　　新日本印刷

落丁・乱丁本はお取り替えいたします。　　　　2025 Printed in Japan
ISBN 978-4-526-08373-0　C3034

本書の無断複写は、著作権法上の例外を除き、禁じられています。